KB212972

종교,
그 언저리에서 길을 묻다

종교,
그 언저리에서 길을 묻다

초판 인쇄 2016년 02월 12일
초판 발행 2016년 02월 17일

지은이 한승진
발행인 윤석현
발행처 박문사
등 록 제2009-11호

주소 서울시 도봉구 우이천로 353 성주빌딩 3F
전화 (02) 992-3253 (대)
전송 (02) 991-1285
전자우편 bakmunsa@daum.net
홈페이지 http://www.jncbms.co.kr

책임편집 김선은

ISBN 978-89-98468-86-6 03200   정가 19,000원

종교,
그 언저리에서 길을 묻다

한승진 지음

박문사

"삼가 이 책을 드립니다."

지난 2001년 서울 변두리에서 지금 제가 몸담고 있는 황등중학교로 삶의 터를 옮기면서 귀한 분을 만났습니다. 이 분은 바로 황등중학교의 김영일 교장 선생님입니다.

2000년 12월 어느 날이었을 것입니다. 그 당시 아무런 연고가 없던 제게 연락하셔서 학교목사 겸 국어교사로 모시고 싶다고 제안하셨습니다. 이 전화로 2001년 3월 1일부터 황등에서 제 2의 인생을 살게 되었고, 교장 선생님께서는 다정하게 대해 주시면서 자리를 잡을 수 있도록 물심양면으로 도와주셨습니다.

지금도 변함없이 부족한 제게 마음을 다해 사랑을 베풀어 주십니다. 수시로 내는 책 작업을 격려해 주시고 후원금까지 건네주곤 하십니다. 그러시면서 제 책을 잘 읽고 있다고 웃어 주시는 그 마음, 그 사랑에 늘 감사와 감격과 존경의 마음을 갖습니다. 이제는 학교와 교회도 은퇴를 하셨지만 늘 학교와 교회를 향한 애정은 남다르십니다. 김영일 교장 선생님의 깊으신 믿음과 사랑을 본받아 살아갈 것을 다짐하면서 삼가 이 책을 드립니다.

새삼 '세월이 참 빠르구나' 하고 느끼곤 합니다. 중년을 넘기고 보니 나이 드는 게, 세월이 흘러가는 게 싫습니다. 제가 만나는 학생들은 파릇파릇한 청소년들인데 이제 저는 살아온 날들보다는 살아갈 날들이 적은 나이입니다. 그러니 하루를 살아도 더 진지하고 성실해야 한다는 생각을 하곤 합니다. 그리고 조급해 하기보다 여유를 갖고 마음도 너그러워져야 할 것 같습니다. 이것이 성숙한 삶, 멋지게 나이 드는 삶일 것입니다.

저는 딱히 권력욕이나 명예욕은 없습니다. 대신에 그냥 자기 표현욕구로 제게 소중한 은인들이나 지인들과 고운 사귐을 갖고 싶습니다. 그리고 제가 몸담는 학교와 교회와, 소중한 가정에 충실하고 싶습니다. 이런 마음을 말보다는 글로 담아내고 싶고 그것을 다듬어 책으로 내고 싶어 그렇게 해오다 보니 여러 곳에 글을 연재하고 십여 권의 책을 내기도 하였습니다. 글은 꾸준히 쓰지만 사실 원고료를 받는 일감은 아닙니다. 그럼에도 저는 제게 글샘을 길어 올리는 기회를 준 것이 감사해서 원고청탁을 받아들였습니다. 사실 글을 잘 쓰거나 한가하여 원고에 매달리는 것은 아닙니다. 글을 보내야 하는 마감 때엔 쩔쩔매기도 합니다. 글감은 안 떠오르고 바쁜 일은 끊임이 없습니다. 그러니 잠을 줄여야 하고 머리를 쥐어짜야 하고 가정에 덜 충실해지기도 합니다. 그럼에도 글 작업은 즐겁습니다. 글감을 찾아내고 글로 형상화하고 나면 온 세상이 다 제 것인 양 뿌듯합니다. 이 즐거움에 빠져 오늘도 컴퓨터 자판에 앉아 몰입의 세계에서 노닐고 있습니다. 그러다 보니 조금씩 글의 역량도 늘어 가는 것 같습니다. 글은 엉덩이로 쓰는 것이라는 말처럼 천부적인 재능이나 역량은 부족하지만 꾸준히 책을 읽고 생각하고 쓰다 보니 나아지는 것을 느낍니다.

우리네 삶은 출발부터 선택의 연속입니다. 무엇을 먹을지, 어떤 옷을 입을지, 대학생들은 어떤 강의를 수강신청할지, 어떤 방법으로 학교에 갈 것인지 등 삶은 매 순간 선택의 과정입니다. 이런 선택의 이면에는 믿음이 있습니다. 선택이란 믿음이 가는 쪽으로 기울기 마련이어서 믿음이 가는 쪽으로 선택이 이루어지곤 합니다.

'믿음'이라는 말의 사전적 의미는 어떤 사실이나 사람을 믿는 마음 또는 절대자 및 종교 대상에 대한 신자 자신의 태도, 즉 '신앙'입니다. 이러한 믿음은 광범위한 영역에 걸쳐 우리 생활과 밀착되어 있습니다.

얼마 전 여론조사기관인 한국갤럽에서 지난 10년간 종교 인구가 54%에서 50%로 줄었으며 이 중 20대 종교 인구는 45%에서 31%로 줄었다고 발표했습니다. 이런 조사는 우리 시대의 상황을 여과 없이 드러내고 있습니다. 급변하는 시대의 환경 속에서 보이는 것만 추구하고 보이지 않는 세계는 중요하게 생각하지 않는 추세입니다. 보이지 않는 세상을 자신들의 모습을 통해 증명해내야 할 종교들이 서로 반목하고 대립하고 있기도 합니다. 젊은 세대들의 가슴에는 믿음이 사라지기 시작했습니다.

아울러 이는 잘못된 믿음이 조직과 사회에 어떠한 영향을 가져오는지 보여 주는 것이기도 합니다. 안타까운 일입니다. 궁극적으로 모든 종교는 우주의 바른 이치를 알려 주고 사람들을 올바른 길로 안내하는 것을 목적으로 합니다. 이를 위해 개별 종교마다 근본 정신과 원리와 방법으로 믿음을 실현합니다.

믿음도 배워야 합니다. 믿음은 지극히 개념적이지만 현실에 바로 닿아 있어 개인과 집단의 운명까지도 좌우합니다. 그렇기에 올바른 믿음을 가르치고 올바른 믿음을 배워야 합니다. 그렇다면 무엇이 올바른 믿음일까요? 이 질문에 한 마디로 답하기는 어렵습니다. 저마다의 종교와 이념과 신념이 옳다고 확신하며 주장할 것입니다. 물론 저도 한 사람의 신앙인으로서 그렇습니다. 그러나 그 이야기는 하지 않으렵니다. 이 질문의 답은 그저 열린 결론으로 남겨두고 싶습니다. 이 책은 그러한 고민과 생각 나눔에 대한 바람이 담겨 있습니다. 주제를 깊이 있게 펼쳐내지 않은 잡설雜說이기에 독자 제위에게 자신 있게 수많은 책들 중에서 이 책을 강권하지 않으렵니다. 다만 이 책이 전문적인 종교지도자나 종교학자가 아닌 그저 평범한 작은 농촌에서 전교생이라고 해 봐야 79명이 전부인 중학교 학생들과 이런저런 이야기꽃을 피워 가는 사람의 이야기를 들어 보는 것으로 여겨 주십사 하는 마음입니다. 이 책을 구입하시고 읽으실 분들은 참 대단한 사람들일 것입니다. 수많은 책들이 홍수처럼 쏟아져 나오는 세상에, 전문가들이 즐비한 세상에서 굳이 돈 들여 시간 들여 이 책을 접하신 것만으로도 대단한 결단이십니다. 좋은 작가와 좋은 책은 좋은 독자가 만든다고 합니다. 그런 점에서 저도 독자의 한 사람으로서 독자야말로 우리 시대의 지식을 지탱해 주는 버팀목이요, 보물창고요, 사명자라고 생각합니다. 그런 점에서 이 책을 접하시는 독자 제위께 진심으로 감사한 마음을 전합니다.

고민 끝에 이 책의 제목을 『종교, 그 언저리에서 길을 묻다』라고 지어 보았습니다. 책을 낼 때마다 제목을 정하느라 애를 먹었지만 이번에는 손쉽게 제목을 정했습니다. 평소 좋아하던 말이 책의 내용에 그런대로 어울렸기 때문입니다. 종교계 사립학교에서 학생들에게 종교를 교육하는 한 사람으로서 가장 많이 받는 질문은 '도대체 종교란 무엇인가?'입니다. 이 질문에 쉽게 대답해 본 적이 없습니다. 물론 이 질문이 담고 있는 종교의 신앙적 측면은 섣불리 말할 수 없습니다만 종교의 사회적 역할과 기능적 의미는 제가 오랫동안 고민해 온 주제입니다. 이에 대해 제 나름대로 공부해 오면서 갖게 된 종교관이 이 책에 흐르는 하나의 맥脈입니다. 종교가 바로 서야 가정과 학교와 사회와 나라가 바로 섭니다. 적어도 종교는 가난과 고통의 자리에 머물러 있어야 하며 바로 그곳에서 정의와 평화를 지켜내야 합니다. 그러므로 종교인과 종교기관은 정의와 평화를 지향하는 모습을 갖춰야 합니다. 이런 점에서 오늘날 종교인들과 종교기관들이 이런 모습을 지니기 위해 어떤 노력을 하고 있는지 의문입니다.

분명 종교 기관들은 사회를 위해 많은 활동을 펼치고 있습니다. 이웃돕기와 봉사, 올바른 삶의 가치관 제공 등 자선활동과 사회공헌 활동에 앞장서고 있습니다. 하지만 정의와 평화 실현을 위해 어느 정도 헌신하고 있는지 묻고 싶습니다. 지금 우리 사회는 그 어느 때보다도 종교의 사회적 책임과 역할에 대한 관심이 절실히 필요한 때입니다.

한국갤럽이 최근 발표한 통계에 따르면 전 국민의 50%가 종교인이라고 합니다. 5,000만여 명 중 2,500만 명 이상이 종교심을 갖고 있다는 말입니다. 하지만 종교인이 많다고 해서 사회가 정의롭고 평화가 넘치는 것은 아닌 듯합니다. 종교는 개인에게 구원의 빛을 비춰 주는 동시에 사회구원을 위해서도 노력해야 합니다. 프랑스의 사회학자 에밀 뒤르켐은 "종교는 희망을 열어 주는 상징적 의식이며 사회는 종교로부터 시작됐다"라고 했습니다. 종교가 사회적 책임에서 자유로울 수 없음을 상징하는 말입니다.

종교는 사회적 현상에 대해 침묵하거나 방관해서는 안 됩니다. 사회문제에 대해 성실히 응답할 때 종교는 비로소 살아 있는 모습을 지닐 수 있습니다. 우리와 함께하고 있는 종교들이 신뢰받는 모습으로 거듭나길 기대해 봅니다. 이런 생각에 저 자신도 반성하고 다짐하는 의미로 글을 쓰다 보니 이렇게 단행본 분량의 글이 모였습니다.

이 책은 지난 2014년부터 지금까지 월간 『기독교교육』, 주간 『크리스챤신문』, 주간 『전북기독신문』, 일간 인터넷신문 『투데이안』, 대전극동방송 익산본부 〈청소년바른지도법〉 방송에서 종교와 관련된 원고들을 모으고, 2014년 제2회 기독교효학회 발표문과 2014년 간행한 교육부 주관 고등학교 교양선택 교과목 『종교학』에 참여하여 쓴 「개별 종교들의 이해」를 학술적인 측면보다는 설명식으로 쉽게 풀이하고 보완하면서 다시 쓴 것입니다.

교과서 작업은 제게는 큰 영광이었고 공부의 기회가 되고 의미 있는 작업이었습니다. 이 교과서는 개별 종교나 교파가 만든 종교 교과서가 아니라 국가가 기획한 것으로 모든 종교를 아우르고 모두가 이해할 수 있는 개념의 교양서로 집필한 최초의 종교 교과서라는 의미가 있습니다. 이 교과서는 고등학생이 아니더라도 누구나 한 번 읽어 보면 좋겠다는 바람을 가져 봅니다. 실제로 이 책에 대해 채수일 한신대학교 총장님과 김동환 연세대학교 연합신학대학원 교수님은 고등학생이 아닌 대학생이나 일반인도 접하면 좋은 내용이라고 극찬을 아끼지 않으시기도 하였습니다.

기독교효학회 회장이신 성산효대학원대학교 박철호 교수님, 고등학교 교과서 『종교학』을 함께 집필하도록 해 주신 한신대 종교문화학과 김윤성 교수님과 한국학중앙연구원 종교와 문화연구소 책임연구원 고병철 박사님에게도 감사한 마음을 전합니다.

이처럼 곳곳에 그때그때 발표한 글을 모으다 보니 하나의 주제로 기

10

획하여 만든 책은 아닙니다. 기독교계 잡지와 신문에 게재했던 글은 기독교계 내에서 논의될 주제로 보이기도 합니다. 그러나 전체 글의 흐름과 의미는 하나로 이어집니다. 서툴고 어눌한 글모음이지만 글샘에 담긴 어느 작은 농촌 중학교 목사요, 선생의 생각들을 가만히 들여다보는 가벼운 마음으로 봐 주시기 바랍니다. 이 책은 기독교 신앙인만이 아니라 이웃(다른) 종교 신앙인들은 물론 비종교인들도 두루 읽어도 좋다는 생각을 해 봅니다.

이런 뜻에서 이 책에서 인용하는 성경구절은 독자들의 이해를 돕고자 알기 쉽고 읽기 쉽고 그래서 이해하기 쉬운 『우리말성경』을 중심으로 인용했습니다. 바쁘신 중에도 사귐을 즐기고 서툰 글모음에 추천사를 써주신 부산장신대학교 신학과 영성신학 조한상 교수님에게 깊은 감사의 말씀을 전합니다. 교수님은 저와 같은 전북지역 기독교중학교인 남원의 용북중학교 교목(학교목사)으로서 학교에서 수년간 기독교품성교육을 진행하신 경험이 있어 이를 배우고자 자문을 구하고 친절히 알려 주신 것을 기회로 사귐을 갖게 된 분입니다. 저와는 이른바 혈연, 지연, 학연으로 연이 닿지 않을 뿐 아니라 기독교 교단도 다르고 학교의 입장도 다릅니다. 그 다름이 낯설고 어색함이 아닌 서로를 풍성하게 하는 사귐이 되어 좋습니다. 이렇게 다름을 넘어서는 사귐은 교수님의 겸손과 열린 성품과 진지하심이 있었기에 가능했습니다. 종교를 떠나서 이런 마음이면 누구나 사귐이 가능할 것 같습니다. 이런 사귐으로 자신을 더욱 풍성하게 하고 생각과 느낌의 폭을 깊고 넓혀 나갈 수 있습니다.

책을 내는 작업마다 그랬듯이 이번에도 감사한 분들의 사랑에 힘입어 책을 내게 되었습니다. 글을 연재하도록 해 주신 『기독교교육』 이상원 편집장님, 일간 『전라매일신문』 홍성일 사장님, 일간 『투데이안』 발행인 엄범희 님, 주간 『크리스챤신문』 장석찬 부장님, 주간 『전북기독신

11

문』임채영 보도편집국장님, 대전극동방송 김성현 익산본부장님, 또한 제 글의 애독자로서 가정을 이루시어 알콩달콩 예쁘게 사랑으로 살아가시는 오랜 글벗 조소연 출판 편집전문가님과 늘 넉넉한 웃음으로 격려해 주시면서 엉성한 글을 교정해 주신 황등교회 김순자 권사님과 투덜거리면서도 자청해서 책의 교정을 도와준 황등중학교 3학년 나한웅과 착실하기 이를 데 없는 최수호에게도 감사의 마음을 전합니다.

이 지면을 빌어 어려운 교육여건에서도 그 사명을 감당하느라 노고를 아끼지 않으시는 저의 삶의 터전이요, 글의 샘터인 황등중학교 홍석종 교장 선생님 이하 교직원들 그리고 같은 재단 성일고등학교 변정수 교장 선생님과 교직원들에게도 감사의 말씀을 전하고 학교법인 황등기독학원 재단이사회 조춘식 이사장님과 이사님들과 황등교회 정동운 담임목사님과 교인들, 황등교회 유아유치부 김선정 부장님과 교사들에게도 감사의 말씀을 전합니다. 책을 낼 수 있도록 노고를 아끼지 않으신 도서출판 박문사 윤석현 대표님을 비롯한 여러분의 노고에 감사드립니다. 이 책을 만드는 과정에서 노고를 감당해 주신 노동의 일꾼들께도 진심으로 감사드립니다.

끝으로 매달 연재 글을 쓰고, 단행본으로 엮어내는 작업을 하는 동안 남편으로, 아빠로서 정성을 다하지 못함을 이해하고 용납해 주는 아내(이희순)와 아이들(한사랑, 한겨레, 한가람, 한벼리)에게도 고마운 마음을 담아 사랑을 전합니다. 가족은 제게 늘 큰 힘이 되고 삶의 원천이랍니다.

오늘도 '종교, 언저리'에서 길을 묻는
한 승 진

추천사

　

『종교, 그 언저리에서 길을 묻다』는 한승진 목사님이 다양한 주제를 통섭과 융합이라는 관점에서 그리고 종교적인 시각으로 잘 풀어 놓은 에세이집이라고 할 수 있습니다. 지금 우리가 사는 이 시대는 과거와는 다른 새로운 시대사조를 맞이해서 다문화·다원화된 미래사회로 진입하고 있지만 우리의 사고와 행동양식은 여전히 과거의 패러다임에 갇혀 살아가고 있습니다. 이러한 상황에서 한승진 목사님은 기독교사립학교인 황등중학교 교목과 교사로서, 학교 현장에서 경험한 다양한 일들을 반추反芻하면서 알기 쉽게 이 책을 저술했습니다.

그는 자신의 전공인 기독교사회윤리의 관점에서 정치, 경제, 사회, 문화, 종교, 효, 종교교육에 이르기까지 우리 사회의 다양한 분야의 이슈들과 시대적 맥락을 자신의 언어로 꿰뚫어 보았습니다. 우리는 이 책을 통해서 미처 생각해 보지 못하였던 종교, 인권, 미래, 다문화, 교육, 소통 등 다양한 주제들을 발견할 수 있습니다.

아무쪼록 이 책이 사고의 지평을 넓히고, 객관적으로 기독교를 바라보는 자세를 기를 수 있는 토양이 되길 바랍니다. 종교와 문화가 다른 이들을 그들의 입장에서 이해하며 바라보는 상생相生의 정신을 갖고 살아간다면 우리 사회가 좀 더 아름다운 세상이 되지 않을까 생각해 봅니다.

2016년 2월
부산장신대 신학과 영성신학전공 교수 조한상

차례

1
마음 공부

14

2
지혜 교육

3
잇대어 살아가는 세상

4
종교 이해

1

마음 공부

사랑, 그 쉽고도
어려운 과제

─────────────── 사랑하며 산다는 것 이것만
큼 아름다운 삶은 없습니다. 맑고 고운 마음 씀으로 서로 사랑하며 살아
가는 곳은 천국과도 같습니다. 서로 위로하고 격려하며 축하해 주는 사
귐은 우리 삶을, 세상을 보다 아름답게 합니다.

사랑은 매 순간 살아가면서 고운 빛깔과 향기로 맺는 열매와도 같습
니다. 크고 작음의 차이는 있으나 누구나 사랑의 열매를 거둘 수 있고,
거기엔 제한이 없습니다. 우리가 하는 일의 종류, 일의 분량이 중요한
게 아니라 얼마만큼 사랑과 정성으로 진심을 담아 일을 했느냐가 중요합
니다. 우리가 만나는 사람들, 우리가 하는 일을 소홀히 여기지 말아야
합니다. 때로는 그저 그런 사람이라고, 언제 어디서나 만날 수 있는 사람
이라고, 그가 하는 일이야 누구나 가능하고 대체가 가능하다고 여기면서
사람을 소홀히 여겨서는 안 됩니다.

사람은 그의 지위나 그가 하는 일의 중요도에 따라 가치와 의미가
정해지는 것이 아닙니다. 사람은 그 존재 자체만으로도 거룩하고 존엄합
니다. 그러므로 그 어떤 사람도 가볍게 여겨서는 안 됩니다. 또한 그

어떤 일도 사소하게 여겨서는 안 됩니다. 언뜻 보면 사소한 일이라고 해도 그 일이 알게 모르게 연결되어 큰 일을 이루고 있습니다. 작은 일, 적은 일이라고 해도 그것이 우주를 품고 있음을 사람을 품고 있음을 기억해야 합니다. 그러므로 우리는 모든 사람, 모든 일에 심혈을 기울여야 합니다. 우리가 얼마나 많은 사람과 일을 하느냐가 중요한 것이 아니라 우리가 얼마나 많은 사랑을 지니고 사람을 대하고 일을 했느냐가 중요합니다. 고운 마음으로 정성을 다하는 마음이 중요합니다.

어느 학교에서 있었던 일입니다. 방과 후 수업시간에 제공되는 간식에 아이들이 왁자지껄 즐겁게 먹었습니다. 그런데 한 아이만 간식을 먹지 않고, 친구들이 맛있게 먹는 모습을 침을 삼키며 바라보고 있었습니다. 교장 선생님은 담당 선생님에게 물었습니다.

"왜 이 아이는 간식을 먹지 않나요?"

"네. 이 아이는 입으로 식사를 못해요. 그래서 위에다 관을 뚫는 위루관 시술을 받았어요. 음식물을 관으로 먹고 있어요."

교장 선생님은 다시 한 번 아이를 바라보았습니다. 다른 친구가 맛있게 먹고 있는 초코파이에서 눈을 떼지 못하고 있는 아이를 보면서 왠지 모르게 가슴에 심한 통증을 느꼈습니다. 그로부터 며칠이 지나도 초코파이가 먹고 싶어 애절한 눈빛으로 다른 친구들의 간식 먹는 모습을 바라보고 있었던 아이의 모습이 눈에 선명하게 떠올라 잠을 이룰 수가 없었습니다. 교장 선생님은 몹시 고민하다가 교직원회의 시간에 아이들의 교육을 위한 논의 끝에 하나의 결정에 이르렀습니다. 앞으로 모든 방과 후 수업시간에 간식을 폐지하기로 했습니다. 쉽지 않은 결정이었지만 교직원들은 결정을 내렸습니다. 그리고 학생회 임원들을 불러 그 이유를 설명하니 모두가 동의했습니다. 이 학교는 단 한 아이를 위해 모든 아이들이 간식을 포기한 것입니다.

이 일이 가능했던 이유는 며칠 전 이 학교 학생들이 인성교육 프로그램으로 아픈 친구를 위해 삭발한 이야기를 전해 듣고 모두가 감동했기 때문이었습니다. 이 이야기는 실제 사례로 전 세계인들에게 감동을 준 경우였습니다. 미국 캘리포니아주 칼스배드시에 있는 '엘카미노 크리크' 초등학교 4학년 학생 15명은 뇌종양을 앓고 있는 반 친구 트래비스 셀린카(10)를 응원하기 위해 삭발한 채 등교했습니다. 친구들은 항암치료로 인해 머리가 빠져 놀림을 받을까 두려워하는 트래비스를 위해 단체 삭발을 결정한 것입니다. 트래비스의 어머니는 "15명이나 삭발을 하고 이발소를 나왔어요. 그 친구 하나하나를 볼 때마다 눈물이 나요."라며 고마운 마음을 전했습니다. 단체 삭발에 동참한 한 소년은 "많이 힘들었을 친구를 위해 작은 힘이 되고 싶었다."라고 말했습니다.

몇 년 전 한국방송광고공사(KBS)가 지상파를 통해 내보낸 공익광고 〈타인에 대한 배려〉편이 시청자들의 마음에 훈훈한 감동을 일으켰습니다.

"신문 대신 던져 주는 시간 6초, 어르신과 함께 횡단보도 건너는 시간 23초, 후배에게 커피 타 주는 시간 27초, 버스 벨 대신 눌러 주는 시간 4초, 세상을 아름답게 하는 시간 하루 1분이면 충분합니다."

모든 재산을 다 팔아 가난한 사람에게 나눠 주기는 어렵습니다. 솔직히 평범한 사람들은 하기 어렵습니다. 그러나 우리가 가진 열 손가락을 움켜쥐지 않고 이 중 한 개의 손가락을 펴는 마음으로 사랑을 실천한다면, 사랑은 생각보다 어렵지 않습니다.

우리는 작고 사소한 것보다 크고 많은 것들을 실행할 때 그만큼 사랑이 크다고 생각합니다. 그러나 지극히 작은 일도 귀하게 여겨야 합니다.

거창한 사랑이 아니라 조금만 관심을 기울이면 누구나 쉽게 사랑을 실천할 수 있습니다. 이런 사랑의 실천이 주위를 훈훈하게 하고 세상을 살맛 나게 만듭니다.

오늘 만나는 사람에게 미소를 지어 주고, 특별한 날이 아니더라도 꽃한 송이를 선물해 주면 어떨까요? 신발을 가지런히 정리해 주고, 빨래 대신 널어 주기, "고마워요." "감사해요.", "사랑해요", "참, 잘했어요" 하는 말을 건네 보기는 큰 돈이 드는 것도 아니고 시간을 많이 내야 하는 것도 아니고 멀리 가서 실천해야 하는 것도 아닙니다. 우리 주변에서 언제, 어디서나, 아주 쉽게 할 수 있는 작고 사소한 일들입니다.

그러나 사실 사랑은 쉬운 게 아닙니다. 돈이 없어서나 시간이 없어서나 마음이 없어서가 아닙니다. 사랑할 여건이나 상황이 안 돼서도 아닙니다. 그럼 도대체 무슨 이유로 사랑이 어려운 것일까요? 그것은 어이없게도 사랑하려는 마음이 없기 때문입니다. 사랑하기보다는 미워하고, 위로하기보다는 무관심하고, 칭찬하기보다는 비난하고, 높여 주기보다는 높임 받기를 갈망하는 우리의 마음이 문제입니다.

사랑해야 함을 알지만 마음 깊은 곳에서 자라나는 이기적인 욕망과 탐욕은 다른 사람을 미워하고, 비난하고, 헐뜯기에 급급합니다. 이 마음은 너무도 자연스럽습니다. 도대체 우리 마음은 왜 이 모양일까요? 고운 마음으로 고운 사랑을 하기도 짧은 인생인데 말입니다. 가난한 이들 중에서 가장 가난한 이들, 버려진 아이들, 병든 이들, 죽어 가는 이들을 위한 지칠 줄 모르는 사랑으로 온누리에 빛을 비춘 성녀聖女 마더 테레사 Mother Teresa의 기도입니다.

사랑받고자 하는 욕구에서 나를 구하소서.
칭찬받고자 하는 욕구에서 나를 구하소서.

인정받고자 하는 욕구에서 나를 구하소서.

인기를 누리고자 하는 욕구에서 나를 구하소서.

굴욕에 대한 두려움에서 나를 구하소서.

멸시에 대한 두려움에서 나를 구하소서.

잊혀지는 두려움에서 나를 구하소서.

오해받는 두려움에서 나를 구하소서.

조롱당하는 두려움에서 나를 구하소서.

배신당하는 두려움에서 나를 구하소서.

　살아 있는 성녀라고 불렸던 마더 테레사는 평생 이 기도를 바치면서 살았습니다. 사람들은 사랑받고 인정받기 위해서 때로는 타인과 경쟁하고, 타인의 것을 폄하합니다. 사람들은 비난받는 것이 두렵고, 잊혀지는 것이 무서워서 비굴해지고 한심해지기도 합니다. 그런데 놀랍게도 일생을 가난하고 힘없는 사람들을 위해 헌신한 마더 테레사에게도 버려야할 두려움과 욕망이 있었나 봅니다. 저는 이 기도시를 참 좋아합니다. 그래서 마더 테레사가 더 좋습니다. 그녀가 세운 '사랑의 선교회'도 하루의 일과를 공동체 기도문으로 시작합니다.

　좋으신 주님, 위대한 치유자시여, 당신 앞에 무릎 꿇어 경배합니다. 모든 온전한 선물은 당신으로부터 비롯됨을 알고 있습니다. 비오니 제 손에 기술을, 제 생각엔 친절과 온유함을 주소서. 목적에 대한 꿋꿋한 신실함을 지니게 하시고 이웃이 겪는 고통의 일부나마 저의 것으로 들어 올릴 수 있는 용기를 주소서. 이것이 저에게 유익이 됨을 깨달을 수 있게 하소서. 제 마음에서 교활함과 세속적인 욕심들을 없애 주소서. 어린이의 순수한 믿음으로 오직 당신께만 의지하게 하소서. 아멘.

전 세계에서 천사들의 합창으로 여겨지는 사랑의 선교회 소속 수녀들이 매일같이 사랑하게 해달라고 기도하는 것을 보면 사랑이 쉽지 않아 보입니다. 사랑하는 마음이 마음 깊은 곳에서부터 우러나오면 얼마나 좋을까요? 때로는 아름다운 사랑으로 기쁘고 흐뭇하고 뿌듯합니다만 금세 미움, 다툼, 시기, 질투가 용솟음칩니다. 한 마음인데 한뜻이 되지 못합니다. 우리 마음은 이리저리 흔들립니다. 바람에 나는 겨와 같이 쉽게 흔들리는 마음을 인정하고, 고요히 기도해야 합니다. 이 기도를 통해 저는 제 자신의 연약함을 인정하기에 교만에 빠지지 않고 다른 사람의 덜한 사랑을 이해하는 너그러운 마음이 생겨났습니다.

이른 아침 출근길을 재촉하다 보니 어느새 가을인가 봅니다. 서늘한 날씨에 옷깃을 여미면서 하루의 삶을 그려봅니다. 그러면서 오늘 하루 고요히 기도하며 나아갑니다. 문득 제가 참 좋아하는 시가 떠오릅니다.

가을의 기도

김현승

가을에는
기도하게 하소서…….
낙엽들이 지는 때를 기다려 내게 주신
겸허한 모국어母國語로 나를 채우소서.

가을에는
사랑하게 하소서…….
오직 한 사람을 택하게 하소서
가장 아름다운 열매를 위하여 이 비옥한

시간을 가꾸게 하소서.

가을에는
호올로 있게 하소서…….
나의 영혼,
굽이치는 바다와
백합百合의 골짜기를 지나
마른 나뭇가지 위에 다다른 까마귀같이.

고객만족과
친절의 생활화

──────────────────────── 일본에서 가장 땅값이 비싼 곳은 동경의 '신주쿠'에 있는 '고야' 거리라고 합니다. 이 땅의 소유주인 이치무라 사장이 어떻게 이 비싼 땅을 소유하게 되었는가에 대한 이야기를 소개합니다. 1945년 이치무라는 새로 부흥된 시가지의 중심지가 될 만한 땅을 찾아다니다가 '고야' 거리의 땅을 발견하게 되었습니다. 흐름가치가 매우 높은 이 땅의 주인은 혼자 사는 어떤 할머니였는데 할머니는 도무지 땅을 팔려고 하지 않았습니다.

눈이 많이 내리는 어느 추운 겨울날 이 할머니가 이치무라의 회사로 찾아왔습니다. 어떤 일이 있더라도 이 땅을 팔지 않을 것이니 귀찮게 굴지 말라는 말을 하러 온 것이었습니다. 접수계 여직원은 이 할머니가 어떤 사람인지 전혀 모르고는 평소 늘 하던 대로 얼른 자리에서 일어나 할머니의 옷에 묻은 눈을 털어 주며 친절하게 맞이했습니다. 할머니의 흙투성이 신발을 벗게 하고, 자신이 신고 있던 슬리퍼를 신긴 후에 사장실로 안내했습니다. 이 순간 할머니는 말단 사원이 이 정도라면 이치무라 사장은 더 훌륭한 사람일 것이고 땅을 팔아도 잘 활용할 것이라는 믿음이 생겨 땅을 내놓기로 마음을 고쳐먹었습니다.

"땅을 팔 수 없다"는 최후통첩을 전하러 왔던 할머니의 마음을 움직이게 한 것은 무엇이었을까요? 그것은 말할 것도 없이 한 여직원의 따스하고 친절한 마음 바로 그것이었습니다.

누군가 우리에게 "당신은 친절하십니까?"라고 묻는다면 선뜻 대답하기 어려울 것입니다. 질문을 다시 해서 "당신은 친절한 사람을 좋아하십니까?"라고 묻는다면 아마 즉시 "네!"라고 대답할 것입니다.

이렇듯 우리는 내가 친절해지기보다, 타인이 나에게 친절을 베풀기를 바라는 마음이 있습니다. 고객의 입장에 설 때면 이런 마음은 더 커집니다. 고객은 언제 어디서나 즐겁고 기분 좋은 서비스를 기대합니다. 그러므로 고객은 서비스 현장에서 기분 상하는 일과 마주쳤을 때 평상시 느끼는 불평이나 불만보다도 더 민감하게 반응하게 됩니다. 기대가 컸기 때문에 실망도 큽니다. 고객 불만의 유형을 분석해 보면 다음과 같습니다. 고객의 기대에 못 미치는 서비스, 지연 서비스, 직원의 실수와 무례함, 약속 미이행, 단정적 거절, 책임전가 등 서비스와 관련된 부분이 대부분입니다. 그 외에도 자연의 힘에 의해 발생하는 문제나 시스템의 원인 등의 외부요인이 있지만 우리의 실수이건 다른 요인이건 고객의 불만에 정면으로 대처하고 해결을 강구하여 고객만족을 이끌어 내는 것은 바로 우리의 몫입니다.

"100명의 불만고객 가운데 오직 4명만이 불만을 표현한다."는 조사결과도 있듯이 많은 고객은 불만을 가지고도 표현하지 않습니다. 서비스에 만족한 고객은 8명의 다른 고객에게 그 만족을 전파하지만 서비스에 불만을 가진 고객은 25명의 다른 고객에게 그 불만을 전파한다는 말도 있습니다. 그러므로 불만을 나타내는 고객은 소중한 보석 같은 존재라고 말할 수 있습니다. 고객이 표현내는 불만은 반드시 해결해야 하는 과제로, 고객의 불만을 해소시켜 서비스 능력이 다른 곳에 비해 월등하다는 점을 증명할 수 있는 좋은 기회로 삼아야 합니다.

불만을 나타내는 고객은 무관심한 대처 대신 적극적인 해결을 통해 계속 고객이고 싶은 것이고, 만족스러운 해결이 이루어졌을 때 고정고객이 되는 경우가 많습니다. 다음은 불만 고객을 단골 고객으로 확보하는 10가지 방법입니다.

① 먼저 사과합니다.

"죄송합니다." 이 한마디는 불만고객 응대의 가장 중요한 포인트입니다. "미안합니다."보다 한 단계 높은 사과의 표현인 "죄송합니다."로 일단 유감의 뜻을 표합니다.

② 열심히 고객의 불만을 듣습니다.

고객의 말을 끊지 않도록 주의하며 잘 듣고 불만의 문제를 파악하며 숨은 요인을 찾습니다. 이때 고객의 불만을 이해하고 함께 어려움을 걱정하고 있다는 인상을 심어 주도록 합니다. 당신이 진심으로 듣지 않는다면 고객은 더욱 강도 높게 불쾌감을 표현할 것입니다.

③ 변명을 하지 않습니다.

"고객은 항상 옳습니다." "고객은 틀리는 법이 없습니다." 그러므로 혹시 고객이 잘못 알고 있거나 우리가 정당하다 할지라도 규정 등을 내세우며 변명해서 고객의 노여움을 사지 않도록 해야 합니다.

④ 고객 관점의 어휘 사용으로 공감대를 형성합니다.

"저희에게 솔직하게 말씀해 주셔서 감사합니다." "상황에 대해 말씀해 주신 덕분에 저희가 필요한 조치를 할 수 있었습니다. "감사합니다." "많이 속상하시겠습니다. 죄송합니다." 등의 말로 고객과 대립하는 상황을 만들기보다 문제 해결을 위해 고객의 입장에 서 있음을 느끼도록 합니다.

5 **불만고객은 정면보다 어깨를 나란히 마주하는 자세를 취합니다.**

화가 난 고객과 정면으로 대하게 되면 도전적인 인상을 줄 수 있습니다. 나란히 서서 자연스럽게 고객의 편에서 상황을 보겠다는 마음을 고객에게 심어 줍니다.

6 **천천히 침착한 목소리로 이야기합니다.**

톤을 낮춘 목소리는 침착한 분위기를 만들어 고객의 마음을 누그러뜨립니다. 천천히 이야기하는 것은 신중하게 단어를 선택함으로 실수를 적게 하게 하며 성실히 대응하는 이미지를 심어 줍니다.

7 **문제가 어려울 경우 관리자가 해결을 돕도록 합니다.**

"책임자 불러와" "지배인 바꿔" 등의 말을 들어 본 경험이 있으십니까? 많은 고객은 책임자와 문제를 해결하고 싶어 합니다. 원칙적으로 문제는 당사자가 해결해야 하는 것이나 이런 경우에는 고객이 상사에게 불만사항을 두 번 반복하여 더욱 화나지 않도록 사전에 상사에게 고객의 불만내용을 가감 없이 객관적으로 전달하여 문제해결을 돕도록 합니다.

8 **장소를 바꿉니다.**

긴 시간이 요구된다는 판단이 서거나 다른 고객의 시선을 많이 집중시킬 시에는 정중히 "죄송하지만, 상담실에 가서서 말씀해 주시겠습니까?" 등의 응대로 자연스럽게 고객을 다른 장소로 모십니다. 고객상담실에서

차를 접대하며 화를 가라앉힐 시간을 드립니다. 고객은 상담실로 옮기고, 책임자의 사과를 받고, 차 한 잔 마시는 시간을 가지는 과정에서 화를 가라앉히고 해결의 실마리는 찾게 됩니다.

9 대안을 강구해 드립니다.

먼저 고객에게 대안을 제시할 수 있도록 합니다. 고객의 요구를 다 받들지 못할 경우 실현 가능한 최선의 대안을 제시해 드립니다. 이 경우에도 다시 한 번 고객에게 사과의 말을 한 후 고객과 적절한 합의를 도출합니다.

10 고객과 합의한 대안은 성실히 실천합니다.

고객과의 약속을 성실히 이행한 후 이행 과정과 고객이 만족했는지에 대해 확인하는 절차가 필요합니다. 전화를 드려서 설명하는 작은 정성에서 고객은 감동합니다. 그리고 향후 동일한 고객 불만이 발생하지 않도록 내부적인 대책을 논의합니다.

이와 같이 불만고객을 대하는 방법은 매우 어렵습니다. 서비스인의 입장에서는 불만 고객이 발생하지 않도록 하는 편이 수월합니다. 아무 말도 하지 않는 고객에 대해 '아무 불만이 없다.', 혹은 '만족하고 있다.'라고 잘못 해석하는 경우가 많습니다. 불만이 있어도 묵묵히 말하지 않는 고객 뒤에는 같은 불만을 가진 고객이 5배 이상 있다는 말이 있습니다. '침묵하는 다수Silent Majority'가 전체 고객의 80%나 차지하고 있습니다.

고객은 일반적인 물적 서비스나 획일적인 서비스에서 친절을 느끼고 감동을 느끼지 못합니다. 고객은 고품질 인적서비스, 즉 서비스인의 서비스 태도와 자세, 아름다운 말씨에서 친절한 서비스를 느끼고 싶어 합니다. 언제 어디서나 밝은 표정, 정감 있는 인사, 단정한 용모, 공손한 말씨, 아름다운 자세와 동작을 담아 고객에게 선물하듯 해야 합니다. 고객과의 만남을 소중히 여기는 따뜻한 마음을 가진 구성원은 공동체를 대표하고 빛내는 스타입니다.

고객만족의 사례로 리츠칼튼 호텔 이야기가 있습니다. 이 호텔은 1992년 호텔업계 최초로 또한 지금까지 이 업계에서는 유일하게 '말콤 볼드리지 국가품질상'을 수상했을 뿐만 아니라, 1990년 이후 3번이나 미국 최고의 호텔 체인으로 선정되었으며, 1994년에는 『컨슈머 리포트』지에 의해 고급 호텔 부문에서 전반적인 고객만족도가 가장 높은 호텔로 평가된 바 있습니다.

호텔의 제왕 리츠칼튼의 사례가 주는 많은 교훈 중 특히 다음과 같은 사항은 초일류 서비스 조직이 되려면 유념해야 할 사항입니다. 현장을 가장 잘 아는 사람은 일선 직원입니다. 그들에게 권한을 부여해야 합니다. 오늘날 고객만족 경영을 표방하지 않는 조직은 찾아보기 힘듭니다. 그러나 민간기업의 고객상담실이나 공공기관의 민원실과 같은 서비스 지원조직이 맡고 있는 주된 업무는 고객의 불평과 불만을 경영진에게 전달하는 일입니다. 이것은 경영진이 고객의 목소리를 있는 그대로 듣고 필요한 조처를 취함과 아울러, 이러한 정보를 경영관리 개선에 반영하기 위한 것입니다.

그러나 서비스 지원조직의 역할이 단지 경영진에게 고객의 목소리를 전달하는 것이라면 고객의 불만처리에는 상당한 시간이 소요됩니다. 고객만족 경영에서 불만처리의 신속성은 매우 중요한 기준입니다. 불만족한 고객이라도 자신의 불만이 신속하게 해결되면 충실한 단골고객으로 변합니다. 흔히들 이것을 "고객만족 제1법칙"이라고 합니다. 신속한 불만처리를 위한 리츠칼튼의 확고한 의지는 다음과 같은 업무지침에 잘 나타나 있습니다.

> "고객의 불만이나 불편을 접수한 직원은 자신의 업무영역이 아니더라도 직접 책임지고 조처한다. 동료직원이 고객의 불만해소나 요구충족을 위해 도움을 요청하면 자신이 맡은 업무가 무엇이든지 간에 반드시 협조해야 한다."

리츠칼튼 호텔에서는 고객의 불만해소를 위해서라면 상사의 사전승인 없이도 2,000달러까지 지출할 수 있도록 종업원들에게 권한이 위임되어 있습니다. 예를 들어 실수로 손님의 옷에 커피를 쏟았다면 직접 옷을 사주기도 하고, 객실 배정에 착오가 있었다면 정중한 사과의 의미로 포도주나 과일 바구니를 손님에게 선물할 수도 있습니다.

이처럼 세계적 수준의 조직에서는 '고객과 현장을 가장 잘 아는 사람이 일선 직원이기 때문에 그들에게 마땅히 권한을 위임한다'라는 서비스 철학을 갖고 있습니다. 리츠칼튼 호텔의 사례는 이러한 철학이 실제로 어떻게 구현되고 있는가를 잘 보여 주고 있습니다.

선행先行형 고객만족 시스템을 구축하는 방법도 좋습니다. 고객만족 경영에는 두 가지 유형의 방법론이 있습니다. 하나는 고객이 불만을 쉽게 토로할 수 있는 통로를 제공하는 것입니다. 예를 들어 고객용 직통전화를 열어둔다든지 고객상담실과 같이 고객의 불편이나 불만을 해결해 주기 위한 서비스 지원조직을 만드는 것이 여기에 속합니다. 이러한 방법은 기본적으로 '고객이 먼저 불만을 제기하면 필요한 사후조처를 해 주겠다'는 것이므로 '대응형 시스템'입니다. 고객만족 제1법칙은 대응형 시스템의 중요성을 말해 주고 있지만 여기서 한 가지 중요한 사실이 가볍게 여겨질 수 있습니다. 일반적으로 불만이 있는 고객 중 자신의 불만을 공식적인 경로를 통해 해당 기업에 전달하는 사람은 전체의 5%에 불과합니다. 그러므로 고객이 제기한 불만처리에만 관심을 둔다면 전체 고객 불만의 95%가 그대로 방치되고 맙니다. 이러한 빙산의 일각 현상을 극복하기 위해서는 고객이 말해 주지 않더라도 잠재되어 있는 그들의 불만을 알아낼 수 있는 '선행형 시스템'이 필요합니다.

리츠칼튼 호텔의 '고객인지 프로그램'은 정보기술을 이용한 탁월한 선행형 시스템입니다. 예를 들어 알레르기가 있는 손님이 고객인지 프로그램에 등록되었다면, 세계 어느 곳에 있는 리츠칼튼 호텔에 투숙하게 되더라도 그가 머무르게 될 방의 욕실에는 무자극성 베이비 샴푸가 미리 놓이게 됩니다. 이것은 '고객이 말해 주지 않는 요구와 소망까지도 찾아내어 충족시킨다'는 리츠칼튼 호텔의 신조가 구호에 그치는 것이 아니라는 것을 입증해 줍니다.

언제 어디서나 누구에게나 자연스럽게 베푸는 친절은 공동체를 보다 즐겁고 화목하게 만들어 주는 윤활유입니다. 친절은 기업이나 서비스업계에만 필요한 것이 아닙니다. 사람이 사는 모든 곳에서 필요합니다. 언제 어디서 누구를 만나든지 친절할 수 있어야 합니다. 그러나 사람은 '감정의 동물'이라는 말이 있듯이 언제 어디서나 늘 친절하기는 쉽지 않습니다. 부지불식간에 생활화된 친절, 감정을 조절하는 능력을 함양하는 것이 중요합니다. '욱'하는 순간의 감정을 조절하는 능력 또한 친절을 유지하고 활성화할 수 있는 귀중한 자산입니다. 친절의 생활화는 개인의 성품을 아름답게 만들어 주고, 사람관계를 화기애애하게 해 주고, 공동체를 빛나게 합니다. 친절은 나보다 남을 높게 여기는 마음, 너그러운 마음이 겉으로 드러나는 표현형이다.

종교가 위기에 직면한 것은 어제 오늘의 일이 아닙니다. 이는 종교 구성원들의 게으름과 미숙함이 가장 큰 이유입니다만 우리 사회에서 종교를 바라보는 시각이 곱지 않은 이유도 있습니다. 이런 이유 중 하나가 바로 종교가 불친절하다는 사실입니다. 종교는 "서로 사랑하라"라는 가르침을 따라 사는 사람들인데 왜 불친절하다는 것일까요? 일반 사람들은 종교에 대한 기대감이 있습니다. 종교의 정신을 어렴풋이나마 알기에 기대하고 찾아오기도 합니다.

그러나 종교는 초신자나 방문객을 마치 기업이나 서비스업계에서 하듯이 극진히 지극정성으로 예우하지 않습니다. 이들은 기존 신자들이 쓰는 익숙한 용어들이나 종교시설도 익숙하지 않습니다. 이들의 입장에서 종교시설을 건축하고, 시설안내판을 설치하고, 진심을 담아 섬기는 자세로 대해야 합니다. 전문 서비스 강사를 초청해서 교육하는 것도 유익할 것입니다. 기존 신자의 입장이 아니라 초신자와 방문객의 입장이 우선되어야 합니다. 이처럼 눈높이와 방향을 잘 잡고 친절을 종교문화로 실현해낼 때 종교는 종교다운 매력을 지닐 것이고, 지역 사회에서 존경받는 조직체로 자리매김할 것입니다. 이 일에는 너와 나의 구분이 따로 없습니다. 나부터 시작해야 합니다.

분노사회

얼마 전 제 나이 또래인 40대 중반의 선생님이 해 주신 이야기가 떠오릅니다. 지난 명절 가족과 함께 고향방문길에서 겪은 아찔했던 순간을 잊을 수가 없다고 했습니다. 정체구간을 지나 속도를 내려는 찰나, 방향지시등도 켜지 않고 끼어든 앞차에 화가 치밀어 도로를 가로막은 뒤, 차에서 내려 상대 차 운전자와 시비를 하였다고 합니다. 가족들과 함께였던 터라 싸움은 더 번지지 않았고 고향 가는 길인 탓에 오래 지체하지는 않았지만 이미 한차례 멱살잡이를 한 뒤였다고 합니다. 그는 화가 가라앉은 뒤 곰곰 생각해 보니, 주먹질이 문제가 아니라 사고라도 났으면 어떻게 했을까 섬뜩했다고 합니다. 그러고 보니, 언제부터인지는 모르나 유난히 작은 일에도 화를 억제할 수 없다고 하였습니다.

그런가 하면 그의 아내는 중학교 3학년인 아들이 공부하라는 말만 하면 불같이 화를 내서 걱정이 태산이라고 합니다. 밤늦게 학원에서 돌아오는 아들은 아무리 친절하고 따뜻하게 말해도 '공부'라는 단어만 입에 올리면 책가방은 물론, 먹던 밥그릇도 내던진다고 합니다. 힘들어서 그러겠거니 생각했지만, 정도가 지나치고 중 3인데도 벌써부터 저러니 고등학교에 가면 어떨까 하는 걱정에 아찔하다고 하였습니다.

어느 가정이나 있을 법한 일들로 이처럼 쉽게 화를 내는 경우를 많이 봅니다. 요즘 우리 사회에서는 분노가 단순히 화를 내는 것에 그치지 않고 타인과 사회에 대한 과도한 공격적 태도로 표출되는 사례들이 늘어나고 있습니다. 이른바 '분노사회'가 되어 가고 있습니다.

얼마 전에는 서울 강남구의 한 음식점 주인이 음식에 대해 불평하는 손님을 흉기로 33번이나 찔러 살해한 사건이 벌어졌습니다. 다음 날에는 부산에서 한 선원이 홧김에 시장에 불을 질렀고, 같은 날 서울에서는 주차를 잘못했다고 항의하는 행인을 차 주인이 야구 방망이로 무차별 폭행했습니다. 그 다음 주 월요일에는 인천에서 한 50대 남성이 동거녀와 그 아들을 흉기로 찌르고, 이웃 주민까지 상해를 입힌 뒤 스스로 아파트에서 뛰어내려 자살한 사건이 벌어졌습니다. 이틀 뒤엔 세종시에서는 편의점 여주인의 옛 동거남이 재산분할 문제에 불만을 품고 3명을 향해 총기를 난사했습니다. 다시 이틀 뒤엔 헤어진 여자 친구를 차로 들이받는 사고가 있었습니다.

사건사고가 다반사이지만 요즘 들어 분노를 참지 못하고 우발적이고 충동적으로 상대를 공격하는 사건들이 부쩍 늘고 있습니다. 이처럼 분노조절을 못하는 이상 징후는 각종 통계에서도 나타납니다. 건강보험심사평가원에 의하면, 분노조절장애 증상으로 병원을 찾은 환자 수가 지난 2007년 1,660명에서 2009년 3,015명으로 두 배 가까이 늘었고, 2013년에는 4,934명으로 32.6% 늘어나 지속적인 증가 추세를 보이고 있습니다. 정신과 상담을 꺼리는 우리 사회 분위기상 실제로 이 수치는 훨씬 높을 것입니다.

이러한 이상 징후는 이른바 우발적 '분노 범죄'가 전체 폭력범죄의

40%에 이른다는 점에서도 잘 나타납니다. 2014년 경찰이 검거한 폭력범 36만 6,527명 중 15만 2,249명은 격앙된 감정을 추스르지 못해 충동적으로 범행한 것으로 조사됐습니다. '분노조절장애'가 개인에서 사회 전체로 확산되고 있다는 우려도 있습니다. 우리 사회가 이처럼 분노를 조절하지 못하게 된 이유는 어디에 있을까요? 전문가들은 우선 개인적으로 과거에 비해 상대적으로 자기중심적인 성장 환경 속에서 자라고 생활한 탓이 크다고 진단합니다. 자기욕구 충족을 가장 큰 가치로 삼고 살아가는 현대인들은 욕구 충족을 저해하는 방해 요인에 대해서 지나칠 정도로 충동적 분노를 가질 확률이 높다는 것입니다. 여기에 우리 사회 특유의 고도 경쟁 시스템이 주는 압박감과 스트레스는 개인이 화를 제대로 풀 수 없는 구조를 애당초 갖고 있다는 것입니다.

하지만 이것만으로는 '분노사회'의 충동조절장애를 충분히 설명할 수 없습니다. 많은 경우 분노조절장애는 개인이나 가정 내에서의 불화가 발단을 이룹니다. 하지만 가정이나 사회가 이러한 불화의 원인을 근원적으로 해소하지 못할 때, 개인의 일탈 행동은 사회적 문제로 번집니다. 불확실성과 불안의 사회 속에서 이런 불확실성이 불안과 불신, 급기야 폭발적인 분노로 이어집니다. 우리 사회에서 분노하지 않는 세대가 어디 있을까요? 2030세대는 청년실업과 구조조정에 분노하고, 4050세대는 퇴출의 공포와 노후 불안에 분노하지 않는지요? 6070세대는 지나온 삶이 온당히 평가받지 못한다고 분노를 삭이고 있지 않는지요? 누구나 참기 어려운 '분노의 사회'야말로 우리 사회의 현재적 초상입니다.

2014년 우리 사회에서 가장 대표적인 분노의 촉발은 세월호 참사라는 데에 누구나 동의할 것입니다. 비극적 참사에 희생된 이들에 대한 범국민적인 '미안함'의 집단우울증 증세는 이후 정부의 대처 과정을 보면서 공권력에 대한 불신과 분노로 이어졌습니다. 한편 여기에 이른바 '땅콩

회항사건'을 불러일으킨 재벌 2세와 갑질논란을 일으킨 일부 부유층의 경박한 행동은 서민들의 '공분'을 샀고, 이는 다시 또 '집단적 분노'의 양태를 띠었습니다.

애당초 집단적 불안과 체념, 무기력의 증상이 광범위하게 나타난 계기는 1997년 외환 위기였습니다. 최근 나타난 불안 역시 90년대 말과 비근한 경제 침체에 바탕을 둡니다. 잇달아 발생한 대형 재난사고와 그에 대한 미흡한 대처는 '슬픔을 넘어 분노'로 이어졌습니다. 오늘날의 분노조절장애가 사회적 양극화와 소득 불균형 등 불평등한 사회적 구조에서 기인합니다.

불평등과 양극화, 빈부격차가 지금 사회에서는 개인이 극복할 수 없는 사회적 계층화로 고착돼 있다는 인식, 개인이 아무리 애를 써도 넘어설 수 없다는 무력감과 상대적 박탈감이 개인들의 일상적인 불평불만을 극단적이고 충동적인 공격성으로 표출하도록 밀어붙입니다.

우리 사회의 갈등 수렴 용인이 '양극화'에서 '갑을논쟁'으로 이동했습니다. 이른바 '갑질'은 우리 사회 소외계층으로 하여금 극도의 무력감과 스트레스 속에서 언제든지 분노를 표출하도록 충동한다는 것입니다.

이와 같은 분노사회에 대한 해법은 있을까요? 일상화된 분노를 조절하기 위해서 개인 차원에서는, 살아가면서 마주칠 수밖에 없는 분노를 인정하고 적절하게 해소할 수 있는 장치를 마련해야 합니다. 스트레스 관리는 이를 위해 무엇보다 필요합니다. 취미 활동이나 적절한 상담, 필요한 경우 정신과 치료까지 활용 가능한 방법들을 개인적 차원에서 찾아야 합니다. 여기에서 가정의 역할은 가장 절실하고 효과적인 부분입니다. 학교와 가정의 인성 교육은 중요한 치유 방법의 하나가 될 것입니다.

하지만 분노 조절이 사회적으로 실패하고 있다는 인식을 고려할 때,

사회적 제도와 장치를 마련해야 할 필요가 있습니다. 분노의 촉발이 불공평과 박탈감에 있음을 고려할 때 근원적인 해결책은 정의와 공정의 실현이 될 수밖에 없습니다. 극단적인 성과주의, 결과주의, 그리고 이를 위한 고도의 경쟁, 그럼에도 원천적으로 공정하지 않은 경쟁에 대한 깨달음은 개인과 사회를 불안과 분노로 몰고 가게 마련입니다.

원론적이고 이념적인 이야기일 수는 있겠으나, 결국 분노를 조절할 수 있는 기제는 정의와 공정이 구현되는 사회일 수밖에 없습니다. 그리고 이는 더불어 살아가는 공동체의 이상, 공동체 정신이 구현될 수밖에 없습니다.

2014년 4월 16일 세월호 참사에 대해, 갑자기 길을 잃어버린 것과 같은 심정이라고들 말합니다. 이 참사는 성장과 발전만을 외치며 무서운 속도로 내달리다 '생명'을 놓쳐 버린 결과이기도 합니다. 인류의 보편적 종교라면 그 어떤 종교나 한 목소리로 생명의 소중함을 강조하고, 생명을 돌보는 데 최우선적으로 나섭니다.

우리나라 종교 인구 통계에 따르면, 국민의 절반 이상이 종교를 갖고 있습니다. 또 국민 상당수는 시급한 사회 현안들이 불거질 때마다 종교는 그 문제 해결에 긍정적인 역할을 한다고 생각합니다. 자살 예방, 낙태 근절 등 생명을 수호하는 면에서는 국회의원 60~80% 이상이 종교의 역할을 크게 기대하는 것으로 조사됐습니다. 그러나 실제 우리 사회 면면을 돌아보면, 종교인들이 생명을 지키기 위해 무엇을 더 적극적으로 해 왔는가에 대한 질문이 새삼 터져 나옵니다.

생명 경시 풍조의 원인을 거슬러 되짚어 보면 결국 개개인의 이기심들이 자리합니다. 그 자리에서 올바른 목소리를 내고, 사람이 추구해야 할 보편적 가치를 지속적으로 확산시키는 것이 바로 종교인의 역할입니다. 하지만 우리 사회 종교인들은 특정 사회문제가 수면 위로 떠올랐을 때도, 지도자층이 메시지를 내는 등의 움직임이 있어야만 뒤따르는 경향이 짙습니다. 많은 사회·종교학자들의 연구에 의하면, 오늘날 종교인들의 경우 익명성 안에서 신앙생활을 하는 것을 더 좋아한다고 합니다. 이 시대 종교인의 역할 가운데 가장 중요한 것 중 하나가 '생명 존중 의식'을 사람들의 마음에 심어 주는 것입니다. '생명 존중'은 진부한 주제라고 밀쳐둘 문제가 아닙니다. 모두가 듣고, 각자의 삶터에서 생명을 최고의 가치로 내세울 수 있도록 생명의 소중함을 외쳐야 합니다. 세월호 참사 유가족들과 실종자 가족들을 비롯해 수많은 피해자들도 바로 이러한 개개인의 양심과 배려에 기대어 위로와 희망을 얻을 수 있을 것입니다.

화火
다스리며 살기

얼마 전 우리나라에서 이름만 대면 다 아는 재벌 그룹의 후계자로 알려진 사람이 물의를 빚어 사회를 떠들썩하게 한 일이 있었습니다. 그는 자신이 다니던 병원 주차장에서 자신의 차에 붙은 미신고 차량 범칙금통지서를 보곤 분노해 병원 직원의 노트북을 집어던지고는 귀가했습니다. 병원 직원으로서는 고객으로 등록한 차량만 허용하고 미등록 차량에 대해서는 범칙금을 부과하도록 하는 규정에 따랐을 뿐인데 찬찬히 따져 볼 생각은 하지 않고 자신의 차에 부과된 범칙금에 분노를 참지 못한 것입니다. 그는 사실 범칙금에 크게 연연하지 않아도 되는 대재벌 집안 출신으로 현재 어엿한 주력 계열사 사장이라는 사회적 지위도 있습니다. 이른바 명문대학과 대학원을 나온 고학력자였고 나이도 50대 중반이니 어려서 그런 것도 아니었습니다. 그런 그가 순간의 화를 참지 못하고 말았습니다. 망가진 노트북을 본 직원이 경찰에 신고했고 경찰이 확보한 CCTV를 통해 이 사건의 진상이 밝혀졌습니다. 그는 사회적 지탄의 대상이 되었고 그가 사장으로 재직 중인 회사는 물론 그룹 전체의 주식이 폭락하는 곤혹을 치렀습니다.

이처럼 순간적인 화를 다스리지 못해 망신을 당하거나 큰 손해를 보는 이들은 우리 주위에서도 많습니다.

우리는 살면서 화를 낼 수밖에 없는 크고 작은 상황들을 만나게 됩니다. 화를 내면 자신도 상대방도 상처를 받게 되고 화를 참자니 내 마음과 몸이 병들게 됩니다. 화를 한자로 불 '화火'입니다. 한자 그대로 화는 마치 불과 같습니다. 불이 났을 때 초기에 진압하지 않으면 모든 것을 다 태워 버릴 수 있는 것처럼 화는 불과 같이 아주 무섭습니다. 화는 인간의 자연스럽고 솔직한 감정 중 하나입니다. 화를 잘 다스리느냐, 그렇지 못하느냐에 따라 인생을 잘살 수도 있고, 그렇지 못할 수도 있습니다. 위의 경우처럼 순간적인 화는 엄청난 결과를 가져오기도 합니다.

기질적으로 화를 잘 내는 성향의 사람들이 있습니다. 고대 그리스 의학자로서 의학의 아버지로 추앙받는 히포크라테스Hippocrates가 사람을 네 가지 기질로 구분한 것은 잘 알려진 이야기입니다. 이 네 가지는 다혈질, 담즙질, 우울질, 점액질입니다. 이 중 다혈질은 화를 잘 내는 기질입니다. 다혈질은 작은 일에도 갑자기 화를 내고는 언제 그랬느냐는 듯이 잊어버립니다. 다혈질 사람들은 자신이 화를 잘 내는 약점을 "자신이 화는 잘 내지만 본심이 아니고 자신은 뒤끝이 없다"라고 합리화하기도 합니다. 상대방은 상처를 받아 평생 아파하는데 자신은 본심이 아니니 이해하라고 하면서 "뭘, 그런 걸 가지고 그러냐?" 하고 그냥 다 털어버리라고 말하기도 합니다.

보통 사람들이 살면서 상처를 받으면 그 상처가 내재되어 울분이 되고, 그 울분은 분노로 나타나게 됩니다. 자신이 사랑받지 못하고 있다는 느낌, 인정받지 못하고 있다는 느낌, 거부당하고 있다는 느낌, 지배받고 있다는 느낌, 무시당하고 있다는 느낌을 받으면 마음에 상처가 됩니다. 그 상처를 처리하지 못하고 마음에 쌓아 두면 울분이 됩니다. 그 울분을 가지고 있는 사람은 자신이 부당한 대우를 받는 상황이 발생하면 자기방어기제로 분노를 일으키게 됩니다. 이를 잘 드러내 주는 사례는 아주 많습니다. 성경에도 인류 최초의 살인자로 자신의 친 동생을 죽인 카인을 비롯한 많은 사례들이 나옵니다. 이 중 '시므온의 분노'에 대해 이야기해 봅시다.

야곱이 그의 첫 아내 레아에게서 낳은 아들은 르우벤과 시므온과 레위와 유다이고 딸은 디나입니다. 르우벤은 장자이고 유다는 막내이고 디나는 딸이기 때문에 귀여움을 받았을 것이지만, 시므온과 레위는 중간에 끼어 있어 어렸을 때부터 불평과 불만 속에서 자라다 보니 분노할 일이 많았을 것입니다. 특히 시므온은 같은 처지에 있는 레위와 마음이 맞아서 늘 함께 불평하고 분노를 표출할 모의를 합니다. 그래서 이복異腹 동생 요셉이 아버지에게 사랑받는 것을 보고 분노해서 요셉을 죽이자고 모의하고 그 일에 앞장서기도 했습니다.

세겜 땅에 살 땐 여동생 디나가 강간당하는 사건이 일어나게 됩니다. 그는 다른 형제들과 세겜 성의 추장 세겜을 죽이기로 모의하고 결혼 승낙 조건으로 세겜 성 사람들이 다 할례를 받아야 한다고 했습니다. 세겜은 남자들을 다 모아놓고 할례를 받게 했습니다. 세겜 성의 남자들이 3일째 고통으로 인해 움직일 수 없을 때, 시므온이 레위와 함께 칼을 차고 가서 모든 남자들을 죽입니다. 그 결과 야곱의 가족은 주변 족속들의 공격 위협에 직면했고, 급히 세겜 땅을 떠나지 않으면 안 되었습니다.

야곱은 죽기 전 아들들에 대해 축복하면서 시므온에 대해서는 그의 혈기 있는 성품으로 인해 이스라엘 공동체에서 흩어질 것이라고 했습니다. 시므온 지파는 야곱의 예언대로 애굽을 나와 가나안 땅에 들어갈 때 12지파 중에 가장 적은 수로 전락했고, 가나안 땅에서는 유다 지파에 흡수되어 유다 지파의 영내에 몇 개의 성읍만 남게 되었습니다.

기질 때문이든 가정이나 사회에서 쌓인 울분 때문이든, 우리는 마음에서 일어나는 화를 다스리지 않으면 안 됩니다. 그런데 이를 잘 알지만 생각처럼 쉽지 않습니다. 화를 잘 다스리는 방법을 학교에서 가르쳐 주지도 않습니다. 그러니 어떻게 해야 할지 답답합니다. 속수무책束手無策으로 마음에서 일어나는 화를 어찌할 수 없어 속이 탑니다. 화를 다스리는 방법은 쉽게 찾아지지 않습니다. 간단치도 않습니다. 도대체 어떻게 해야 화를 다스릴 수 있을까요? 누가 좀 속 시원히 그 방법을 알려주면 좋겠습니다만 그렇지 않은 것이 현실입니다.

에스키모인들은 화가 날 때 화를 다스리는 특별한 방법이 있습니다. 보통 우리가 화가 나면 가슴이 답답하고 뚜껑이 열린다는 표현을 하듯 머리가 몹시 아픕니다. 화의 에너지가 몸의 윗부분에 머물러 있기 때문에 화의 에너지를 풀어내기 위해서 에스키모인들은 무작정 걷습니다. 발로 지칠 때까지 아름다운 풍경을 보면서 무작정 걷습니다. 화가 났다 싶으면 무작정 아무 말도 하지 않고 걷습니다. 그리고 한참 걷다가 화가 풀리는 지점에 나뭇가지로 표시를 하고 자신을 돌아봅니다.

'내가 너무 집착했구나. 내가 너무 욕심이 많았구나.' 그리고 살다가 또 화날 일이 생기면 무작정 또 걷습니다. 걸으면서 예전에 표시해 둔 나뭇가지들이 많은 걸 발견하면 '요즘 내 삶이 힘들구나.' 하고 생각하고, 나뭇가지들이 별로 없으면 '내 삶이 살 만하구나.' 하고 생각한다고 합니다. 에스키모인들은 화가 머리끝까지 났다는 말이 있듯이 화의 에너지가 위로 올라갈 때 반대편인 발로 걷게 되면 신기하게도 화의 에너지가 평정된다는 것을 삶의 지혜로 터득했던 것입니다.

에스키모인들의 방법을 오늘 우리에게 적용해 보면 어떨까요? 우리 주변에 볼 만한 풍경이 없다면 공원이나 동네를 몇 바퀴 돌아도 괜찮고, 그런 시간적 공간적 여유가 없다면, 1분이 됐든 5분이 됐든 심호흡을 하면서 마음을 가라앉히면 화의 감정이 반은 줄어들게 될 것입니다. 화가 난 것은 마치 내 마음의 아기가 울음을 터뜨리는 것과 같아서 아이가 운다고 문을 쾅 닫아 둘 수도 없고, 아이에게 화를 낼 수도 없습니다. 가장 현명한 방법은 그 아이를 안아 주고 달래 주는 것입니다. 울고 있는 내 마음의 아기를 오랫동안 방치해 두면 그 아기는 병이 나고 말 것입니다. 또 그 아기에게 화를 내면 아이가 상처를 받게 됩니다. 두려움에 떨고 있는 내 마음의 아기를 돌아보면서 빨리 달래는 것이 가장 현명한 방법입니다.

어느 정원사가 정원의 흙을 보고 "너는 어떻게 그처럼 좋은 향기를 풍기느냐?" 하고 물었더니, "사람들이 나를 장미꽃 옆에 두었기 때문이랍니다."라고 대답했습니다. 그렇습니다. 우리는 진공 상태에서 혼자 사는 것이 아닙니다. 서로 영향을 주고받는 공동체에서 인격이 만들어집니다. 그러므로 우리가 속한 공동체와 우리와 함께하는 사람들은 중요합니다.

성경 민수기 12장 3절에 "온유함이 지면의 모든 사람보다 더한 사람"으로 소개된 모세도 끓어오르는 화를 참지 못해 사람을 죽였던 적이 있습니다. 이런 모세 곁에는 그를 믿어 주고 위로하며 함께한 그의 형 아론과 그의 누나 미리암과 그의 아내 십보라와 그의 후계자 여호수아가 있었습니다. 또한 그는 자신을 잘 알기에 늘 하나님을 만나는 삶을 살았습니다. 예수가 사랑한 제자 요한은 '보아너게 – 우레의 아들'이라는 별명을 갖고 있을 정도로 급하고 화를 잘 내는 성격의 소유자였습니다. 그런 그가 사랑의 사도라 불리게 된 것도 늘 예수 곁에서 보고 들으면서 그의 삶을 예수에게로 맞춰 가면서 닮아간 까닭이었습니다. 성경 잠언 19장 11절입니다.

"분별력이 있으면 화를 참고 허물을 덮어 주는 것은 그의 영광이 된다."

우리 마음 안에서 일어나는 순간순간의 화를 잘 다스려 지혜롭고 성숙한 삶을 누리려면 마음을 다스리는 지속적인 수양도 중요합니다. 잠언 4장 23절입니다.

"무엇보다도 네 마음을 지켜라. 네 마음에서 생명의 샘이 흘러나오기 때문이다."

마음을 지킨다는 것, 이것이 쉽지 않습니다. 아니 불가능합니다. 그러기에 우리는 종교적인 믿음을 갖고 기도(수도)하면서 겸손히 우리의 한계를 인식합니다. 이런 인식이 자만을 경계하게 하고 마음의 부담을 덜어 줍니다. 간절히 우리의 약한 마음을 이겨낼 수 있게 도와달라고 빕니다. 이런 모습이 우리를 겸손하게 하고, 진지하게 합니다. 그저 우리는 기도하면서 우리가 마땅히 수행할 도리道理로, 나무가 조금씩 조금씩 자라듯이 우리 마음 다스림도 조금씩 자라게 최선의 노력을 다할 뿐입니다.

힐링이
필요한 시대

―――――――――――――― '경문왕의 귀설화'를 기억하
시는지요? '경문왕의 귀설화'는 '임금님 귀는 당나귀 귀'로 잘 알려져 있
는 이야기입니다. 신라시대 경문왕에게는 숨기고 싶은 비밀이 하나 있었
습니다. 바로 귀가 크게 자라 꼭 당나귀처럼 보였던 것입니다. 이 비밀을
아는 사람은 오직 한사람, 왕의 감투를 만드는 복두장이었습니다. 경문
왕은 복두장에게 비밀을 지킬 것을 명령했습니다. 비밀을 누설할 때는
그의 목숨이 위태로웠습니다. 그러니 복두장은 가족이나 친구에게도 말
을 못하고 사니 답답해 죽을 지경이었습니다. 입이 근질거려 병이 날
것만 같던 복두장은 한 가지 묘안을 생각해냈습니다. 그는 도저히 입이
근질거려 못 참겠기에 아무도 없는 대나무 숲 가운데로 가서 크게 소리
쳤습니다.

"임금님 귀는 당나귀 귀다!"

이렇게 하고 나니 속이 다 시원했습니다. 복두장에게 대나무 숲은 근
심을 덜어 주는 곳이었습니다. 이 이야기는 여기서 끝이 납니다만 아마
도 복두장은 그 후로는 누구에게도 말 못할 고민이나 마음속 이야기를

대나무 숲에 가서 이야기했을 것 같습니다. 복두장에게 대나무 숲은 힐링의 장소였습니다. 그러나 복두장에게 대나무 숲은 부득이한 경우로 최선은 아닙니다. 이왕이면 자신의 말을 다 들어주고 공감해 주고 위로와 격려와 조언을 해 줄 사람이면 더 좋은데 그럴 사람이 없었나 봅니다. 만약 입이 무거워 절대로 누설하지 않을 친구나 지혜를 빌려줄 자가 있었다면 그는 대나무 숲에 가지 않았을 것입니다.

오늘날에도 복두장처럼 가슴속에 쌓아둔 이야기가 있는 사람들이 많습니다. 그 누구에게도 말 못할 비밀이 있습니다. 그러나 이런 이야기를 함부로 할 수가 없습니다. 그러기에 혼자만 가슴앓이하다가 돌이킬 수 없는 결정을 하는 경우도 있고 정신적인 아픔으로 속병을 키워 가기도 합니다. 이런 사람들이 많기에 우리 주위에는 상담가와 상담소가 꼭 필요합니다. 현실적인 예산 문제로 완전하지는 않지만 교육당국과 아동청소년기관에서는 이에 대한 발 빠른 대처로 지역교육청과 단위학교와 각종 아동청소년기관에 상담전문가를 배치하여 상담이 원활하게 진행되도록 합니다. 굳이 상담소에 찾아가는 어려움을 해소하기 위해 찾아가는 상담서비스도 있습니다.

그러나 안타깝게도 정말 상담이 절실할 때 도움을 받지 못하는 사례도 있습니다. 우리나라는 예전부터 스승을 공경하는 아름다운 전통이 있었습니다. 이 전통은 서구 사회에서 놀라워한 동양문화권의 자랑이요, 미담이었습니다. 그런데 요즘은 선생님에 대한 예우와 존경을 찾아보기 힘들어졌습니다. 스승의 그림자도 밟지 말라는 말은 이제 옛말이 되어 버렸습니다. 최근 학생인권이 중시되면서 제가 학교에 다니던 시절에는 당연시되던 학생체벌이 엄격히 금지되었고, 이른바 진보 성향의 교육감들은 학생인권조례를 만들어 학생들을 존중하는 분위기가 더욱 분명해졌습니다. 이런 모습은 바람직한 일입니다. 진작 그래야만 하는 일로

늦은 감도 없지 않습니다. 그러나 아쉬움은 이런 일들이 급속히 이루어지고 교육현장이 이에 발맞춰 변화되거나 교사와 학생들의 의식이 그에 맞게 성숙되지 못하다 보니 여기저기에서 아쉬운 모습들도 보이는 게 사실입니다. 학생들은 자유와 인권이 존중됨을 당연시합니다. 그러나 그에 따른 책임과 의무와 질서와 예의는 중요하게 여기지 않습니다. 이는 오늘날의 학생들이 이전 세대에 비해 소황제, 소공녀처럼 귀하게 자라다 보니 가정에서 기본생활습관에 대한 교육이 제대로 이루어지지 않았기에 더욱 그렇습니다. 그러니 누릴 줄만 알았지 베풀고 양보하는 것에 둔감합니다.

저도 학교에서 십수 년간 중학생들을 바라보면서 많은 것을 느꼈습니다. 학생들의 무례함과 문제행동을 가만히 보면 심성이 나빠서가 아니라 정말로 그러면 안 된다는 사실을 몰라서 그러는 것이었습니다. 요즘은 가정의 사회화 역할이 많이 훼손되어 부모로부터 교육을 받지 못하고 학교에 오는 경우가 많습니다. 그러니 학생들은 건강한 가정에서 교육받거나 바른 모델을 보고 배우지 못한 채로 학교에 와서는 마음껏 자유를 누리고 싶어 합니다. 그리고 점점 사회가 부익부 빈익빈이 되고 계층의 갈등이 심화되면서 예전처럼 개천에서 용 나기도 불가능한 시대입니다. 웬만한 사교육으로는 상류층에 진입하기 불가능합니다. 그러다 보니 학생들이나 부모나 꿈이 없습니다. 그냥 적당히 공부하고 대충 살아가면 된다는 생각들도 있습니다. 또한 학생들은 스마트폰과 게임 중독에 빠져 있고 무분별한 유해 인터넷 사이트에 노출되어 있다 보니 정신적으로 피폐하고 성급하고 공격적인 성향들도 강합니다. 일상적인 대화에서 욕설은 기본입니다.

이런 아동청소년들과 매일같이 얼굴을 맞대고 살아야 하는 이들이 바로 교사들입니다. 교사는 정년 62세에 방학이 있고 칼같이 정확한 시간에 퇴근한다고 부러워하는 이들이 많습니다. 그러나 알고 보면 걸어다니는 핵폭탄이라고 불리는 학생들과 함께 살아간다는 게 여간 힘든게 아닙니다. 오죽하면 정년을 남겨 두고 명예퇴직하는 경우도 많아졌습니다.

최근 교권 침해 사례도 점점 증가하고 있습니다. 학부모에 의한 폭언과 폭행은 물론이고 학생들로부터 폭언과 폭행을 당하기도 합니다. 수시로 언론에 보도될 정도로 교권 침해는 계속되고 있습니다. 이러한 교권침해는 자존심을 생명으로 하는 교원에게 자신의 능력에 대한 회의, 수치심과 자존심의 손상을 초래합니다. 결국은 교사에게 심리적 고통과무력감으로, 교육의 질적 하락으로 이어지게 됩니다.

분명 학교는 학생들에게 행복한 배움터가 되어야 합니다. 학생들이행복한 학교생활을 하려면 학생들을 지도하는 교사들의 역할이 매우 중요합니다. 교사 스스로 자긍심을 갖고 신이 나게 아이들을 가르칠 수있는 여건이 필요합니다. 그런 점에서 교권 회복은 교사를 위한 것만은아닙니다. 교권이 제대로 정립되어 교사가 정체성을 되찾아 교단에 섰을때, 아이들도 학교에서 신이 나게 공부하며 행복을 느낄 수 있을 것입니다. 교사는 학생들의 행동을 바꾸고, 진로를 바꾸기도 합니다. 학생들에게 큰 영향을 줄 수 있는 사람이 바로 교사입니다. 유능한 교사는 학생을잘 가르칠 수 있는 전문지식이 있어야 하고 열심히 가르치는 열정과 학생을 사랑하는 마음이 가득해야 합니다. 교사는 학생들에게 꿈을 갖게해 주고 끼를 찾아줄 수 있어야 합니다.

영국의 교육자 A. S. 닐은 "가장 좋은 교사란 학생들과 함께 웃을 수있는 교사"라고 하였습니다. 저는 우리 사회를 아름답게 하고 행복하게만드는 힘이 교사에게 있다고 믿습니다. 그런데 교사들이 행복하지 않고힘들어 한다면 그것은 그대로 학생들에게 영향을 미치게 됩니다. 교사가 행복해야 학생도 행복합니다.

"아이들이 예뻐 보이기는커녕 밉게만 느껴져요."

"주 중에 너무 힘들어 주말에는 아무것도 못해요."

"모두 학교 교육 탓만 하는 것이 화가 나요."

"요즘은 사람 만나 이야기하는 것도 귀찮고 힘들어요."

많은 교원들이 신체적, 정신적 탈진상태, 즉 '소진증후군'을 겪고 있고 이것이 학생 교육에 악영향을 미치지 않으려면 적극적인 힐링이 필요합니다.

교사들은 학생 생활지도 붕괴, 교권 추락, 과도한 업무, 일관성 없는 교육정책, 교사 간 경쟁과 평가, 교사를 바라보는 사회의 모순적 기대치로 날로 힘겨워지고 있습니다. 그러나 인내심을 갖고 일방적으로 관용을 베풀어야 하는 교직의 특수성으로 많은 스트레스를 받고 있습니다. 이런 상황에서 해야 할 일은 많은데 하고 싶은 일은 제대로 할 수 없게 되고 자신감 상실과 두려움에 소진현상이 일어나고 있습니다. 교사의 신체적, 정서적, 정신적 고갈은 교육에 대한 열의와 학생에 대한 관심을 잃게 만들어 교육의 질 저하를 초래할 수 있습니다.

교사의 치유와 힐링을 통한 행복은 교사 스스로 위로하는 것에서 출발해야 합니다. 교사가 행복해지기 위해서는 모든 게 내 책임이라고 생각하지 말아야 합니다. 내가 모든 걸 가르쳐야 한다고 생각하지도 말아야 합니다. 교사직에 대한 자긍심과 사명감은 좋으나 이것이 지나치면 스스로를 괴롭히게 됩니다. 교사 간에 서로 위로하고 격려하고 칭찬하는 교직문화를 만들어야 합니다. 동병상련同病相憐이라는 말처럼 교사 간의 위로와 격려는 큰 힘이 됩니다. 이런 점에서 교사 평가와 같은 방식은 바람직하지 않습니다.

근무하다 보면 예기치 않게 학생과 학부모로부터 상처를 입을 수도 있습니다. 그럴 때 절망하거나 포기하지 말고 적극적으로 상처를 치유하는 방법을 모색하는 것이 좋습니다. 마치 연예인들이 마음의 병이 생겨도 공인公人이다 보니 정신과 치료나 상담소를 잘 찾지 못하는 것처럼 교권 침해를 겪은 교사들은 자신의 신분을 드러내는 것을 걱정하여 주저하는 이들이 많습니다. 자존감의 상처가 커서 상담 프로그램에 참여하기를 꺼리기도 합니다. 이런 특성을 고려하는 상담 프로그램이 생겼으면 좋겠습니다. 이 일에 교육당국은 물론 여러 시민단체나 종교기관에서도 함께했으면 합니다. 교사들의 힐링과 정신적인 고통에 귀 기울이고 위로하고 격려하는 전략과 대책이 있었으면 좋겠습니다.

사실 이런 상담소와 프로그램은 종교인들도 마찬가지입니다. 하나님을 믿는다고 해도 근심, 걱정, 두려움, 의기소침으로 괴로워할 때가 있습니다. 하나님을 제대로 믿지 못해서 그럴까요? 과연 하나님을 믿으면 삶이 평탄할까요? 전혀 그렇지 않습니다. 성경을 읽어 보아도 욥, 다윗 같은 인물은 아무 잘못도 없이 많은 시련과 고난을 겪었습니다.

저는 3대를 이어 오는 기독교 집안에서 자라서 신학공부를 하고 목사와 선생이 되었습니다만 알게 모르게 남을 미워하고, 시기하고, 열등감도 많고, 마음의 상처도 많고 욕심도 많습니다. 때로는 알다가도 모를 인간관계로 인해 벙어리 냉가슴 앓듯 마음의 고통으로 힘겨워하기도 합니다. 이러다 보니 마음의 병도 생겼습니다. 기독교신앙인이고 목사인데 기도도 당연히 하였습니다. 이 병으로 인해 고통스러운데 잘 낫지를 않습니다. 이제는 오래되어 미워할래야 미워할 수도 없는 미운 정이 든 친구마냥 제 삶으로 인정하면서 살고 있습니다. 여러 상담소와 정신과 치료도 받아 보았지만 소용이 없습니다. 이처럼 목사인 제게도 마음의 병이 있습니다. 저는 그래도 용기를 내서 정신과와 상담소에 가 보았지만 저와 같은 종교인들은 이런 곳에 가기가 쉽지 않습니다. 남들은 성숙한 인격체로 여기고 자신들이 마음 놓고 고민을 털어놓을 수 있는 대상이라고 여기지만 정작 종교인들 중에는 말할 수 없는 고통으로 힘겨워하는 이들도 있습니다. 우리가 고난을 겪을 때 가장 힘든 부분은 하나님이 침묵하시는 것만 같다는 생각입니다. 성경의 욥의 이야기를 읽어 보아도 하나님이 침묵하시는 것 같습니다. 하나님이 욥에게 전혀 관심이 없는 것처럼 보입니다. 하지만 하나님의 침묵이 그분의 부재를 의미하지는 않습니다.

얼마 전 페리 노블이 지은 『삶의 어떤 순간에도, 하나님』을 읽고 많은 위로를 받았습니다. 이 책은 미국에서 두 번째 규모로 큰 교회인 뉴스프링교회를 담임하고 있는 페리 노블 목사가 우리 시대의 문제인 우울증, 걱정, 스트레스, 근심의 문제를 다루면서 걱정과 절망의 사슬을 완전히 끊어 내는 방법을 담았습니다. 그는 승승장구의 인생을 살고 있던 삶의 정상에서 3년 동안 자신이 깊은 우울증과 스트레스에 빠져 허덕이며 큰 고통 중에 있었다고 고백합니다. 유머와 솔직한 고백, 빛나는 통찰이 어우러진 이 책을 읽다 보면, 공감이 되곤 합니다.

교사나 목사 등과 같은 이들도 마음 편히 찾아갈 곳이 필요합니다. 가슴속 응어리를 풀어낼 대나무 숲이 필요합니다. 이를 위한 마음 치유센터나 힐링캠프, 상담소나 상담 프로그램이 있었으면 합니다.

행운,
그 묘한 녀석

──────────────────────── 저희 집 근처에는 24시간 편의점이 한 곳 있습니다. 지척에 있어 편리하다 보니 퇴근길에 아이들 간식거리를 산다는 핑계로 참새가 방앗간 들리듯 하고 있습니다. 지갑 속에 편의점 적립카드를 고이 간직하고는 한 번 두 번 적립하는 재미가 쏠쏠합니다. 편의점은 어수룩한 소비자인 제 마음을 유혹하는 데 선수입니다. 여기저기에서 '1+1', '2+2'라는 문구가 소비를 촉진합니다. 하나만 사도 될 걸 하나나 둘을 더 사면 하나가 공짜라는 생각에 필요한 양보다 많이 사고 맙니다. 여러 개를 사다 보니 가방이 불룩해지고 메고 다니기도 불편한데 집이 지척이니 괜찮은 것도 같습니다. 다행히 제 집은 아이들이 넷이나 되는 대식구이다 보니 여러 개를 사도 좋습니다. 그러나 이건 어디까지나 제 생각이고, 아내는 늘 핀잔입니다. 과자나 음료수가 몸에 좋은 것도 아닌데 걸핏하면 군것질거리를 사오고 덜 사도 될 것을 하나씩 더 준다고 사오니 과잉소비요 충동구매랍니다. 듣고 보니 맞는 말이라 뭐라 변명도 못하고는 다시는 그러지 않으리라 마음먹지만 이내 도루묵입니다. 아이들은 이런 아빠가 마냥 좋습니다. 퇴근길에 아빠가

또 얼마나 먹거리를 잔뜩 장만해 올지 기대만발입니다. 이렇듯 아이들이 제 편을 들어주니 아내의 추궁도 견딜 만합니다.

이렇게 편의점을 드나들다 보니 자주 눈에 띄는 모습이 있습니다. 로또복권을 사는 아저씨들은 저보다 더 단골입니다. 저는 그저 자잘한 군것질거리를 사재기하는 데 반해 아저씨들은 저로서는 거액인 종이쪽지를 서슴지 않고 삽니다. 옷차림을 보아하니 하루하루 힘겹게 살아가는 사람들인 듯합니다. 저는 로또복권이 뭔지도 잘 모르는 사람이라 대수롭지 않게 보는 데 반해 로또복권 구입에 열중인 사람들에게는 로또복권이 힘든 삶을 견디게 해 주는 희망 샘터인 모양입니다. 로또복권을 사는 이들의 눈빛에 희망이 가득하니 말입니다. 필자가 아는 이는 당첨될 확률이 너무도 낮은 로또복권을 사는 것에 대해 어리석다고 질책하면서 노력으로 성공해야지, 요행을 바라는 게 말이 되느냐고 열변을 토합니다.

저는 로또복권을 사지 않지만 그들을 비난하거나 평가할 마음은 없습니다. 사람들은 저마다 자신만의 삶을 영위해 갑니다. 물론 로또복권이 사행성을 조장하는 것은 사실입니다. 당첨 가능성도 분명히 적습니다. 그러나 로또복권이 삶의 희망으로 이해되는 이들에게 로또복권은 그 나름의 의미체일 것입니다. 사실 저부터도 로또복권과 같은 행운을 애써 외면하지는 않을 것입니다. 로또복권을 반대하는 이들도 자신에게 행운이 주어진다면 이를 마다할지요?

우리나라에 로또복권이 갓 발행되던 때, 어느 수도원에서 있었던 일이라고 합니다. 아마 누가 지어낸 얘기일지도 모르지만 이야기 속에 담긴 의미가 마음에 남습니다. 그곳은 식성이 좋아도, 너무 좋은 젊은 남자 예비 수도자 15명 정도가 사는 공동체였습니다. 평소 그 수도원에서는 말 그대로 쌀독에 언제나 쌀이 떨어지기 일쑤였습니다. 그 당시를 함께 살았던 형제들의 표현을 빌리면, 외부에서 손님이 오셔서 간식으로 과일을 가져오면 그것이 냉장고 안에 들어가자마자 이내 사라져 버리고 빈 껍질만 앙상하게 남아 있었습니다.

그런 공동체에서 그 날은 무슨 좋은 일이 있었는지, 원장 신부님의 허락을 받아 오랜만에 시장에 가서 피자와 통닭을 사 가지고 와서 형제들이 함께 먹었답니다. 그런데 그중에 한 형제가 피자와 통닭을 식탁 위에 놓는데, 영수증 옆에 무슨 숫자가 쓰여 있는 종이가 15장 정도 있더랍니다. 그래서 가만히 보니, 그게 로또복권이었답니다. 왜 15장이냐면, 일 인당 통닭을 한 마리씩 먹으려고 15마리를 샀고, 그 통닭집 경품으로 닭 한 마리에 로또 한 장이라 15장이었답니다.

간식 시간이 되어 형제들이 함께 모인 후 피자와 통닭을 먹을 때 로또복권 15장을 발견한 형제가 원장 신부님께 "원장 신부님, 로또 15장을 사은품으로 주시던데요!"라고 하자, 원장 신부님은 단호한 목소리로 "우리 삶은 일확천금一攫千金이나 대박을 바라지 않아요. 그저 묵묵하게 우리 길을 가는 거지요. 그런 거 필요 없어요."라고 말했습니다. 형제들은 전원 "네!" 하고 대답했고 즐거웠던 회식 후에 모두가 아무 일 없는 듯 방으로 들어갔습니다.

그리고 사흘 뒤, 로또 추첨을 하는 토요일 날 저녁! 일주일에 한 번 토요일 날 저녁 시간에 자유롭게 TV를 시청할 수 있는 날! 그런데 그 날, 15명의 형제들이 원장 신부님 몰래 치밀하게 계획을 짠 모양입니다. 로또복권 방송을 틀어 놓은 후, 번호가 하나하나 나올 때마다 소리를 지르기로……. 번호 하나가 나오자, 형제들이 우레와 같은 박수를 쳤답니다. 그리고 형제들이 기도하는 표정을 짓기도 하고, 하늘을 우러러보기도 하고……. 그리고 두 번째 번호가 나오자, "와, 또 맞았다." 하며 비명을 질렀답니다. 그런 다음 세 번째 번호, 네 번째 번호, 다섯 번째

번호가 나오자, 울먹이기까지 했답니다. 그리고 마지막 번호가 나오자, 15명의 형제들이 일제히,

"와, 하느님 감사합니다. 예수님, 성모님 감사합니다."

그러자 원장 신부님이 방에서 뛰쳐나와 공동방으로 왔고, 형제들은 원장 신부님을 보자마자 그냥 서로 얼싸안고 빙글빙글 돌았답니다. 그러자 원장 신부님도 얼굴이 새빨개지고, 흥분한 목소리로, "진짜, 진짜, 진짜 로또 맞았어?"라고 물었습니다.

형제들은 원장 신부님과 몇 바퀴를 빙글빙글 돌며, 원장 신부님을 서로 끌어안다가 원장 신부님 얼굴을 쳐다보며 이렇게 말했답니다.

"로또요? 원장 신부님이 그저 묵묵히 우리 길을 가라고 하셔서 그 날 버렸는데요!"

"우리는 오늘 누군가가 로또 맞은 사람이 있을 거 같아서, 그 사람이 좋은 일 좀 했으면 하는 마음에, 소리를 지른 건데요!"

아무튼 그 일로 인해서 15명의 형제들은 며칠 동안 대침묵 속에서 지내야 했다고 합니다. 행운은 참 묘한 녀석입니다. '아니다, 아니야, 아닐 거야 하면서도, 때로는 맞았으면 좋겠다고 생각하게 하는 행운! 때로는 행운이라는 녀석에게 귀가 솔깃하게 됩니다. 깊은 산속에서 세속적인 가치와 담을 쌓고 살아가는 수도원 사람들도 그러한데 하물며 우리같이 세속에 물든 사람들은 어떨까요?

제가 출석하는 교회는 매년 한차례 전교인 야유회를 떠납니다. 이 행사의 백미白眉는 보물찾기입니다. 풀과 나무 등 곳곳에 숨겨진 보물을 찾느라 남녀노소 모두가 열심입니다. 이들 중에는 목사도 장로도 사회적 지위를 갖추거나 남부러울 것 없는 재력의 소유자도 있습니다. 눈에 불을 켜고 찾아다니다가 드디어 보물을 찾으면 마치 깊은 산속을 헤매던 심마니가 산삼을 캐고는 산 전체가 떠나갈 듯이 "심봤다" 하고 외치듯,

"찾았다"를 외칩니다. 보물을 찾고는 세상이 다 제 것인 양 입을 귀에 걸며 즐거워합니다. 그러니 아이들도 열심히 보물을 찾습니다. 어느 아이가 보물을 찾고는 신나서 보물을 자랑했습니다. 친구들은 부러워서 어쩔 줄 모릅니다. 드디어 아이들은 우르르 몰려가 주최 측에 보물을 내밀고는 보물에 따른 상품과 바꿔 달라고 요청합니다. 이에 주최 측에서 교환해 줍니다.

그런데 사실 보물을 주최 측에 가져다주면 고가高價의 상품과 교환해 주지 않습니다. 그저 생활에 필요한 물품들로 가격으로 따지면 큰 매력이 없습니다. 그러니 잔뜩 기대한 아이나 같이 온 아이들은 '이게 뭐야, 겨우 이걸 받으려고 보물을 찾아 헤맨 거야' 하는 생각에 금방이라도 울 것만 같은 표정을 짓습니다. 이를 지켜보는 어른들은 뭐가 그리도 우스운지 흐뭇하게 웃고만 있습니다. 명색이 고등정신세계를 담지擔持하고 있다고 자부하는 종교기관에서 사행심을 조장하는 행사를 하는 것일까요? 그것도 순진한 아이들을 놀려가면서까지요.

사실 매년 하는 행사이기에 보물이 대단치 않은 생활필수품으로 많은 사람이 찾을 수 있게 많이 만들어진 것이라는 것을 온 교인이 압니다. 교회에 나온 지 얼마 안 된 아이들만 이것을 모릅니다. 보물을 찾았다고 부푼 꿈의 나래를 펼친 아이와 친구들은 이런 아이들입니다. 저는 교육부 목사로서 미리 보물찾기의 의미를 설명하곤 합니다. 보물은 큰 물건이나 비싼 물건이 아니라 네 마음에 있다고요. 보너스로 주어지는 것으로 평범한 삶에 덤으로 주어지는 행운이라고. 절대로 보물에 마음을 빼앗기지 말고 그저 재미있는 놀이로 보물을 찾아보라고요. 보물을 찾으면서 집중하고, 찾았을 때 즐거워하는 그 마음, 찾은 사람과 함께 기뻐하는 그 마음이야말로 진짜 보물이라고요.

그렇습니다. 각박한 현실에서 그래도 삶의 희망이 되고, 의미가 되고 흥미로 다가오는 로또복권이 없이 사는 이들에게는 그 나름의 종교입니다. 그들에게 로또복권은 힘든 삶을 역전시킬 수 있는 희망체입니다. 이를 두고 개인의 노력으로 이뤄야지, 요행을 바라는 것은 어린아이 같은 미숙함이라고, 낮은 당첨 확률을 이야기하면서 로또복권 구입할 돈으로 저축을 하라고 하는 배운 사람의 논리정연한 말은 과연 타당할지요? 이렇게 말하면 저를 로또복권 옹호론자라고 규정하거나 알지도 못한다고 비난할지는 모르겠습니다만 이렇게 말하는 이들에게 감히 말씀드리고 싶습니다. 그렇게 예리한 논변의 힘을, 설득력을 갖춘 주장을 힘없고 못 배운 이들이 아닌, 힘 있고 많이 배운 사회지도층 인사들에게로 말입니다. 모두가 행복한 세상을 꿈꾸도록 사회 제도와 구조를 개선하도록 말입니다.

행운을 바라는 마음이야말로 매우 인간적이라서 정情이 갑니다. 그게 사람입니다. 천사같이 흠과 티가 없이 깨끗하고, 고결한 인품으로 성자 같은 사람은 오히려 부담스럽고 불편합니다. 거리감이 생깁니다. 그러나 그저 마음이 움직이는 대로 솔직하게 반응하는 그 마음이야말로 보통 사람들의 그 마음 그대로인 것 같아 좋습니다.

●
몰입과
현혹

———————————————— 사람은 누구나 무엇인가에 몰입하면서 삽니다. 가정주부는 가정살림과 자녀에, 학생은 공부에, 직장인은 실적이나 그 분야에서 전문가가 되기 위해, 운동선수는 자신의 주종목에서 최고가 되기 위해 몰입하면서 삽니다.

몰입은 '좁고 깊게' 파고드는 것입니다. 마니아mania라는 말이 있습니다. 어떤 한 가지 일에 몹시 열중하는 사람, 또는 그런 일을 말합니다. '마니아'의 어원은 그리스어로 '광기'라는 뜻입니다. 한마디로 '미친다'는 뜻입니다.

위대한 업적을 남긴 사람들은 자신의 분야에서 미치도록 몰입했던 사람들입니다. 아인슈타인이 한 말입니다.

"나는 몇 날, 며칠 아니 몇 달이고 생각하고 또 생각합니다. 그러다 보면 99번은 틀리고 100번째가 되어서야 비로소 답을 얻어 내곤 합니다."

뉴턴은 조금 엉뚱하긴 하지만 인생의 3분의 2를 물체를 금으로 만드는 일에 몰입했다고 합니다. 이처럼 어떤 것에 몰입하는 습관이 있었기에 위대한 만유인력의 법칙을 발견할 수 있었습니다. 임진왜란 당시 23

번의 해전을 전승全勝으로 이끈 이순신 장군 역시 오직 나라와 백성을 살려야 한다는 일념一念 하나에 몰입한 사람이었습니다. 일제강점기 때 애국지사들은 이미 망해 버린 나라이지만 결코 포기하지 않고 다시금 독립된 나라를 위해 부모, 가정, 자녀, 목숨까지 내놓고 독립운동에 몰입했습니다. 이처럼 몰입은 자신의 일에 충실하고, 해야 할 사명을 알고 이를 잘 감당하기 위한 것이기에 아름답고 바람직합니다. 그러므로 몰입한 사람들은 최선을 다하는 사람들입니다. 만일 몰입하지 않고 그저 그렇게 살아간다면 이는 게으름으로 지탄받아 마땅할 것입니다.

그러나 몰입이 무조건 좋은 것만은 아닙니다. 독일 나치정권의 철권통치자 히틀러는 유대인 말살 정책에 몰입해서 유대인들을 혹독하게 괴롭혔고 처참한 학살을 감행했습니다. 홀로코스트Holocaust는 지금까지 아픈 상처로 남아 가슴을 써늘하게 합니다. 다른 나라에서 오래 전에 일어난 일, 지금 우리와는 상관없는 일이라고 여겨서는 안 됩니다. 미국에서는 심심치 않게 백인우월주의자들이 흑인들을 괴롭히고 살인과 테러를 서슴지 않습니다. 이슬람 과격 신자들이 벌이는 테러는 전 세계를 공포의 도가니로 몰아가곤 합니다. 또한 우리나라에서는 유난히도 신흥종교와 사이비 종교들이 많습니다. 이들은 이해하기 어려운 비도덕적인 교리와 행태로 개인과 가정과 사회를 피폐하게 만들기도 합니다. 이처럼 잘못된 신념과 확신으로 몰입한 결과 개인은 물론이고 사회에 엄청난 물의를 일으킨 일들은 이루 헤아릴 수 없습니다. 그러므로 몰입한다고 다 좋은 게 아닙니다. 몰입 이전에 옳고 그름을 분명히 따져 봐야 합니다. 종교생활을 오래 했다는데 오히려 자기중심성에서 벗어나지 못하고, 공부를 오래 했다는데 오히려 자기밖에 모르는 사람들이 많습니다. 이는 바르지 않은 길에서 열심을 품은 몰입입니다. 무슨 일이든지 그저 열심히 최선을 다하는 것이 중요한 게 아니라 바르게 방향 잡고, 잘 하는 게 중요합니다. 핵심은 속도速度가 아니라 정도正道입니다.

소크라테스는 말합니다. "사람은 누구나 숙고熟考하면서 살아야 합니다." 이는 깊이 생각하는 삶, 즉 끊임없이 자기반성과 다짐을 하면서 참된 가치가 무엇인지 참된 삶의 자세는 무엇인지 고민하는 삶을 말합니다. 우리가 어디에 몰입하는가에 따라 그 결과는 분명히 달라집니다. 선의 열매를 맺을 수도 있고, 악의 열매를 맺을 수도 있습니다. 빛을 비출 수도 있고 어둠으로 치닫게 할 수도 있습니다.

오늘날 우리는 무엇에, 어디에, 어떻게 몰입하면서 살아가고 있을까요? 이 질문을 자신에게 던져야 합니다. 요즘 이런 말들이 들려옵니다. "무한경쟁사회이니 죽기 살기로 노력, 노력, 노력해서 최고가 되어야 한다.", "2등은 없고, 오직 1등만이 기억될 뿐이다." 제가 놀란 것은 이런 말들을 부모들이 자녀에게, 교사들이 학생들에게 한다는 점입니다. 심지어 종교지도자들이 신자들에게 합니다. 이 논리를 뒷받침하는 데 종교경전이 사용되기도 합니다. 여기에 그저 무비판적으로 수용하고 따르는 것은 위험천만한 일입니다. 이는 마치 히틀러가 독일민족주의를 강조하면서 유대인 학살과 세계전쟁을 촉구함에 한 마디 반대도 없이, 추종한 당시 독일인들과 다를 바가 없습니다. 이들 중에는 교육자도, 지성인도 심지어 종교지도자들도 있었습니다.

숙고하지 않으면 누구도 정도에서 벗어날 수 있습니다. 우리의 정신을 영혼을 좀먹는 사상들과 집단주의에 현혹眩惑될 수 있습니다. 늘 긴장하면서 깨어 있는 정신으로 정신을 바짝 차려야 합니다. 저는 주위에서 잘못된 사상이나 신념이나 집단에 빠져 헤어나오지 못하고 자신뿐만 아니라 가족들에게 상처를 주고 다른 사람들과 사회에까지 이를 확산시키는 이들을 많이 보고 있습니다. 한번 오도汚道에 깊이 빠져든 사람은 아무리 조언을 해도 소용이 없습니다. 왜냐하면 자기 확신과 집단최면에 귀먹고 눈멀었기 때문입니다. 이들은 오히려 깨닫지 못한 제가 무지몽매하다고 여깁니다. 저를 설득하려고 갖은 노력을 다 기울입니다. 그러면서 저를 어둠 속에서 진리와 참된 가치를 깨닫지 못한 불쌍한 사람이라고 규정짓습니다. 물론 자신들의 확고한 체계에서 볼 때, 저는 어리석고 불쌍한 사람입니다.

저는 나름대로 제가 옳다고 믿는 종교나 신념이나 삶의 자세를 숙고하곤 합니다. 정말로 제가 옳은 것인지, 제 경험세계가 일천하고 앎과 삶의 역량이 적어 잘못 아는 것은 아닌가 말입니다. 또한 제가 믿고 따르는 종교와 삶의 자리에서도 정말 바른 자세로 최선을 다하고 있는가, 그저 발만 담그고 있는 것은 아닌가 말입니다. 이런 숙고는 과거완료가 아니라 끊임없는 현재진행형입니다.

또한 참된 가치가 아닌 천박한 자본주의에 몰입되어 살고 있는 것은 아닌가 숙고합니다. 물질만능주의를 경계하면서 안분지족安分知足의 삶을 다짐하면서도 어느 순간 돈의 노예가 된 것은 아닌가 숙고합니다. 권력과 명예를 탐하지 않고 맑은 영혼으로 살려고 숙고하면서 제 자리를 지키려고 발버둥치기도 합니다.

최근엔 어느 정도 익숙하다 보니 주어진 환경에서 적당히 지위를 누리고 적당히 봉급 받고 그것으로 만족하며 안일하게 살아가고 있지는 않은가 숙고합니다. 몰입하지 않으면 전진이 없습니다. 우리 삶 구석구석에 배어 있는 대충주의, 안일주의, 나태, 타성을 끊어 버리면 더 깊이 몰입할 수 있습니다. 안일하게 대충대충 때우다시피 하면 우리는 쉽게 힘을 잃고, 의미를 잃고, 가치를 잃고, 보람을 잃고 맙니다. 그렇게 되면 주어진 사명을 잃고, 감당할 수 없습니다. 바른 길에서 바른 자세로 몰입할 때 불가능해 보이는 일들도 가능해집니다. 또한 어떤 역경 가운데서도 박차고 나갈 수 있는 힘이 생깁니다.

바른 몰입은 우리를 유혹에서 자유롭게 합니다. 바른 몰입은 어수선한 것들을 가지런하게 정리하고 질서 있게 하는 힘이 있습니다. 바른 몰입은 바른 눈으로 바르게 보고 삶으로 확인해서 보다 더 가치 있는 삶을 살아가게 합니다. 바른 몰입은 썩어 없어질 이 땅의 것들에서 자유롭게 되어 참된 가치에 몰입하게 해 줍니다.

● 충실한 삶

제 오랜 습관 중 하나는 물건을 그냥 그때그때 놓기 편한 데 두는 것입니다. 그러다 보니 물건들이 자기 자리를 찾지 못하고 여기저기 무질서하게 널브러져 있곤 합니다. 그러니 필요할 때 물건을 찾으려면 어디에 둔 것인지 몰라 난감해 하곤 합니다. 한참을 헤매다가 다행히 물건을 찾으면 안도하며 다짐합니다.

'이제부터는 질서정연하게 자리를 정해 물건을 정리하리라'

그러나 제 버릇 남 못준다고 물건을 아무렇게나 놓고는 필요시 찾지 못해서 애를 먹습니다. 그러면 정리하지 않은 저 자신을 자책하며 찾아 헤매고는 다시금 정리하리라 다짐하지만 이내 허망한 결심에 그치고 맙니다. 이런 저와는 달리 제 아내는 아무리 시간이 걸려도 처음에 자리를 잘 잡아 물건을 놓습니다. 그러니 수납장은 가지런하게 정리되어 있습니다. 아내는 외출할 때 저와는 달리 신속히 옷가지와 필요한 물건을 찾습니다. 아내는 자신이 메고 다니는 가방 안에도 나름 규칙을 정해 둡니다. 작은 주머니가 여럿이지만 지갑, 손수건, 열쇠, 휴대 전화 등 놓는 위치가 정해져 있습니다. 분명 저와는 달리 아내는 지혜롭습니다. 그 덕에 집안이 정리되어 있어서 좋습니다.

질서정연하게 정리된 물건들을 보면서 문득 이런 생각이 들었습니다. 물건만이 아니라 사람도 있어야 할 자리에 있을 때 더 가치를 발합니다. 남의 자리를 부러워하거나 욕심내지 않고 묵묵히 주어진 자리를 지키는 삶이 지혜로운 일입니다. 바로 지금 우리가 서 있는 바로 이곳이 우리가 충실히 지켜야 할 소중한 자리입니다. 물론 언젠가 다른 곳으로 옮겨질지는 모르나 오늘 이 순간은 충실해야 합니다.

자기 자리를 지키는 일은 쉬우면서도 어렵습니다. 이런저런 이유들이 우리를 유혹하기도 하고, 회유하며 동정하기도 합니다. 때론 협박하면서 자리 지키는 것을 방해합니다. 결국 환경에 의해 영향을 받거나 스스로 이탈하는 경우도 생깁니다. 지금 자리가 다른 사람에 비해 낮은 것만 같아 벗어나고 싶은 충동에 휩싸이기도 합니다. 어떤 행운이 주어져서 더 높은 자리로 더 편한 자리로 옮길 수만 있다면 좋겠다는 바람을 갖기도 합니다. 그러나 지금의 자리가 힘들고 지치고 불편하다 할지라도 때로는 견디기 힘든 박봉으로 생활고에 시달린다고 해도 분명한 목적으로 서 있다면 괴롭고 힘든 갈등은 지나가는 바람일 뿐입니다. 수많은 유혹과 갈림길 앞에서도 끝까지 포기하지 않고 인내하며 우리가 있어야 할 자리에서 화려하지는 않지만 꾸준히 나아간다면 조금씩 조금씩 오늘보다 더욱 성숙한 모습을 기대할 수 있습니다.

엄마와 손잡고 가던 아이가 신기한 것에 눈이 팔려 엄마 손을 놓치면 그 순간 말할 수 없는 두려움과 불안에 휩싸입니다. 여기저기 엄마를 찾아 헤매다가 다행히 엄마를 발견하고 나면 그동안 참았던 눈물이 와락 쏟아져 내립니다. 엄마의 넓고 따뜻한 품에 안기면 그 기쁨과 감격은 이루 말할 수 없고, 그 품이 얼마나 편하고 행복한지 새삼 느끼게 됩니다. 어쩌면 오늘 우리에게 주어진 자리는 우리에게 적합한 꼭 맞는 자리로 엄마의 품속 같은 샘터요, 쉼터일지도 모릅니다. 세속적인 가치로 규정된 기준에 마음을 빼앗겨서는 안 됩니다.

자기 자리를 지키기는 어려우나 잃어버리는 것은 한순간입니다. 우리가 주어진 본분과 자리를 망각한 채 한눈팔고 딴생각에 휩싸인다면 어렵게 쌓아 온 우리 삶의 목적도 쉽사리 무너지고 말 것입니다. 때로는 TV 드라마나 맛난 음식이나 취미생활을 즐기는 일에 마음을 빼앗기기도 합니다. 그러면 성숙은 기대하기 어렵습니다. 우리가 있어야 할 자리를 지키는 일은 화려하지는 않지만 소중한 일입니다. 오늘 하루 윤동주의 「서시」에 나온 구절을 되뇌어 봅니다.

……
별을 노래하는 마음으로
모든 죽어가는 것을 사랑해야지
그리고 나한테 주어진 길을 걸어가야겠다.
……

자기 자리에서 쉼 없이 자리를 지키는 무게감과 부담감이 밀려들 때도 있습니다. 때로는 감당키 어려운 여건과 부담감으로 내려놓고 싶을 때도 있습니다만 참고 인내하다 보면 힘들고 지치는 시기에도 끝이 있습니다. 때가 차면 지나가고 맙니다. 지금 당장은 영원할 것 같지만 언젠가는 지나가고 맙니다. 조금만 더 참고 견디다 보면 승리하는 날이 옵니다. 오늘 우리의 자리를 깊이 바라보고 그 안에서 숨겨진 소망을 바라보는 지혜의 눈을 가져야 합니다. 다음의 성경 구절은 우리에게 위로와 힘을 줍니다. 고린도전서 10장 13절입니다.

"여러분은 사람이 감당할 수 없는 시험을 당한 적이 없습니다. 하나님은 신실하셔서 여러분이 감당치 못할 시험은 허락하지 않으시며 시험을 당할 때도 피할 길을 마련해 주셔서 여러분이 능히 감당할 수 있게 하십니다."

느림의 미학과
안식의 여유

●

──────────────────── 현대인의 가장 큰 특징 중 하나는 무엇이든 빠르고 쉽게 손에 넣을 수 있다는 점일 것입니다. 대형할인마트에 가면 넘쳐 나는 물건들을 연중 세일하느라 북새통이며 각종 매체에서도 좋고 값싼 물건을 홍보하느라 광고가 넘쳐날 정도입니다. 좋고 값싼 물건을 구입하느라 떼로 몰려다니는 틈새에서 우리 자신을 잃어버리고 사는 것은 아닌지요? 눈코 뜰 새 없이 바쁜 세상에 맞추며 살다 보니 정작 왜 그렇게 바빠야 하는지 방향감각을 잃어버린 것은 아닌지요?

급격한 시대변화는 삶의 패러다임을 완전히 바꿔 놓기도 하고 심지어 우리의 사고방식도 바꿔 놓습니다. 정보통신의 발달은 온 세계의 사건과 사고들을 매우 빠른 시간 안에 접하도록 함으로써 지구문명의 비약을 재촉하고 있습니다. 이 같은 현상은 빠른 사람의 이동은 물론 문화이동과 물자이동을 가져와 지구를 하나의 마을로 묶는 기폭제역할을 하고 있습니다. 빠르지 않고서는 모두 인정받지 못하는 세대가 된 것만 같습니다. 인터넷 사용 세계 2위인 우리나라는 세계 어느 나라보다 '빠름'에 민감합니다. 전국이 하나의 인터넷망으로 구축된 국가는 전무하다고 하며 특히 휴대 전화에 의한 문자서비스는 세계에서 유례가 없을 정도로 왕성한 커뮤니케이션을 자랑한다고 합니다. 모든 것은 빨리 이루어져야 하고 미적거릴 경우에는 도태되고 만다는 의식으로 바짝 긴장하면서 살고 있습니다.

이제 '빠름'은 사회규범으로 자리 잡는 추세여서 이 속도에 적응하지 못하는 사람은 사회규범을 어긴 사람으로 낙인찍혀 그 공동체 안에서 존립 자체가 어려워지는 상황을 맞을지도 모릅니다. 어쩌면 국가에 치명적인 해악이 되고 기업과 직장 그리고 특정 조직체의 경쟁력을 약화시키는 '악함'으로까지 여겨질지도 모릅니다. 컴퓨터 앞에 앉아 있는 요즘 청소년과 청년대학생들은 인터넷에 접속할 때 조금이라도 느리면 분개하며 짜증을 냅니다. 대화하는 친구들 사이에 혹시 이해가 느린 친구가 있다면 그를 가리켜 "버퍼링이 느리구나"라고 무안을 줍니다. '빠름'에 대한 생각이 이제는 '숭배' 차원으로 비약되고 있는 것만 같습니다.

물론 빠른 것이 나쁜 것은 아닙니다. 신속성이 문명을 이루는 데 중요한 기술적 측면입니다. 광케이블로 짜인 전국의 네트워크는 빠른 연락망을 통해 위기에 직면한 사람들에게 생명의 빛을 비출 수 있습니다. 911 시스템을 포함해서 재난구호 네트워크 같은 '생명 살리기'는 신속함을 전제로 하지 않으면 안 되는 분야입니다.

신속함은 효율성을 필요로 합니다. 신속함을 방해하거나 지연시키는 요소들을 철저히 가려내는 것은 효율성의 극대화를 위한 작업들입니다. 고속철도나 도로를 건설할 때 산을 우회하기보다 터널을 뚫는 것은 바로 효율성 때문입니다. 패스트푸드점이 최고의 가치로 삼는 것도 신속함과 효율성입니다. 미국의 미래사회학자인 조지 리처는 맥도날드로 대표되는 패스트푸드점 성공의 4요인은 효율성, 계산가능성, 예측가능성, 통제성이라고 하였습니다. 주문한 햄버거 단 하나를 통해 제품의 크기와 서비스, 가격 등을 미리 계산할 수 있게 됐다는 분석입니다.

사실 신속성과 효율성은 제품을 만들어 내는 공장에서 처음으로 시작됐습니다. 19세기 말쯤 작업의 능률을 높이려고 시간연구와 동작연구를 기초로 노동의 표준량을 정한 테일러시스템(테일러주의)이 도입된 이래 모든 기업은 노동을 양量으로 측정 가능하게 돼 '노동한 만큼의 임금'을 책정하도록 기준이 제시됐습니다. 이어서 나온 포드주의는 이른바 컨베이어시스템과 같은 방식으로 빠른 성과를 이루어 냈습니다. 이로서 사람의 노동량은 컨베이어벨트의 속도에 따라 정해지게 됐으며 점차 노동과 인간소외문제가 대두되기 시작했습니다.

우리나라는 일제강점기를 겪고 동족상잔의 6·25전쟁을 겪었습니다. 1960년대 초 우리나라는 북한보다도 못하고 세계적인 빈곤 국가로 잘 알려져 있었습니다. 이에 우리나라는 군사독재시대의 강력한 추진력으로 경제개발 5개년 계획에 따라 무조건 성장, 100억 달러 수출을 목표에 따라 달리는 말에 채찍질을 가하듯이 하여 우리나라는 세계 일등기업 창출을 위해 '정부-기업'이라는 독특한 방식으로 성장 시기를 앞당겨 왔습니다. 그러다 보니 정부와 기업이 하나의 팀을 이루는 방식이었습니다. 정권이 바뀌면 기업의 순위가 바뀔 정도였고 정경유착의 불의와 불공정의 문제를 양산해 내기도 하였습니다.

오늘날 우리 사회를 일컫는 용어는 불확실성의 시대, 접속의 시대, 노동의 종말 시대, 속도의 시대, 욕망의 시대, 비만의 시대, 피곤사회, 권태사회, 소비사회, 웰빙, 힐링 시대, 백세 시대 등입니다. 여러 면에서 양극화가 심각한 수준이지만 우리가 살아가는 현대 사회는 이전 시대에 비해 분명 물질적으로 풍요롭고 편리해졌습니다. 그런데 문제는 무분별하게 이익만 추구하다 보니 이를 조절하지 못해 과잉생산하고, 그 결과

넘쳐나는 것 때문에 스스로가 억눌리고 신음한다는 사실입니다. 이처럼 현대인은 어리석게도 과잉생산과 과잉소비로 풍요만 누리지 그에 대한 신중함이나 여유가 없습니다. 그러다 보니 이런 말이 다 생겼습니다. '나는 소비한다, 고로 존재한다.' 얼마나 달콤한 일상인가요? 그러나 그 소비의 끝은 참담합니다. 소비 뒤에 남겨진 쓰레기는 생태계를 위협하고 급기야 소비자를 공격합니다. 이것이 우리 시대를 향한 경고, 생태계의 대재앙, 자연의 대반격입니다. 현대인들에게는 속도를 늦추는 삶이 요구됩니다.

우리나라를 대표하는 말로 외국인이 가장 먼저 배우는 말이 '빨리빨리'라고 합니다. 이처럼 우리나라 사람들은 성급하고 속도에 민감합니다. 그러다 보니 다른 나라보다 급성장을 이룬 것들이 많습니다. 목표한 바를 이루고야마는 집념과 열정과 추진력은 놀랍습니다. 그러나 빨리빨리 정신이 다 좋은 것만은 아닙니다. 가난을 벗어나서 경제대국이 되는 장점이 빛이라면 그에 따라 피로에 찌들고 서로를 경쟁상대로 여기면서 불필요한 갈등이 많아지는 단점의 그림자도 있습니다.

이제 우리는 빠른 성장에서 여유를 갖고 내실을 다지는 성숙도 생각해야 합니다. 욕망의 속도도 줄이고, 교만의 속도도 줄여야 합니다. 더 늦기 전에 말입니다. 조금 느리게 가는 것도 좋습니다. 느림이 뒤처짐이거나 모자람이나 부족이 아닙니다. 주변 사람과 사물도 바라보고 자신의 추억을 되뇌어 보기도 하는 여유를 즐기는 낭만도 필요합니다. 최근 '빠름'에 저항하는 소리가 여기저기에서 나오고 있습니다. 쌍소의 『느리게 산다는 것의 의미』라든지 밀란 쿤데라의 『느림』, 버트란트 러셀의 『게으름에 대한 찬양』이 베스트셀러가 되기도 하니 참 반가운 일입니다.

어느 날 아침, 공원을 산책하다 어디에선가 하모니카 부는 소리가 들려 돌아본 적이 있었습니다. 나이 드신 할아버지가 자전거를 타신 후

벤치에 앉아 휴식하시면서 한가로이 하모니카를 불고 계셨습니다. 그 선율이 너무나 친근하게 들려 한동안 갈 길을 멈추고 연주를 들었습니다. 하루하루를 마치 전쟁을 치르듯 바쁘게 살아가는 일상에서 뜻하지 않은 곳에서, 뜻하지 않은 사람으로부터 삶의 여유가 무엇인지에 대해 생각할 수 있는 계기였습니다. 그 순간 빨리빨리에 익숙해져 버린 제 모습이 처량해 보였습니다. 어느 순간 저는 사람 중심이 아니라 일 중심으로 살아가기도 합니다.

오늘을 사는 현대인들은 시간에 대해 일종의 강박관념을 가지고 있습니다. 속도전에서 밀리지 않기 위해 너나없이 바쁘게 움직입니다. 그러나 정작 하루를 돌이켜 보면 무엇 때문에 정신없이 분주했는지 그 까닭을 모를 때가 있습니다. 지나고 나면 아쉬울 때가 많습니다. 좀 여유를 가지고 했었다면 더 알차게 일을 해낼 수 있었을 텐데……. 그러나 이내 여유를 잊고는 서두르면서 살고 있습니다.

언젠가 어느 방송사에서 태평양 남부의 한 섬에서 살아가고 있는 사람들의 모습을 보여 준 적이 있습니다. 유럽 대도시의 삶이 자신과 맞지 않아 모든 것을 정리하고 그 섬에 정착해 평소 꿈꾸던 자연과 친밀하게 살아가는 삶을 택한 사람, 초록빛 바다가 좋아 자신의 조국을 떠나 이역만리 섬나라에서 홀로 살아가면서 바다를 벗 삼아 스쿠버다이빙을 즐기는 동양의 한 여인을 비롯해 현대인이 세상을 살아가는 방식과는 다르게 살아가는 이들의 삶을 보여 주었습니다.

그들이 추구하는 삶은 문명의 이기利器를 이용하기보다는 몸으로 헤쳐 나가는 느림의 삶이었고, 매일 매일 똑같은 일상이 반복되는 단순한 삶이었으며, 생계유지를 위한 시간을 제외하고는 대부분을 홀로 보내는 고독의 시간이었습니다. 그러나 그들은 자신이 선택한 삶을 어느 누구보다 사랑하고 또 행복을 느끼고 있었습니다. 그들은 자연과의 어울림을 통해,

느림의 미학과 남을 의식하지 않는 진실한 삶을 알았으며 이것이 자신을 지탱하는 힘이라고 말했습니다. 우리는 태어나면서부터 자연과 더불어 사는 삶을 살아가도록 지음 받은 존재입니다. 창세기 1장 22절입니다.

하나님께서 그들에게 복을 주시며 말씀하시기를 "새끼를 많이 낳고 번성해 바닷물에 가득 채우라. 새들은 땅에서 번성하라" 하셨습니다.

위의 구절은 생태계를 마구잡이로 훼손해도 좋다는 뜻이 아닙니다. 이 구절은 생태계와 더불어, 생태계를 책임지는 자세로 살아야 함을 강조한 것입니다.

조셉 피이퍼는 그가 쓴 『여가leisure가 문화의 기초』라는 책에서 여가란 단지 일을 하지 않는 것이 아니라 삶을 돌아보는 여유라고 했습니다. 여가는 삶을 틀어쥐고 좌지우지하기 위해 애쓰는 자세로는 불가능합니다. 휴식만으로도 진정한 쉼을 누리지 못합니다. 꼭 숙면에 빠진 것처럼 모든 짐을 내려놓는 것이 필요합니다. 그래서 여가에는 영혼의 안식이 전제되어야 한다고 했습니다.

성경에 보면 아담이 창조되어 맨 처음 한 일은 창조주 하나님과 함께 안식(쉼)하는 것이었습니다. 안식일의 히브리어 '사밧'은 '중단'이란 뜻입니다. 삶의 안정을 추구하는 생산과 성취 노력의 중지입니다. 유대인들은 해가 뜰 때가 아니라 질 때를 하루의 시작으로 여깁니다. 일하고 쉬는 것이 아니라 쉼으로 하루를 시작하는 것입니다. 마찬가지로 한 주의 시작은 월요일이 아닙니다. 창조주요 구원자이신 하나님을 예배하고 그가 주시는 안식의 복을 누리는 일요일 즉 주일이 첫 날입니다. 안식은 일로부터의 도피가 아니라 그것을 직면할 수 있는 은혜를 받는 기회입니다. 안식은 필요, 압박, 염려와 긴장을 넘어설 초월적인 힘과의 접촉을 통해 힘을 얻는 것입니다.

창조주 하나님이 세워 놓은 일과 쉼의 리듬을 존중하지 않으면 삶이 병들고 맙니다. 현대문화가 삶의 진면목을 알게 해 줄 기초인 여가를 상실했습니다. 노동자, 사무직, 전문직 할 것 없이 모두 일에 빠져 '전적 노동'의 문화가 되었습니다. 더 빨리 더 많이 벌기 위해 혈안이 되어 있습니다. 정전이 되어 아무 것도 할 수 없어야만 쉴 수 있는 문화에선 여가가 가능하지 않습니다. 결국에는 삶이 찌들고 문화는 파괴되고 맙니다.

인간은 억지로 짐을 지는 말이나 소와 달리 대개 스스로 짐을 지기에 불평도 못합니다. 잘난 사람일수록 명예, 권세, 책임감, 체면이라는 짐을 더 많이 집니다. 단지 먹고 살기 위한 노력이 아니라 스스로 삶의 의미를 부여하려는 지나친 수고입니다. 많은 이들이 알베르트 카뮈의 '시지프스의 신화'에 나오는 영웅처럼 행동합니다. 꼭대기에 올리면 바로 굴러 떨어지는 돌을 다시 굴려 올리는 고역을 인간승리로 착각하는 탓입니다.

오늘날 게으름을 뜻하는 '나태acedia'라는 단어는 원래 창조주 하나님이 뜻하신 존재가 되기를 거부하는 태도를 일컫는 말이었습니다. 그래서 나태는 '안식 없음'이며 '절망의 자매'라고 했습니다. 일에 빠져 안식을 저버리는 것도 일종의 '나태'입니다. 악인이 부지런하기까지 하면 가장 큰 재앙입니다. 나태의 반대는 부지런함뿐만 아니라 하나님이 주신 삶의 본연을 기쁨으로 받아들이는 평안이요, 안식입니다. 인간은 자신의 본연을 지킬 때 비로소 참된 여유와 안식을 얻을 수 있습니다. 진정한 안식은 창조주 하나님이 정하신 일과 쉼의 리듬을 회복하는 것입니다. 쉬지 않고 일해서 돈을 많이 벌어 경제적 여유를 갖게 되면 노동자 신분을 벗어날 수 있는 것이 아닙니다. 우리가 쉬고 잘 때에도 하나님이 삶을 붙들고 계심을 인정하는 태도가 필요합니다. 성경적 안식은 선택이 아니라 축복이고 명령이며 초대입니다. 마태복음 11장 28~30절입니다.

수고하고 무거운 짐을 진 모든 사람은 다 내게로 오라. 내가 너희를 쉬게 할 것이다. 나는 마음이 온유하고 겸손하니 너희는 내 멍에를 메고 내게서 배우라. 그러면 너희 영혼이 쉼을 얻을 것이다. 내 멍에는 메기 쉽고 내 짐은 가볍다.

오락으로 안식을 대신하는 것은 지혜가 아닙니다. 쉬는 날만 기다리다 야외로 나가 노는 것도 오히려 일과 안식의 리듬을 교란시킵니다. 창조질서의 리듬을 따라 일과 쉼 모두에서 평안을 누리는 것이 안식입니다. 인생에는 일보다 중요한 것들이 참으로 많습니다. 언젠가 어느 식사 자리에서 한 사람이 이런 한탄을 하였습니다. 기관의 장을 맡고 난 뒤부터 하도 바쁘다 보니 가족과 함께하거나 책 한 권 제대로 볼 마음의 여유가 없고 일상적인 일도 할 수 없다는 말이었습니다. 저더러 그러니 높아지지 말라는 말인지는 모르나 그런 말을 하는 표정이 무척 쓸쓸해 보이기는 했습니다. 그는 식사도 제대로 마치지 않은 채 다른 모임이 있다면서 먼저 일어났습니다. 다음에 꼭 다시 만나자기에 편하신 때 보면 된다고 하는데도 미안해서 그런지 굳이 다음날 만나자고 약속을 하였습니다. 그런데 다음날 연락해서는 갑작스런 회의가 생겼다며 미안하다면서 약속시간을 변경했습니다. 그러고는 미적미적 미뤄져서 지금껏 만나지 못하고 있습니다.

그런데 이 사람을 잘 아는 사람이 이런 말을 해 주었습니다. 그는 일에 빠져 사는 것을 즐기고 인정욕구가 강해서 일을 만들어 하는 사람이라고 합니다. 그래서 일을 하나 하면 완벽주의자로 일정을 꽉 채워 소화합니다. 그러니 그는 바쁩니다. 그러면서 한 말입니다. 그가 저와의 만남과 사귐과 약속을 제대로 하지 못함은 정말로 바빠서가 아니라 그 자신이 그렇게 하기로 선택한 데 따른 결과라는 말이었습니다. 아무리 바빠도 일상적인 일을 할 수 있는 시간이 부족하지는 않습니다. '일상적 일을 하지 않는 쪽'을 스스로 선택했을 뿐입니다. 듣고 보니 그런 것 같습니다.

우리는 매일 시간을 어떻게 보낼지 선택의 갈림길 앞에 섭니다. 이 선택 앞에서 너무나 자주 수동적으로 반응합니다. 가만히 살펴보면 늘 바쁘게 사는 저나 제 주변의 사람들을 보면, 자신들이 바라는 일을 도저히 할 수 없을 만큼 바쁘지는 않습니다. 아무리 바빠도 숨 쉬고 밥 먹고 삽니다. "바빠요"는 어느새 그냥 하는 말이요, 행동으로 옮기지 않은 일에 대한 합법적인 변명일 뿐입니다. 어쩌면 중요하지 않은 일들을 쌓아두고는 책임감에 짓눌리는 건 아닐지요? 엄밀히 말하면 이건 사실 무책임한 태도입니다.

물론 정말로 바쁜 사람들이 있습니다. 생계유지를 위해 여러 가지 일을 정신없이 병행하는 사람의 경우일지는 모르겠습니다. 그러나 대부분의 사람들은 바쁘다고 하면서도 이메일, 문자 메시지 등 온갖 알림에 솔깃합니다. 이는 자신을 필요로 하는 일들과 사람들이 많음을 통해 인정받으려는 욕구 때문일지도 모릅니다.

"바빠요"로부터 어떻게 탈출할 수 있을까요? 모든 일을 '선택'의 대상으로 바라보고, 그것이 정말 중요한 일인지, 단순한 습관인지를 생각한 다음 용감하게 '결정'해야 합니다. 아울러 "바빠요"라며 자랑하기를 멈춰야 합니다. "바빠요"에서 탈출하려면 바로 지금 말부터 바꿔야 합니다. "바빠요"가 아니라 "여유 있어"로 말입니다. 조금 더디 일처리하고 그로 인해 좀 더디게 진급하고 늦게 인정받으면 어때서요. 천천히 여유롭게 일을 해야 실수도 덜고 사람들과의 만남도 정성을 기울일 수 있어 좋습니다. "바빠요"와 "여유 있어"를 선택하는 주체는 바로 우리 자신입니다.

●
느림의
지혜와 여유

———————————————— 우리는 분명 속도가 미덕이요, 기다림을 지체라고 생각하는 시대를 살고 있습니다. 어느 식당에서는 음식을 주문하고 15분이 경과하면 음식 값을 지불하지 않아도 된다고 합니다. 서양의 속담에 "서두르면 망친다Haste makes Waste"는 말이 있습니다. 시간이 지나서 숙성해야 따는 열매들이 있습니다. 사람이 그렇습니다. 어머니 뱃속에서 열 달을 다 채워야 온전한 사람이 됩니다. 기다릴수록 기쁨이 커집니다. 좀 여유를 갖고 기다리는 것도 성숙입니다. 기다림을 통하여 배우는 삶의 지혜들을 얻어야 합니다.

기다림은 하나님의 성품입니다. 기다림을 좋아하는 사람은 없습니다. 지루한 일입니다. 그러나 반드시 기다려야 할 것이 있습니다. 기다려야 할 때가 있습니다. 우리나라 건국설화 중 단군왕검신화에 나오는 이야기입니다.

옛날, 환인의 서자庶子 환웅이 인간세계를 다스리기를 원하였습니다. 그러자 아버지 환인이 인간세계를 굽어보니 삼위태백三危太伯이 인간을 유익하게 하기(弘益人間)에 적합한 곳으로 여겨지므로, 아들 환웅에게 천부인 3개를 주며 환웅으로 하여금 그곳으로 가 인간세계를 다스리는 것을 허락했습니다.

그러자 환웅이 풍백風伯, 우사雨師, 운사雲師를 비롯한 3,000명의 수하를 이끌고 태백산(백두산 혹은 묘향산) 정상 신단수神檀樹 아래로 내려와 그곳을 신시라 칭하며 다스리니 환웅천왕桓雄天王이라 불렸습니다. 그는 곡穀(곡식), 명命(목숨), 병病(질병), 형刑(징벌), 선善, 악惡 등 360가지 일을 맡아 인간세계를 다스렸습니다.

그러던 어느 날 같은 동굴에 사는 곰과 호랑이 한마리가 환웅을 찾아와 인간이 되게 해 달라고 간청하였습니다. 이들의 간청을 들은 환웅이 이들에게 신령神靈한 쑥 1자루와 마늘 20쪽을 주며 이것만 먹고 100일간 햇빛을 보지 않으면 사람이 될 수 있다고 하였습니다. 곰은 인내하고 근신하여 삼칠일(3×7, 21일) 만에 인간 여자로 변하였으나 호랑이는 참지 못하고 뛰쳐나가 사람이 되지 못했습니다. 웅녀熊女는 자신과 혼인하는 사람이 없자 신단수 아래에서 환웅에게 아이 갖기를 기원했습니다. 그러자 환웅은 잠시 인간으로 변해 웅녀와 혼인하였습니다. 그 후 웅녀가 아들을 낳았는데, 그가 단군왕검檀君王儉입니다. 단군왕검은 즉위 50년 후에 평양에 도읍하고 국호를 '조선'이라 했습니다.

위의 이야기처럼 참지 못한 호랑이는 소원을 이루지 못하고 참고 견딘 곰은 소원을 이루었습니다. 좀 미련해 보이고 둔해 보이는 곰의 기다림이 성공한 것입니다. 기다림은 결코 쉬운 일은 아닙니다. 성경에 보면 이른바 믿음의 조상이라고 일컬어지고 유대교, 기독교, 이슬람교에서 모두 추앙받는 아브라함이 기다리지 못하여 실수한 일이 나옵니다. 하나님의 약속을 기다리다가 그만 조급하여 자신의 아내인 사라가 아닌 여종 하갈을 통하여 이스마엘을 낳았습니다. 세월이 흘러 사라가 이삭을 낳았습니다. 결국 이스마엘은 하갈과 함께 쫓겨나게 되고 그 후손과 이삭의 후손은 지금까지도 갈등을 겪으며 싸움을 하고 있습니다. 즉 유대교와 기독교의 입장에서 보면 아브라함의 조급함으로 출생한 이스마엘과 그 후손은 이삭을 괴롭히는 존재로 출연한 것입니다.

이스라엘 민족은 하나님의 은혜로 노예로 살던 이집트에서 탈출하여 자유민이 되었지만 먹을 것이 없다고 불평하곤 하였습니다. 당장의 배고픔을 견지지 못하여 불평불만하면서 차라리 노예로 살 때가 더 나았다고 하였습니다. 그리고 하나님의 계시를 받으러 간 모세를 기다리지 못하여 금송아지 조각상을 우상으로 만들어 숭배하기도 하였습니다. 이들은 40년 광야생활 동안 하나님의 은혜를 기다리지 못하고 조급증에 시달렸습니다. 어쩌면 그래서 이들은 더 빨리 갈 수 있었던 가나안 복지를 40여 년이 흐른 후에야 들어가게 되었는지도 모릅니다.

인내는 기다림의 뿌리입니다. 기다림의 자세입니다. 조급해 하고, 다투고, 대항하는 것은 바른 사람됨의 자세가 아닙니다. 오래 참음으로 기다릴 줄도 알아야 합니다. 인내Patiece와 열정passion이라는 두 단어는 라틴어의 '파시오pasio'에서 파생되었습니다. 파시오란 말의 뜻은 '견디다'라는 뜻입니다. 인내는 견디는 것입니다. 열정도 사실은 견디는 것입니다. 견디는 것이 없으면 열정이 있을 수 없습니다. 기다리면 길이 열립니다. 다윗은 시편 37편 7~8절에서 이런 고백을 하였습니다.

여호와 안에서 잠잠히 그분을 참고 기다리십시오. 일이 잘돼 가는 사람들, 곧 악한 짓을 하는 사람들이 있다고 초조해하지 마십시오. 내가 여호와를 기다리고 기다렸더니 귀를 기울이사 나의 부르짖음을 들으셨도다. 화를 그치고 분노를 참아 내십시오. 초조해하지 마십시오. 그렇게 하면 악으로 치달을 뿐입니다.

다윗은 기다리고 기다렸습니다. 잠깐 기다린 것이 아닙니다. 오래 기다린 결과 하나님은 다윗의 말을 들어주셨습니다. 기다림은 성숙입니다. 기다림은 인격입니다. 이것이 쉬운 게 아니기에 우리는 기다림을 연습하고 습관화하도록 해야 합니다. 조급한 마음을 내려놓고 인내할 수 있는 성숙을 기도해야 합니다.

어렸을 적엔 유난히도 만화가 많이 방영됐습니다. '미래소년 코난', '은하철도 999' 등 주제가가 나올 때면 TV를 부둥켜안고 시청했던 기억이 납니다. 그 시절의 만화는 그저 웃음을 주기 위한 것이 아닌 스토리가 있었습니다. 매회 끝날 때마다 다음에 펼쳐질 주인공의 모습들을 상상하며 친구들과 열띤 토론을 하고는 했습니다. 마치 저마다 만화영화의 주인공이 된 듯한 느낌으로 말입니다. 요즘은 TV가 디지털로 전환되면서 더욱 선명한 화질과 셀 수 없을 정도로 많은 채널을 볼 수 있습니다. 외형도 바뀌어 나날이 날씬해지고 세련되어져 갑니다. 이처럼 편리한 세상에 문득 옛것이 생각나는 이유는 무엇일까요?

새것에 익숙해지기도 전에 또 다른 신제품이 나오는 요즘, 산 지 1년이 채 지나지 않은 것들은 어느새 고물 취급을 받습니다. 전원버튼 표시가 반쯤 지워진 TV는 요즘 세대들이 상상도 하지 못할 것입니다. 생각해 보면 그때 그 시절의 것들은 참 많은 사연이 담겨져 있었습니다. 가끔 낮잠이라도 들어 만화영화의 방영시간을 놓치기라도 하면, 저녁식사 때까지 기분이 우울했었습니다. 지금은 컴퓨터와 스마트폰이 보편화되어 시청하지 못한 장면을 쉽게 재방송으로 볼 수 있습니다. 만화가 시작하기 10분 전부터 앉아 시작하기만을 기다리던 그때의 떨림도, 이제는 느낄 수가 없게 되었습니다.

편리함에 익숙해질수록 일상에서 느낄 수 있는 감정들을 잊어 가게 됩니다. 그 사사로운 것들이 어우러져 우리의 삶을 이루고 있었던 날들이 아련히 떠오릅니다. 흔한 기다림조차도 없어진 지금에 말입니다. 시간이 지난 뒤 우리는, 지금의 무엇을 추억할 수 있을까요? 빠른 삶에 여유를 갖고 느림을 즐기는 아날로그의 삶은 어떨까 싶습니다. 디지털 시대에 스스로 불편을 감수하면서 아날로그의 삶을 만끽해 보는 것도 좋을 것 같습니다.

●
깊이가
높이입니다

─────────────────────────── 밉게 보면 잡초 아닌 풀이 없고, 곱게 보면 꽃이 아닌 사람이 없다는 말처럼 모든 사람은 소중하고 아름다운 한 송이 꽃과 같습니다. 털려고 들면 먼지 없는 사람이 없고, 덮으려고 들면 못 덮을 허물이 없습니다.

넓음은 사람을 따르게 하고, 깊음은 사람을 감동케 합니다. 도량度量의 깊이가 인물의 높이입니다. 중국 춘추전국시대 초楚나라 장왕莊王 때의 일입니다. 어느 날 밤 신하들을 초대하여 연회宴會를 베풀었는데 취흥이 한창 무르익을 무렵 갑자기 세찬 바람이 불어 등불이 다 꺼져 버렸습니다. 그때 한 궁녀가 비명을 질렀습니다. 어둠을 타서 신하 중 한 사람이 그녀의 몸에 손을 댄 것이 분명했습니다.

"저에게 못된 짓을 한 자의 갓끈을 끊어서 지금 증거로 갖고 있사오니 빨리 불을 켜서 범인을 잡아주소서!"

순간 좌중은 찬물을 끼얹은 듯 냉기가 감돌았습니다.

"아직 불을 켜지 말라. 지금은 내가 주연을 베푸는 자리다. 누군가가 순간적으로 무례한 짓을 하였다 한들 그 허물은 전적으로 나에게 있노

라. 나의 신하 중 어느 누구도 수치를 당하는 것은 결코 나의 뜻이 아니니라."

왕은 준엄하게 명령했습니다.

"잘 들으라. 모든 대신들은 지금 자신의 갓끈을 끊어 버리도록 하라. 만약 갓끈을 끊지 않은 자가 있으면 내 그를 엄히 다스릴 것이다."

신하들이 일제히 갓 끈을 다 끊어 버린 후에야 왕은 비로소 불을 켜도록 명령했습니다. 사려 깊은 관용과 배려에 감격하여 그날 밤 모든 신하들은 마음으로부터 우러나오는 충성을 맹세하였습니다.

얼마 뒤 초나라가 진晉나라와 전쟁을 하게 되었는데, 치열한 격전임에도 굴하지 않고 한 장수의 목숨을 건 용전勇戰으로 초나라가 전쟁에서 승리를 거두게 되었습니다. 혁혁한 전공戰功을 세운 그 장수를 불러 후한 상을 내리려 하자 그 장수는 극구 사양하면서 말했습니다.

"저의 목숨은 지난번 주연이 있던 날 이미 죽었어야 마땅합니다. 그날 밤 저의 목숨을 살려 주시지 않았다면 이번 전장에 나설 수조차 없었을 것입니다. 제가 세운 공은 제 것이 아닌 폐하의 몫인 줄로 아옵니다."

그리고 큰절을 올렸다고 합니다. 절영지회絶纓之會(갓끈을 끊은 연회)의 고사古史는 오늘날 우리가 지녀야 할 리더십의 덕목과 심성을 적시摘示해 주고 있습니다. 모두가 백향목처럼 남들 위에 우뚝 솟은 큰 나무는 못되어도, 비록 못나고 작은 굽은 나무라 할지라도 다른 나무와 더불어 숲을 이루고 산을 지키는 거룩한 그루터기들이 되어야 하지 않을까요?

스타덤stardom과 팬덤fandom에 현혹되어 위만 바라보며 열등감에 빠져서도 안 되고, 아래만 바라보면서 교만해져도 안 됩니다. 덮어 주고 품어 주면 사람들은 모입니다. 외연外緣을 넓히면 지경은 확장됩니다. 그러나 이제부터 시작입니다. 모인 사람들이 밥그릇 챙기기에만 급급하면 모두다 밥통들이 됩니다. 사람과 나무의 크기는 누워 보아야 안다고 했습니다. 아름답게 보려면 아름답게 보이는 위치에 서야 합니다. 넓고 높음을 뽐내지 말고 겸손과 너그러운 마음을 잊지 말아야 합니다. 이런 삶의 모델이 바로 예수입니다.

'모든 길은 로마로'라는 말이 율리우스 시저와 폼페이우스의 제국 확장으로 생겨난 시절, 곧게 뻗은 로마의 남부 아피아Appia 가도 나무들 옆으로는 로마정부에 의해 온갖 죄목으로 처형된 가여운 영혼들의 슬픈 이야기가 제국 전체에 메아리치고 있었습니다. 이렇게 절망의 아픔이 온누리를 덮던 시절 나사렛 예수가 출생하였습니다.

B.C. 4년경 나사렛에 살던 가난한 목수 요셉과 그의 정혼녀 마리아는 인구조사를 위해 자신의 고향 베들레헴으로 가고 있었습니다. 당시 로마 황제 옥타비아누스는 제국 내 인구조사를 실시합니다. 이 사람 아우구스투스는 성경에 가이사 아구스도로 불리는 로마의 주인이었습니다. 이 지상의 황제 아우구스투스의 명에 따라 다윗왕의 후손인 요셉은 정혼녀 마리아를 데리고 고된 길을 이동하고 있었습니다. 홑몸이 아닌 채 고된 길을 이동하는 동정녀 마리아의 뱃속에는 천상왕국의 주인이며 모든 만유의 주인이 되는 예수가 잉태되어 있었습니다. 이 예수 출생 이야기에는 그의 정체성을 보여 주는 수많은 상징들이 보화로 담겨 있습니다. 예수가 탄생한 베들레헴은 빵의 집이라는 뜻으로 예수께서 생명의 떡임을 상징합니다.

또한 그의 출생 시에 나타난 별은 예수가 세상의 빛이 됨을 의미하는 것입니다. 독일의 천문학자 요하네스 케플러Kepler, Johannes는 1614년 예수가 출생하였을 때 나타난 별을 연구하여 B.C. 7년에 목성과 토성이 겹쳐 큰 별로 보였다고 기록했습니다. 예수가 출생한 마구간은 세상 죄를 지고 가는 어린양임을 의미하고 동방박사와 목자들이 경배한 것은 그가 인류의 목자요, 지혜자임을 뜻합니다. 동방박사들이 아기예수에게

마음 공부 85

준 황금과 유향Insense과 몰약Myrrh은 왕, 제사장, 치료자의 역할을 시사하는 것으로 앞서 기술한 이 모든 상징들은 예수가 천상의 주인이며 세상의 종Ominuos et Servus임을 나타내는 것이기도 합니다.

　예수의 마구간 출생이 특별한 의미를 갖는 것은 그곳이 "만왕의 왕" 예수의 출발점이면서 동시에 종착점이라는 사실입니다. 역사상 수많은 영웅들이 마구간 같은 곳에서 태어나 화려한 군주로 끝났지만 예수의 삶은 시종 마구간의 삶이었습니다. 그의 출생에서 그의 삶이 십자가로 끝나는 순간까지 모두 낮아짐의 연속이었습니다. 예수가 위대한 왕인 것은 바로 이 놀라운 자기비움Kenosis 때문이었습니다. 마구간 출생은 기독교가 어디에 머물러야 하는가를 보여 주는 숭고한 메시지가 담겨 있는 것입니다. 끊임없는 자기 비움이 마구간 출생의 의미요, 오늘 기독교인의 삶임을 분명히 합니다.

●

중독의 위험성과
극복의 길

———————————— 몇 년 전 만화와 영화로 인기
를 모았던 〈타짜〉는 화투를 둘러싼 사람들의 욕망과 도박의 중독성을
잘 드러내 준 작품이었습니다. 그런데 이 작품을 청소년들이 보면서 이
를 흉내내고 배우들의 연기를 따라하는 것을 보곤 깜짝 놀란 적이 있습
니다. 청소년들은 중독의 위험성에 대한 별다른 두려움이 없었습니다.
중독의 위험성을 일깨워 주었으나 아이들은 자기들은 중독되지 않았다
고 부정하였습니다. 그러나 제가 볼 때 청소년들은 이미 게임과 인터넷
과 야한 동영상에 중독된 경우가 많습니다. 여기에 도박이 첨가되는 것
은 그리 어려운 일도 아닐 것입니다. 그런데 제가 또 한 번 놀라곤 하는
것은 의외로 직장인들의 컴퓨터 화면에서 쉽게 접하는 화투와 트럼프와
같은 게임입니다. 이것도 무료라고 한 번 두 번 하기 시작하다 보면 중독
이 되고 실제 돈이 오고 갈 수도 있습니다.

이처럼 지금 우리 사회는 중독문제가 매우 광범위하고 심각합니다.
우리나라는 국민의 8명 중 1명이 중독자인 중독사회이며 우리나라 인구
약 5,000만 명 중 618만 명이 4대 중독인 알코올, 마약, 도박, 인터넷

중독에 빠져 있습니다. 어느 조사에 따르면 실제로 68만 명의 청소년 10명 중 1명이 인터넷게임 중독으로 수면부족, 사회적 일탈행위, 일상생활에 장애를 겪는 것으로 보고되었습니다. 유치원생과 어린이들 또한 인터넷과 스마트폰 중독에 빠지기 쉬운 환경에 있습니다. 인터넷 쇼핑중독, 채팅중독, 음란물중독, 정보검색중독으로 성인들 또한 자유롭지 못합니다. 폭행 및 강도, 강간, 살인과 같은 강력범죄와 가정폭력 또한 인터넷, 알코올, 마약, 도박으로 인해 발생하고 있으며 매년 증가하는 추세입니다.

중독자를 위한 상담센터가 각 지역에 무료로 운영되어 예방과 치료서비스, 다양한 프로그램이 진행되고 있습니다. 하지만 이들을 위한 실제적인 사례 관리나 실효성에 대한 의문이 제기되고 있습니다. 예를 들어 치료대상자인 중독자가 상담센터를 적극적으로 찾아가지 않으면 이들에 대한 치료서비스와 관리가 원활히 이뤄지기는 어려운 게 현실입니다.

심심치 않게 연예인들이 모바일 인터넷 도박 혐의로 줄줄이 검찰 조사를 받는 소식이 전해져 사회적 파장을 일으키곤 합니다. 잊을 만하면 다시 불거지는 연예인들의 불법도박 사건을 보면서 일반인들은 이것이 비단 연예인들의 직업적 특수성 때문일 것이라고 생각하는 경향이 있습니다. 그러나 전문가들과 각종 통계에 따르면 도박 중독은 이미 사회 전반에 깊이 뿌리내린 고질적인 병폐라는 사실을 지적하고 있습니다.

더욱이 청소년들까지 도박의 위험에서 자유롭지 못한 현실입니다. 청소년 10명 중 1명이 스마트폰 중독 위험에 노출된 것으로 나타났습니다. 여성가족부의 '2015년 인터넷·스마트폰 이용습관 진단 조사' 결과입니다. 지난 3~4월 전국 1만 1,492개 학교의 초등학교 4학년, 중학교 1학년, 고등학교 1학년 등 학령전환기 학생 132만 3,100명을 조사한 결과 15만 1,915명(11.48%)가 스마트폰 중독 위험군으로 분류됐습니다. 스마트폰에 대한 금단 현상을 보이는 위험사용자군은 1만 8,720명(1.41%)이었으며, 자기조절에 어려움을 느끼는 주의사용자군은 13만 3,195명(10.06%)에 달했습니다. 스마트폰 중독 위험군 중 여학생은 8만 9,214명(58.72%)으로 남학생 6만 2,701명(41.27%)보다 많았습니다. 학년별로 구분하면 고등학교 1학년이 55%(8만 3,570명)로 가장 많았습니다. 다음으로 중학교 1학년과 초등학교 4학년이 각각 33.97%(5만 1,610명)와 11%(1만 6,735명)를 차지했습니다.

전체조사자 142만 3,266명 중 인터넷 중독 위험군은 10만 5,929명(7.44%)으로 이 중 위험사용자군은 9,452명(0.66%), 주의사용군은 9만 6,477명(6.78%)으로 집계됐습니다. 인터넷 중독 위험군은 남학생이 6만 2,832명(59.32%)으로 여학생 4만 3,097명(40.68%)보다 많았습니다. 학년별로는 ▲고등학교 1학년 4만 1,858명(39.51%) ▲중학교 1학년 4만 588명(38.32%) ▲초등학교 4학년 1만 7,087명(16.13%) 순으로 나타났습니다.

스마트폰과 인터넷 중 하나 이상에서 위험 사용자군으로 진단된 청소년은 20만 8,446명으로 조사됐으며, 두 가지 문제를 모두 갖고 있는 공존 위험군 청소년은 4만 9,398명으로 집계됐습니다.

2014년 국무총리실 산하 사행산업통합감독위원회가 조사한 결과에 따르면 우리나라 국민 중 본인 의지로 도박을 끊을 수 없는 도박 중독자 비율이 7.2%라고 합니다. 이는 영국(1.9%), 호주(2.4%), 캐나다(3.3%) 같은 선진국보다 훨씬 높은 수치입니다. 도박 중독은 개인의 삶을 파국으로 만드는 데 그치지 않고 가정 파탄, 도박 자금 마련을 위한 범죄 같은 연쇄 부작용을 불러와 사회의 병폐가 되고 있습니다. 문제는 종교적 신앙생활을 하는 이들도 이러한 현상에서 자유롭지 못한 상태라는 것입니다. 어느 도박 중독자 상담가의 말에 따르면 약 30%가 기독교 신앙인이었다고 할 정도입니다. 심지어 도박 중독센터에서 상담한 결과를 봤더니 중독자 중에는 교회 장로, 권사, 안수집사, 찬양대장 등도 있었고 목사들도 있었다고 합니다.

현재 국내에는 대략 알코올 중독자 210만 명, 인터넷 중독자 230만 명, 도박 중독자 210만 명, 마약 중독자 50만 명, 성중독자 200만 명 등으로 약 900만 명이 5대 중독에 빠져 있을 것으로 추정되고 있습니다. 각종 중독들 가운데 한 개인에게 다수의 중독현상이 복합적으로 나타날 수 있기에 그 숫자는 다소 감소될 것이나 그럼에도 전체인구 5천만 명의 1/6에 해당하는 엄청난 수로 5명당 1명이 중독에 빠져 있습니다.

또한 각종 중독으로 인한 사회경제적 비용만 연간 109조 원에 이르며 최근에는 게임 중독이나 스마트폰 중독과 같은 새로운 중독현상까지 나타나고 있고 특히 성폭력, 음란물, 동성애, 수간, 집단혼음 등과 같은 비윤리적 성문화로 인한 성중독이 사회적 문제가 되고 있어 과히 우리나라는 '중독공화국'이라고 불릴 정도가 되었습니다.

도박은 은밀하게 이뤄지고 중독이 되더라도 신체적 증상들이 보이지 않기 때문에 주변에 드러나는 경우가 거의 없어 심각한 문제가 아닌 것으로 판단하기 쉽습니다. 연예인들의 경우는 대중의 주목을 받다 보니 많이 알려지는 것뿐이지 이미 일반인들에게도 도박 중독은 만연해 있습니다.

연예인들이 한 것으로 알려진 불법도박은 속칭 '맞대기 도박'으로 과거에는 불법적인 경마를 뜻하는 용어였으나 최근에는 일반적으로 인터넷이나 휴대전화를 이용한 모바일 기기를 이용해 불법 도박을 하는 것을 지칭합니다.

이러한 불법도박 사이트는 무작위로 홍보 문자를 발송, 누구나 쉽게 접근할 수 있다는 것이 특징입니다. 또한, 합법적인 도박의 경우는 공간과 시간의 제약을 받는 데 반해 불법도박은 장소나 시간에 구애를 받지 않고 언제든지 즐길 수 있으며, 수수료가 합법적인 도박보다 적고, 세금도 없기 때문에 그 유혹에 빠지는 경우가 많습니다. 더군다나 최근에는 스마트폰이 광범위하게 보급되어 불법도박은 더욱 확장되고 있는 추세입니다.

또 하나의 특징은 과거 도박 중독의 연령층이 사회생활을 활발하게 하는 30~40대가 가장 많았다면 최근에는 연령대가 낮아져 20~30대 중독자도 많이 늘었다는 점입니다. 최근 사회초년생뿐 아니라 대학생들까지 도박으로 돈을 탕진하는 경우가 증가하고 있다는 것이 전문가들의 설명입니다. 처음에는 재미 삼아 복권을 사거나 가볍게 카지노에 한번 놀러가는 것으로 시작되는데 그곳에서 돈을 따거나 재미를 느끼면 등록금까지 손을 대는 경우가 많다는 것입니다. 이렇게 시작된 도박은 대박을 노리거나 돈을 잃은 경우에는 본전을 찾을 생각으로 멈추지 못하게 됩니다. 비단 20대뿐만 아니라 최근 5년간 500명이 넘는 청소년이 도박하다 경찰에 검거된 것으로 드러나 충격을 준 적도 있습니다.

삶의 목적이 상실되고 자신의 존엄성이 파괴되어 가는 현실을 사는 사람들을 살리기 위해 우리는 무엇을 해야 할까요? 교회가 우선적으로 할 수 있는 일은 교회 내 도박 중독으로 어려움을 겪고 있는 교인은 없는지 혹은 이로 인해 고통 받고 있는 가족은 없는지 살피는 일입니다. 도박 중독은 드러나지 않는 경우가 대부분이라 심방과 상담을 통해 인간적인 유대관계를 깊이 맺은 목사가 은밀한 어려움을 겪는 교인들의 고충을 파악하고 도울 수 있기 때문입니다.

도박 중독자들을 돕는 방법으로는 도박 중독의 치료를 위한 전문치료 및 상담을 받도록 하는 것이 좋습니다. '도박을 끊는다고 도끼로 자기 손목을 찍어 놓고 몇 달 후 발가락에 화투장을 끼고 도박한다'는 옛말이 있는 것처럼 도박은 한 번 중독되면 끊기가 힘든 것이 사실입니다. 중독의 경우는 완전한 치유라기보다는 평생 관리해야 하는 개념이기 때문에 지속적인 관심을 보여 주는 것이 필요합니다. 무엇보다 도박에 빠지지 않도록 예방하는 것이 가장 중요합니다. 도박에 한 번 발을 들여놓으면 좀처럼 헤어 나올 수 없고, 헤어 나온다 하더라도 그 과정에서 이미 정신적 재산적 피해가 엄청납니다. 재미 삼아서라도 도박은 하지 않도록 교육하는 것이 필요합니다.

전문가들은 중독자의 환경에 따라 치료방법이 다르지만 무기력하고 중독에 빠진 이들은 혼자보다 가족과 있거나 사회구성원과 생활을 하면서 치료를 병행하는 것이 도움이 된다고 말합니다. 우울증, 중독 등에 빠져 사회생활이 어려워진 사람들은 성장과정 또는 생활상의 원인으로 그러한 결과가 나타났습니다. 그럴 수밖에 없었던 원인을 찾아서 공감해 주고 그 문제를 직면해 자신과 화해하고 자신을 사랑하게 해 자존감을 높일 수 있도록 도움을 주면 해결되는 경우가 있습니다.

오늘날 '중독'이라는 단어는 너무나 자연스럽습니다. 뭔가 자신들만의 중독을 가지고 있어야 세련되고 그럴 듯한 사회의 일원이 된 것처럼 보이기도 합니다. 빠르게 급변하는 세상, 하루가 다른 풍조에서 벗어나 조촐하게 사는 것은 촌스럽게 여겨지기도 합니다. 단순함은 지루해지고 평범함은 인정받지 못합니다. 그러다 보니 자신을 매료시킬 만한 중독을 찾아나서는 사람들은 무언가 눈에 띄는 것을 찾고 싶어 합니다. 중독자만이 살아남을 수 있는 사회로 탈바꿈되어 버리는 것은 아닐까요? 아니, 이미 그런지도 모르겠습니다.

'중독'이란 말을 들으면 부정적인 생각부터 드는 건 사실입니다. 인터넷, 알코올, 도박, 성, 미디어, 게임, 명품, 성형 등등이 있습니다. 처음부터 중독현상을 일으키는 건 아닙니다. 실오라기 같은 작은 관심에서 시작되어 흥미로 바뀌고, 그 흥미로움은 습관적으로 이어집니다. 결국 행동하는 데 이르고 차곡차곡 쌓여 중독이라는 자신만의 고유상표가 붙게 됩니다. 중독은 자신뿐 아니라 가까이 있는 가족들, 속한 집단, 더 나아가 사회나 국가에 영향을 미칩니다. 독성이 온몸에 퍼져 감각을 잃어버리듯, 사회의 군중심리도 그렇습니다. 한 개인에게서 그치지 않고, 사회에 이슈가 되고 유행이라는 이름으로 혹은 문화현상이라는 그럴듯한 이름으로 포장되어 중독에 이르게 합니다.

중독이 다 나쁜 것만은 아닐 것입니다. 나쁜 영향을 미치는 중독도 많지만, 좋은 영향을 미치는 중독도 있습니다. 나만의 건설적인 중독을 만들어 보는 것은 어떨까요? 책을 읽는 행위는 건전하며, 독서를 통해 습득한 지식과 지혜는 무궁무진하여 삶에 원동력을 가져다줍니다. 또한 일정한 시간에 기도하는 것, 하루에 한 가지씩 선행을 하는 것, 웃는 것, 남을 진심으로 칭찬하는 것 등 긍정 바이러스를 일으키는 요소도 찾아보면 셀 수 없이 많습니다. 좋은 습관은 좋은 사람을 만든다고 했습니다. 욥기 4장 8절입니다.

> 내가 본 바로는 죄악을 경작하는 사람, 고난의 씨를 뿌리는 사람은 그대로 거두더군.

갈라디아서 6장 7절입니다.

> 자기를 속이지 마십시오. 하나님은 결코 업신여김을 당하지 않으십니다. 사람이 무엇을 심든지 그대로 거둘 것입니다.

그렇습니다. 위의 성경구절대로 좋은 습관에만 그치지 않고, 중독 수준에 이르게 된다면 어떤 현상이 일어날까요? 자신이 변화되는 것은 물론이고, 주변이 변할 것입니다. 사회가 변하고 국가가 변하고 전 세계가 변할 것입니다. 선의에 경쟁을 하며, 서로 격려하는 더불어 잘 사는 세상이 온다면 얼마나 아름다울까 하는 생각이 듭니다. '나 하나쯤 변한다고 해서 세상이 변화 되겠어'라는 생각을 떨쳐 버리고 긍정적인 중독의 바람을 일으키면 어떨까요?

어딜 가도 위로받을 수 없고 절망할 수밖에 없어서, 술이나 인터넷 등에 빠진 슬픈 마음들을 지닌 우리 이웃들이 얼마나 많은지요? 그런 이웃들을 위해 우리가 할 수 있는 것은 무엇일까요? 크고 위대한 일보다는 먼저 삶에 작은 변화를 일으키는 것, 그 작은 변화를 소개하고 도와주는 노력을 하면 어떨까요? 이런 노력이 습관화되고 생활화되면 그것이 우리의 삶을 긍정적이고 진취적인 방향으로 이끌게 됩니다. 부정에 집착해서 그 문제에 매몰되기보다는 긍정의 힘으로 부정을 부정해 나가는 것이 좋을 듯합니다. 기도와 명상, 자신을 돌아보는 조용한 시간, 산책, 독서, 봉사활동 등 그 방법은 무궁무진합니다. 순간의 만족을 주는 중독에 빠져 있는 이웃들에게 좋은 중독의 길을 통해 한 순간이 지나가면 없어지는 것이 아닌, 보이지 않는 깊은 내면이 바뀌고 삶이 바뀌는, 훌륭한 습관을 넘어 행복한 중독자의 위치까지 도달하도록 돕는 고운 삶을 실천하면 어떨까요?

평범하지 않은 자신만의 긍정적인 중독성을 만들어 낸다면 이 얼마나 행복한 삶인지요? 남들이 보기에는 어색하고 볼품없을지 모르나 자신의 빛깔과 향기에 알맞은 목표를 설정하여 차근차근 날갯짓을 해 나간다면 결국엔 자신을 아름답게 가꾸고 아름다운 세상을 만들어 가는 시작점이 될 수 있을 것입니다.

2

지혜 교육

사람이
미래다

—————————————— 매력적이고 혁신적인 IT기기
를 볼 때면 세상이 하루가 다르게 변화·발전하고 있음을 느낍니다. 이런
변화와 발전을 주도하는 인재人才, 즉 사람의 중요성은 이미 많은 곳에서
강조하고 있습니다. 두산그룹의 "사람이 미래다"라는 광고 문구는 많은
사람들에게 강렬한 인상을 남겼습니다. 10년 성장은 기술과 시스템으로
가능하지만, 100년 성장은 사람을 통해 가능하다고 했습니다.

그렇습니다. 기업의 흥망성쇠를 결정하는 것은 회사의 규모나 재정,
시설의 많고 적음이 아닙니다. 크냐 작냐 함도 아니고 높으냐 낮으냐도
아닙니다. 물론 이런 것들이 중요한 요인으로 작용함은 사실이나 더 중
요한 것은 사람의 구성, 사람의 마음, 사람의 작용입니다. 그러므로 사람
이 먼저이고 사람이 중요합니다.

사람은 천지의 주인이요, 만물의 영장으로 눈에 보이고, 보이지 않는
모든 환경과 기회를 선용할 수 있는 존재입니다. 늘 변화무쌍하게 생각
을 거듭하고, 창의성을 발휘하여 새로운 아이디어를 창출해내는 존재,
그래서 발전하는 사회를 만들어 가는 존재가 바로 사람입니다. 변화와

경쟁으로 초긴장 상태가 이어지는 글로벌 경제 시대를 맞아 세계 각국의 많은 글로벌 기업들이 핵심인재를 확보하기 위해 총력을 기울이고 있습니다. 누가 얼마나 훌륭한 핵심인재를 확보하고 지속적으로 관리하느냐에 따라 경쟁력 있는 기업으로 발돋움하느냐, 그렇지 않으면 퇴보하는 기업이 되느냐 하는 중요한 문제의 향방이 결정됩니다. 이런 이유로 우수한 인재를 발굴하기 위한 전담부서를 따로 두거나 기존의 인재를 각종 교육 등을 통해 발전적인 인재상으로 만드는 데 시설과 재정을 아끼지 않습니다. 인재는 그 기업의 모판이요, 미래입니다. 이처럼 사람을 중요시하는 곳은 기업만일까요? 그렇지 않습니다. 사람이 구성하는 모든 공동체와 조직에서 인재는 중요합니다.

발생 목적이나 동기, 운영방식은 분명히 기업과 다르지만 인재를 중요시하는 점은 종교도 동일합니다. 오늘날 많은 종교들이 다음 세대가 줄어듦을 심각한 위기로 받아들입니다. 이러다가 미래에는 종교 인구가 급격하게 줄어드는 것은 아닌지 우려됩니다. 젊은 세대들 사이에서 결혼을 하지 않고 나 홀로 생활하는 1인 세대가 증가함에 따라 출산율이 감소하고 있습니다. 결혼을 해도 자녀를 출산하지 않는 경우도 있습니다. 이에 따라 아동과 청소년 인구가 감소했습니다. 또한 아동과 청소년 교육의 침체로 종교의 미래를 이끌어 갈 인재도 드문 것이 현실입니다.

사회적인 수준과 풍요를 갈망하는 수준이 높아짐에 따라 소비력이 높아지고, 자아실현의 통로도 다양해지면서 힘들고 불편함보다는 편안하고 즐거운 삶을 선택하는 인구가 늘고 있습니다. 물질과 지식정보에 대한 관심이 증가하면서 신앙에 대한 관심은 줄어들어 성직의 길을 선택하는 동기도 찾아보기 어려워졌고, 저출산으로 자녀가 하나나 둘 정도이다 보니 성직자를 권하는 부모의 숫자도 줄어들고 있습니다. 성직 지원자 감소는 여러 종교들에 공통적으로 나타나는 현상입니다. 성직자 지원율이 갈수록 감소하다 보니 다양한 방법으로 성직의 길에 대해 안내하고, 홍보합니다. 성직의 길을 선택할 수 있도록 동기부여를 하는 모습들도 보입니다.

종교 초창기 각고의 고난을 이겨내고 오늘에 이를 수 있도록 힘을 다한 선배들의 뒤를 이을 인재양성은 아무리 강조해도 지나치지 않습니다. 그동안 노력해서 이룩해 놓은 성과들, 시설들, 기관들을 지난 세월의 추억으로만 남지 않게 하기 위해서는 인재 양성에 힘써야 합니다. 이는 우리가 만약을 위해 보험에 들거나, 자녀가 잘되도록 교육비를 아끼지 않는 것이나, 근검절약해서 저축하는 것과 같습니다.

교육은 단기간에 성과를 기대하기 어렵습니다. 씨를 뿌리고 정성을 다해 농사를 짓는 자세로 다음 세대를 품고 다음 세대를 세워 주는 노력에 힘써야 합니다. 이를 위한 가장 좋은 방법은 '신앙의 대잇기'입니다. 가정의 분위기만큼 기초적이고 안정적이고 지속적인 곳도 없습니다. 가정은 특별하게 교육과정을 설정하고 교과서로 교육시간을 갖추고 교육시설과 재장을 갖춰야 하는 교육터전이 아닙니다. 언제 어디서나 교육이 가능한 곳입니다. 시나브로 부지불식간에 종교심을 고취하도록 하는 곳이 가정입니다. 그러므로 가정의 부모는 법적인 보호자만이 아닌 깊고 오묘한 의미를 지닙니다. 부모는 종교지도자요, 선생이요, 선배입니다. 종교는 이 가정이 바로 서도록 지원해야 합니다. 가정을 이루기 전 단계부터 준비교육을 실시하고 가정을 잘 가꾸도록 교육과 지원을 아끼지 말아야 합니다.

종교는 종교설립대학과 성직자 양성대학에 대한 지원을 충실히 이행해야 합니다. 오늘날 교육부는 해마다 대학을 평가해서 등급을 발표합니다. 교수충원율, 도서보유율, 학생수급률, 취업률, 장학금 수혜율, 특성화 교육 등의 평가항목을 심층적으로 검토하여 발표합니다. 이 발표에 따라 정부지원 사업수주율이 좌우되고 학자금대출 여부가 정해지기도 합니다. 그러므로 이 평가는 그저 참고사항이 아니라 대학의 위상을 좌우합니다. 그런데 최근 교육부 발표를 보면 여러 종교에서 운영하는 대학이 낮은 등급을 받고 있습니다. 이는 종교설립 대학이 재정적으로 취약한 원인이 큽니다. 아무래도 재정적으로 빈약하다 보니 교수충원율이나 시설확충, 장학금수혜율이 낮을 수밖에 없습니다. 이렇게 해서는 제대로 교육이 이루어질 수 없습니다. 분명 교육에는 재정적인 뒷받침이 필수입니다. 종교는 가정에서 자녀가 잘되기를 바라 자녀교육비를 우선으로 하고, 필요에 따라서는 빚을 내듯이, 교육의 중요성을 인식해서 아낌없는 지원을 지속적으로 시행해야 합니다. 앞으로 얼마나 교육에 심혈을 기울이느냐가 종교의 미래를 좌우할 것입니다. 집중적인 교육만이 살길입니다.

많은 사람들이 미래의 종교를 우려하고 있습니다. 이런 우려가 한낱 기우일 수도 있고, 돌이킬 수 없는 현실일 수도 있습니다. 그 선택과 결단은 오늘 우리의 몫입니다. 미래는 그냥 주어지는 것이 아닙니다. 얼마나 치밀하게 예측하고 준비하느냐에 달려 있습니다. 학교에서 공부를 안 하는 아이들과 공부를 잘하는 아이들을 보면 분명한 차이가 있습니다. 조삼모사朝三暮四의 이야기*처럼 지금 당장의 즐거움에 취해 그것

---

* 송宋나라에 저공狙公이라는 사람이 있었습니다. 그는 원숭이를 사랑해서 여러 마리를 길렀습니다. 저공은 원숭이들의 뜻을 알 수 있었으며, 원숭이들 역시 저공의 마음을 알았습니다. 저공은 집안 식구들의 먹을 것을 줄여 가면서 원숭이의 욕구를 채워 주었습니다. 그는 부득이 얼마 후에는 먹이가 부족해서 앞으로 먹이를 줄일 수밖에 없기에 한 가지 꾀를 생각해냈습니다. 그가 원숭이들에게 말했습니다. "너희에게 도토리를 주되 아침에 세 개를 주고 저녁에 네 개를 주겠다. 만족하겠냐?" 원숭이들이 다 일어나서 화를 냈습니다. 저공은 바로 말을 바꾸었습니다. "너희에게 도토리를 주되 아침에 네 개를 주고 저녁에 세 개를 주겠다. 만족하겠냐?" 여러 원숭이가 다 엎드려 절하고 기뻐하였습니다. (宋有狙公者, 愛狙, 養之成羣. 能解狙之意, 狙亦得公之心. 損其家口, 充狙之欲. 俄而匱焉, 將限其食. 恐衆狙之不馴於己也, 先誑之曰, 與若芧, 朝三而暮四, 足乎. 衆狙皆起而怒. 俄而

만 생각하고 시간을 보내는 아이들은 시험 준비를 제대로 하지 않습니다. 미리미리 대비하지 않습니다. 그러나 미리 시험 준비를 철저히 하는 아이들은 예습하고 수업 시간에 집중합니다. 그리고 복습으로 확인합니다.

좋은 조직과 공동체는 어제보다는 오늘이, 오늘보다는 내일이 기대되는 곳이어야 합니다. 이는 종교도 마찬가지입니다. 세상에 공짜는 없습니다. 미래는 준비된 자만이 누릴 수 있는 특권입니다. 오늘이 힘들더라도 내일을 기대하면서 참고 인내하면서 준비할 때만 기쁨의 미래를 맞이할 수 있습니다.

曰, 與若芧, 朝四而暮三, 足乎. 衆狙皆伏而喜.)

풍성한 지식의 보고寶庫,
책을 읽읍시다

─────────────────────── 이제 찌는 듯한 무더위는 가고 아침, 저녁으로 선선한 바람이 불어오는 가을이 우리 곁에 성큼 다가오고 있습니다. 가을은 결실의 계절, 풍성한 수확의 계절입니다. 가을을 맞으면서 무엇을 수확해야 할지 생각해 봅니다. 가을은 하늘은 높고 말이 살찐다(天高馬肥)는 계절답게 날씨가 참 좋습니다. 이 좋은 날씨에 세상 시름 뒤로하고 어디론가 떠나 보고 싶습니다. 있는 힘껏 "나는 자유인이다" 하고 외치고도 싶습니다. 그러나 이런저런 일들로 분주하다 보니 그저 마음뿐입니다. 정처 없이 어디론가 떠날 수 있는 자유와 여유는 쉽지 않습니다. 그러나 오곡백과가 무르익는 가을에 그저 일에 파묻혀 살 수 만은 없습니다. 여건이 안 된다면 책을 통해서 간접적인 여행을 떠나는 것도 좋습니다.

2007년 미국 여론조사기관인 〈NOP 월드〉의 "세계 각국 미디어접촉시간에 관한 보고서"에 따르면 우리나라 사람들이 책, 신문, 잡지 등 문자 매체를 읽는 데 소비하는 시간은 주당 3.1시간으로 조사대상국 30개국 중 꼴찌를 차지했습니다. 세계 평균 독서시간은 6.5시간이었습니다. 또한 재한 외국인들의 커뮤니티에 '한국인들의 독서량은 선진국 중 최하'라는 토픽이 즐비합니다.

영국, 캐나다, 미국, 호주 그리고 일본과 같은 나라들은 지하철, 기차, 버스 어디서든 교통수단 안에서 거의 90%가 반드시 뭔가를 읽고 있는데 반해 우리나라의 지하철에서는 젊은이들이 하나같이 휴대 전화를 들고 미친 듯이 메시지를 보내는 데 열중하고 있고, 아저씨나 아주머니들은 꾸벅꾸벅 졸거나 아니면 멍하니 앉아 있기만 하는 게 아주 익숙한 풍경입니다.

최근 서울대학교 도서관에서 '서울대 선호도서 100선과 하버드대 선호도서 100선'을 조사하여 발표했습니다. 그 자료에 의하면 서울대의 경우 10위 안에 소설이 9권, 에세이가 1편 들어 있을 뿐 인문, 사회, 자연과학 서적은 전무全無했습니다. 반면에 하버드대의 경우에는 1위, 조지 오웰의 『1984』, 2위 토니 모리슨의 『빌러비드』, 3위 가브리엘 가르시아 마르케스의 『백년의 고독』, 4위 하워드 진의 『미국민중사』, 5위 도스토옙스키의 『죄와 벌』이 차지하고 있습니다.

하버드대 학생들은 사고의 기초를 충실히 다지는 고전을 탐독하는 반면 서울대 학생들은 고전읽기 같은 진지한 독서나 인문, 사회, 자연과학과 같은 사고의 폭을 넓히는 독서를 외면하고 있습니다. 이른바 우리나라 최고의 대학이란 서울대가 이지경인데 무엇을 기대할 수 있을까요?

우리나라의 교육시스템은 끝없는 시험 준비를 위한 암기에만 치중된 주입식 교육이기 때문에 독서는 그 방편에 불과할 뿐, 독서를 통해 자신의 사유의 세계를 넓혀 가는 독서를 생활로 즐기는 습관과는 거리가 있습니다. PC방에 들어가도 인터넷을 서핑해서 신문을 읽거나 온라인을 통해 무언가를 연구하는 사람은 찾아보기 힘듭니다. 바보 같은 게임이나 폭력적인 무언가에 몰두하고 있을 뿐입니다. TV는 정보와 기쁨을 주지만 길은 가르쳐 주지 못합니다. 우리 아이들에게 책 읽는 법을 지금 가르쳐 주지 않으면 그 아이들은 미아迷兒가 되어 어두운 밤길을 헤매게 될지 모릅니다.

컴퓨터와 인터넷을 기반으로 하는 정보화사회의 대표적인 인물, 세기의 최고의 갑부 빌 게이츠가 한 말입니다.

"오늘의 나를 탄생시킨 것은 동네의 공립도서관입니다. 컴퓨터는 결코 책의 역할을 대신할 수 없습니다. 인문학 없이는 저도, 컴퓨터도 있을 수 없습니다."

삼성그룹 이건희 회장은 한 달에 평균 20여 권의 책을 읽는 독서광으로 알려져 있습니다. 나폴레옹은 전쟁터에 나갈 때에도 5만여 권의 책을 가져갈 정도로 독서광이었습니다. 리자청, 워렌 버핏 등 세기의 부자들은 모두 독서광입니다. 독서에서 생각의 힘을 키워 새로운 패러다임의 경영기법들을 창출했다고 볼 수 있습니다. 리자청은 올해 81세의 나이에도 잠들기 전 30분씩 책을 읽는 것으로 알려져 있습니다.

좀 진부한 얘기 같지만 안중근 의사義士의 '一日不讀書 口中生荊棘 (하루라도 책을 읽지 않으면 입 안에 가시가 돋는다)'라는 독서예찬론은 지금도 초연한 빛을 발합니다. 그는 사형집행 전 일본 관리가 "마지막 소원이 무엇인가?" 하고 묻자, "5분만 시간을 주십시오. 아직 책을 다 읽지 못했습니다." 하고 그가 읽던 책의 나머지 부분을 모두 읽은 다음 형장의 이슬이 되었습니다.

대학생을 포함하여 성인들은 초·중·고등학생에 비해 독서량이 매우 적으며, 우리나라 국민은 남녀노소를 가리지 않고 디지털 매체에 구속되어 살아갑니다. 신자유주의의 물결 이후 점점 먹고살기 힘들어지다 보니, 일반 도서의 독서량이 줄어드는 것은 어찌 보면 당연합니다. 대학생들의 경우도 예외는 아닙니다. 독서량 감소의 가장 큰 이유가 치열한 학업 경쟁과 취업 준비에 있다는 것은 두말할 나위가 없습니다. 시야를 넓힐 필요가 있습니다.

혹자는 미디어 시대, 정보화 시대라는 것을 핑계 삼아 독서를 과소평가할지 모르나, 독서야말로 디지털화된 무수한 정보를 재조직하고 창의적으로 활용하는 능력을 기르는 결정적인 방법이라는 점을 잊어서는 안 됩니다. 행복한 삶을 살아가기 위한 지혜를 얻기 위해, 그리고 어떤 직종이든 필요할 수밖에 없는 메타적인 시야를 얻기 위해 독서는 절대적으로 필요합니다. 독서하지 않고 디지털 매체를 소비하기만 하는 삶이란 장기적으로 볼 때 희망이 없는 삶일 수밖에 없습니다.

독서가 쉽지만은 않습니다. 입시 중심의 교육 때문에 독서 교육이 제대로 이루어지지 않았고 학업 경쟁·취업 준비 때문에 시간이 없고, 설사 책을 읽는다 할지라도 소비문화의 시대인 만큼 소비적 차원에서 이루어지는 경우가 많기 때문입니다. 급변하는 세상에서 정체되거나 퇴보하지 않기 위해서는 독서를 해야 합니다.

책은 생각의 창이요, 지혜의 보고이며, 아이디어의 탯줄입니다. 책을 통해서 우리는 옛것을 익혀 오늘을 새롭게 하고(溫故知新), 삶의 지혜를 터득하며, 새로운 아이디어를 잉태시킬 수 있습니다. 책을 통해 우리는 생각이 바뀌고, 생활이 바뀌며, 운명을 바꿀 수 있습니다. 독서를 통해 우리는 위대한 정신을 만날 수 있습니다. 새로운 세계를 여행하고, 새로운 관념을 받아들이며, 새로운 아이디어에 자극받을 수 있습니다. 독서를 통해 우리는 생각을 깊고 넓게 할 수 있습니다. 선입견이나 편견의 벽을 허물 수 있습니다. 독서를 통해 '나'라는 존재를 주체적으로 확인할 수 있고, 인간정신의 위대성을 천착시킬 수 있습니다.

가을은 독서의 계절입니다. 분주한 일상이지만 그래도 짬짬이 한 권의 책을 곁에 두고 읽으면서 혼자만의 힐링을 즐겨 보면 어떨까요? 선선한 바람결에 책갈피를 넘기면서 독서삼매경에 흠뻑 빠져드는 삶의 여유는 우리 삶을 보다 풍성하게 하는 정신적인 풍요를 가져다 줄 것입니다.

요즘 종교계출판사들과 전문서점들이 많은 어려움을 겪고 있습니다. 이렇게 된 데에는 여러가지 이유가 있겠지만 종교생활인들이 책을 읽지 않는 것이 큰 이유입니다. 기도와 수도생활의 깊이를 일깨워 주는 종교생활인의 살아온 이야기나 신앙적인 체계를 굳건하게 잡아 주는 책들은 매우 유익합니다. 우리나라에 유난히도 신흥종교나 사이비似而非 종교나 이단異端이 많은 것은 신자들이 신앙의 체계를 단단히 세우지 않기 때문이기도 합니다. 전문적인 종교서적은 종교지도자나 종교학자들이 보는 것이 맞겠지만 비교적 쉽게 서술된 종교이야기들도 많으니 이를 찾아서 읽는 것이 유익합니다. 독서의 계절 가을에 종교 서적들의 깊은 세계에 깊이 빠져 보는 것도 유익할 것 같습니다.

담쟁이의
지혜와 자세

반백이 된 중년 신사에게 두 부인이 있었습니다. 한 사람은 자기보다 나이가 몇 살 많은 연상의 여인이었고, 또 한 사람은 나이가 적은 연하의 여인이었습니다. 두 여인을 다 사랑하는 까닭에 연상의 연인에게도 가고 연하의 여인에게도 갔습니다.

그런데 문제가 생겼습니다. 자기보다 나이가 많은 부인에게 가면 남편이 젊은 것을 싫어하여 검은 머리카락을 뽑습니다. 또 자기보다 나이가 어린 부인에게 가면 남편이 자기보다 늙은 것을 싫어하여 흰 머리카락을 뽑습니다. 그러다 보니 얼마 후에는 보기 흉한 대머리가 되었다고 합니다. 이 우스갯소리는 자기중심주의로 살지 말라는 교훈을 줍니다. 서로 이해하며 살아가라는 뜻입니다. 상대방이야 좋든 싫든 자기 좋을 대로 생각하고 행동하며 살아가는 것이 바로 우리 자신입니다. 우리가 사는 사회는 나만 생각하는 이기주의가 팽배합니다.

서양 사람들은 사람을 그냥 사람person으로 봅니다. 그것은 사람 그 존재being를 절대적인 가치의 사람으로 보는 것이 아닙니다. 사람은 '함께하는 존재A Being With'여야 합니다. 이런 점에서 동양 사람들이 사람을 이해한 방식이 더 타당하다는 생각입니다. 동양에서는 사람을 사람이라고 하지 않고 '사람 사이'라고 말했습니다. 이는 사람 한 명은 사람이 될 수 없고, 사람과 그 무엇과의 사이betweenness가 곧 사람이라는 뜻입니다. 사람과 사람, 사람과 바람, 사람과 하늘, 사람과 세월, 사람과 세상 그리고 사람과 역사 그래서 사람은 그 사람을 둘러싸고 있는 것들과의 변증법적인 관계 그 자체입니다. 사람 하나를 사람으로 보지 않는 것은 그 자체로서는 완성된 생명이 아니라고 여겼기 때문입니다.

한 행인이 길을 가는데 두 사람이 싸우고 있습니다. 사연을 들어 보니 한 사람은 앞 바다의 섬이 다섯 개로 보인다는 것이고, 또한 사람은 여섯 개로 보인다는 것입니다. 이 말을 듣고 있던 행인은 어디에서 보니까 그렇게 보이느냐고 물었습니다. 두 사람은 꼭 자기가 사는 동네에서 보았다는 것입니다. 그래서 두 사람이 사는 동네를 찾아가 보았습니다. 그랬더니 정말로 다섯 개로도 보이고 여섯 개로도 보였습니다. 다 맞는 이야기였습니다. 사물의 판단은 보는 관점에 따라서 다르게 보입니다. 어디에서 보았는가가 문제입니다. 이해는 내 입장에서 보는 것이 아니라 상대방의 입장에서 보는 것입니다.

사람들은 모두가 자기 편할 대로 보고 자기 편견에서 보기 때문에 오해가 생기고 미움이 생기며 다툼이 생깁니다. 상대방의 입장으로 바꾸어 놓고 생각해 보면 싸울 이유가 하나도 없습니다. 오히려 상대방을 동정하고 위로하게 될 것입니다.

한 나그네가 길을 가다가 날이 저물었습니다. 아무 것도 보이지 않는 칠흑 같은 어둠 속에서 소리가 나기에 귀를 기울여 들어 보았더니 도깨비 삼형제가 아버지 도깨비로부터 물려받은 안경과 귀걸이, 지팡이를 두고 서로 좋은 것을 가지려고 다투고 있었습니다. 안경을 끼면 천 리

밖이 보이고, 귀걸이를 걸면 천 리 밖의 소리를 들을 수 있었습니다. 더욱이 그 지팡이를 짚으면 천 리 길을 단숨에 갈 수 있는 요술지팡이였습니다. 그들이 다투고 있는 사이에, 나그네는 세 가지 유산遺産을 슬쩍 가지고 나와서 지팡이를 짚으니 순식간에 천 리 밖으로 날아가 있었습니다. 천 리 밖에서 그 안경을 끼고 보니 세 도깨비가 서 있는 곳이 보였고 귀걸이를 하니 서로 욕심을 부리다가 몽땅 잃어버린 것을 이를 갈며 발을 구르고 후회하고 있는 소리가 들려 왔습니다. 세상을 살아가자면 이 세 가지 유산이 다 필요하기에 흩어지지 말고 함께 힘을 합하여 살아가라는 교훈입니다. 욕심을 버리는 일입니다. 화합하는 일입니다.

서로 싸우면 싸우는 사이에 꼭 필요한 우애와 신의, 사랑을 잃어버리고 맙니다. 큰 것을 먹으려고, 좋은 것을 가지려고 우위에 서려고 하다가 모두를 잃어버리고 맙니다. 싸우지 맙시다. 화합하며 삽시다. 우리가 살아남기 위해서는 천 리를 단숨에 갈 수 있는 지팡이가 필요합니다. 천 리 밖을 볼 수 있는 안경이 필요합니다. 천 리 밖의 소리를 들을 수 있는 귀걸이가 필요합니다.

어느 날 거북이와 토끼가 경주를 하게 되었습니다. 출발 지점을 떠난 토끼는 열심히 뛰어서 거의 결승점에 오게 되었지만 뒤를 돌아보니 거북이는 아직도 엉금엉금 기어 결승점까지 오기에는 너무나 거리가 멀었습니다. 그래서 토끼는 '한잠 자고 가자' 하고 자는 동안 거북이는 꾸준히 달려와 토끼를 이겼습니다. 이 이야기는 우리가 잘하는 토끼와 거북이의 경주이야기입니다. 우리는 이 이야기가 "토끼처럼 자만하거나 방심하면 실패하고 거북이처럼 성실하고 포기하지 않으면 성공한다."라는 교훈을 담고 있다고 배웠습니다. 다들 이렇게 알고 있고 별다른 이의를 제기하는 사람들도 없었습니다. 그런데 어느 초등학교에서 놀라운 광경이 벌어졌습니다. 선생님으로부터 이 이야기를 듣고 있던 아이들이 이구동성으로 외쳤습니다.

"선생님, 그런 법이 어디 있어요, 토끼가 잠자는 사이에 혼자 뛰어가 이긴 것은 비열한 승리잖아요. 정정당당하게 이기려면 잠자는 토끼를 깨워 같이 뛰어야지요."

이 말에 선생님은 할 말을 잃었습니다. 자신은 단 한 번도 생각해 보지 않은 것을 아이들이 생각해낸 것이 신기하고, 아이들의 말이 너무도 타당하기에 놀랐습니다. 그렇습니다. 우리는 너무 승부정신에만 집착하다 보니 결과만 중시하고 과정은 무시합니다. 또한 더불어 함께 가는 정신을 잃어버리고 혼자만 승리하려고 합니다. 또한 토끼처럼 자신보다 약한 거북이를 무시하고 얕잡아 봅니다. 거북이처럼 경쟁자인 토끼가 자고 있는 모습을 보고는 깰까 봐 조용조용히 달려서 승리하려는 것이 우리의 마음입니다.

오늘 우리 사회는 승부욕보다는 더불어 사는 협력정신이 필요한 때입니다. 함께 살아가는 지혜가 필요할 때입니다. 승부욕에만 집착하지 말고 서로 이해하고 용서하고 사랑할 줄 아는 마음이 필요한 때입니다.

사람을 보고 사람이 되어야 한다고 말하는 것은 사람이 철이 들어야 한다는 말입니다. 이는 때에 따라 바르게 처신하고 입장을 가릴 줄 알아야 한다는 의미입니다. 그런데 '사이와 사이'를 깨닫는다는 것은 좀처럼 쉬운 일이 아닙니다. 그래서 불혹不惑의 나이가 되고 지천명知天命의 세월을 지나 이순耳順의 경지가 되어도 그 사이를 제대로 몰라서 자리를 찾지 못하는 경우가 얼마나 많은지 모릅니다. 저희 집에는 특별한 것이 하나 있습니다. 집 담벼락과 2층으로 올라가는 계단으로 담쟁이가 마치 자기 집인 양 주인인 제 허락도 없이 아기자기하게 자리를 차지하고 있습니다. 어떤 이들은 혹시라도 집을 상하게 할 것을 걱정하며 다 없애 버리라고 조언해 주곤 합니다만 저는 그럴 마음이 없습니다.

담쟁이의 생명력은 자연의 질서를 뛰어넘어 새로운 지혜를 일깨워 주는 것 같습니다. 담쟁이는 그저 세월을 보내고 있는 것이 아니라 자신을 변화시키면서 삶의 의미를 전해 줍니다. 담쟁이는 저마다의 생명력을 마음껏 발산하면서도 서로 부둥켜안고 엉키고 설키는 함께함이 자연스럽습니다. '따로' 또 '같이'가 절묘하게 조화를 이룸이 참으로 멋집니다. 이것이 가능한 것은 담쟁이가 자신의 드러냄에 무례하지 않고 상대를 존중하고 주변 환경에 적응하는 '사이의 지혜와 자세'가 아주 뚜렷하기 때문입니다. 오늘도 저는 담쟁이를 보면서 사람이 잇대어 살아가야 함을 되새겨 봅니다.

쉼이 있는 교육을
펼쳐야 합니다.

얼마 전 보도를 보니 청소년의 삶에 대한 만족도가 OECD 회원국 중 최하위였다고 합니다. 주말도 없이 일한다며 한탄할 때 흔히 '월화수목금금금'이라는 표현을 종종합니다. 공부에 시달리고 있는 요즘 청소년들에게 딱 어울리는 표현이 바로 이 말이 아닌가 싶습니다. 제가 학교목사와 교사다 보니 교회에서 교육목사로서 청소년부를 맡고 교회에서도 청소년과 접하면서 느끼는 것은 '교회마저 꼭 이렇게 해야만 하는가'입니다. 이른바 교회의 직제에서 중직자로 불리는 장로, 권사, 안수집사들의 가정에서 자녀들의 주말 학습을 강요하는 경우가 많았습니다. 자녀의 신앙생활을 중요하게 여기지만 정작 학교 시험 때가 되면 주일예배는 교회에서 편리한 시간대를 골라 출석하거나 이마저 슬쩍 빠지려는 자녀의 생각을 말리지 않습니다. 그러니 냉정하게 말해서 신앙이냐, 학교성적이냐 하는 질문에 쉽게 신앙이라고 대답하기 어려울 것입니다. 당장 자녀의 성적이 떨어질까 불안한 마음에 교회 활동을 열심히 하는 자녀를 자제시키는 경우를 많이 보았습니다. 고3 자녀를 둔 경우는 대학에 들어갈 때까지 주일예배를 빠지도록 강권하는 경우도 보았습니다. 이런 교육 현실에서 과연 우리 청소년들이 행복할 수 있을까요?

지난 2013년 보건복지부의 '한국 아동종합실태조사'에서 우리나라 청소년들이 느끼는 삶의 만족도는 100점 만점에 60.3점으로 OECD 국가 중 꼴찌를 기록했습니다. '아동결핍지수'도 54.8%로 최하위였습니다. 2010년 한국 청소년정책연구원이 발표한 학습시간 통계에 따르면, 초등학생 6시간 14분, 중학생 7시간 24분, 고등학생 9시간 10분으로 역시 OECD 국가 중 가장 많았습니다. 이 통계자료는 오늘날도 마찬가지입니다.

어느 연구 결과에 따르면 우리나라 학생들의 평균 수면시간은 5.17시간에 불과했습니다. 66.6%나 되는 청소년들이 잠이 부족하다고 호소했습니다. 이는 우울증이나 비만, 자살 생각 등에 영향을 줄 수 있다고 전문가들은 우려하고 있습니다. 우리는 자녀를 고통으로 몰아넣는 교육을 사랑이라는 이름으로 너무도 자연스럽게 하고 있습니다.

청소년 행복지수 역시 6년 연속 최하위입니다. OECD 국가들의 청소년 자살률이 감소하고 있는 데 반해 우리는 오히려 지난 10년간 47%가 증가한 현실이 행복지수를 고스란히 반영하고 있습니다. 우리 청소년들에게 공부는 자기 스스로 하고 싶어서 하는 즐거운 학습이 아니라 마지못해 벌을 받는 징역처럼 여겨집니다. 이런 방식으로는 학습의 효과도 기대하기 어렵습니다.

미국 남부의 기독교계 업체 '치킨 플레이'는 주일에 가게 문을 열지 않지만 동종업계 다른 업체들보다 수익이 많습니다. 주일에 쉬지 않아 백화점 입점 자체가 불가능하지만 이곳만은 예외입니다. 오히려 매출이 더 높기 때문입니다. 휴일에 공부하는 것보다 쉬는 것이 학습능력을 높일 수 있다는 연구자들의 보고도 있습니다. 이처럼 쉼이 있는 교육이 더 큰 성과를 낼 수도 있습니다.

이제 우리 교회 모습 속에서도 '쉼 없는 교육'에 대한 성찰이 필요합니다. 각 교단마다 저출산, 고령화의 현실과 자라나는 세대의 교회출석률 저하를 우려하는 목소리가 높습니다. 실제로 교회에서 청소년 부서가 없어진 경우가 급속도로 늘고 있습니다. 이와 같은 현실을 개선하기 위해 기독교 신앙에 바탕을 두고 교육운동이 절실히 요청되고 있습니다. 이를 위해 우리는 안식일 정신을 오늘에 되살려야 합니다. '쉼이 있는 교육'으로 학생과 학부모, 학원장, 목회자가 주일에는 고된 학습노동을 중단하도록 해야 합니다. 자라나는 세대에게 최소한 주일만이라도 학원에 가지 않고, 과중한 학업에 찌들지 않고 안식함으로써 교회와 가정에서 신앙유산을 물려주는 안식의 영성을 일깨워 주어야 합니다.

공부를 더 많이 시키는 것보다 더 중요한 것은 삶의 참된 의미가 무엇인지, 공부를 왜 해야 하는지, 어떻게 살아야 하는지를 깨닫게 하는 삶의 진지함과 풍성한 감성을 통한 자기성찰의 시간을 갖게 하는 것입니다. 쉼을 통한 신앙교육과 여유는 우리 청소년들에게 삶의 의미를 일깨워 줄 수 있습니다. 무엇보다 끝도 없는 경쟁 속에서 내던져진 우리의 자녀가 행복할 수 있는 길을 생각해 봐야 하지 않을까 싶습니다. 자녀가 신앙을 잃어버린다면 그 책임은 어떻게 질 것인가요?

작지만
알찬 교육

제가 재직하는 학교는 비교적 작은 규모의 농촌 중학교입니다. 전교생이라고 해 봐야 79명입니다. 이를 두고 학교가 작다느니 환경이 열악하다느니 하는 아이들이 많습니다. 이런 말들을 들으면 마음이 아픕니다.

현대 산업 사회를 살아가는 우리는 작은 것이 가지는 아름다움을 잊고 큰 것이 주는 충족감에 빠져 있는 것 같습니다. 큰 것이 주는 충족감에 빠져 작은 것보다는 큰 것을 선호합니다. 과일을 고를 때도 왠지 큰 것이 싱싱해 보이고 맛있어 보이고 튼실하게 보입니다. 이처럼 우리는 작은 것보다는 큰 것을 좋아합니다. 이는 가정생활은 물론 사회생활에서도 마찬가지입니다. 크기에 따라 사람의 지위와 권위를 규정하기도 합니다. 누가 얼마나 더 큰 아파트 평수, 자동차 크기, TV 크기를 소유했나에 관심 갖습니다.

물론 이런 생각들이 나쁜 것만은 아닙니다. 아무래도 크면 편리하고 여유도 있습니다. 큰 것에 비해 작은 것이 불편하거나 모자라거나 부족한 점이 있습니다. 큰 것을 좋아하는 것은 아이들도 마찬가지입니다.

오늘날, 특히 청소년들은 키를 현실의 행복과 불행을 결정하고 나아가 마치 자신의 미래 운명을 결정하는 중요한 요소처럼 생각하는 경향이 있습니다. 키는 얼굴과 더불어 사람의 첫인상을 결정하는 중요한 요소가 되어 버렸고, 조금이라도 더 크게 보이기 위하여 키높이 구두에서부터 키가 커 보이는 의상에 이르기까지 온갖 노력을 다하고 있습니다. 그러나 크다고 무조건 좋고 작은 것은 무조건 나쁜 것일까요? 그렇지 않습니다. 큰 것은 큰 대로 좋고, 작은 것은 작은 대로 좋습니다. 어떤 면에서는 작은 것이 그 나름대로 좋은 점이 있고, 유익한 점이 있기도 합니다. 과일도 작은 것이 더욱 맛있는 경우가 있습니다. 큰 것은 보기에는 좋아 보여도 먹으면 푸석푸석한 느낌이 들기도 합니다. 그러나 작은 것은 단단하고 알차서 사각사각거리는 느낌도 좋습니다.

역사를 돌이켜 보면 오히려 키가 작은 사람들이 성공한 사례들을 쉽게 찾아볼 수 있습니다. 영국 빅토리아 여왕은 152cm, 아시시의 성자 프란시스 155cm, 구舊 소련의 우주 비행사 유리 가가린 157cm, 거란족의 침입을 물리친 고려의 명장 강감찬 157cm, 중국 지도자 등소평 157cm, 나폴레옹 158cm 등으로 이루 헤아릴 수 없는 위인들의 키가 160cm를 넘지 못했음에도 키가 이들의 성공을 가로막지 못했습니다. 키는 성공과는 아무런 상관이 없습니다.

눈에 보이는 키가 크냐 작냐 하는 것은 중요하지 않습니다. 마음의 키, 생각의 키, 미래를 향한 비전의 키가 중요합니다. 아무리 훌륭한 외모와 뛰어난 재능을 갖추고 있다고 할지라도 그 마음이 초라하고 생각의 폭이 좁다면, 불행한 인생일지도 모릅니다. 관광지에 위치한 호텔은 같은 평수의 방이라도 전망에 따라 가격 차가 상당히 납니다. 똑같은 평수에 똑같은 인테리어를 해도 어느 쪽에 방을 만드느냐, 객실에서 창밖을 내다볼 때 바다가 잘 보이느냐, 산이 잘 보이느냐에 따라 가격 차이가 납니다. 우리 인생도 마찬가지입니다.

조지 오웰은 천재적인 머리를 가졌으나 부정적인 인생관 때문에 생긴 우울증과 폐결핵으로 젊은 나이에 인생을 마감했습니다. 그러나 엘리너 루스벨트는 어릴 때 고아가 되었음에도 미국의 역대 대통령의 아내들 중 가장 호감 가는 여성으로 손꼽힙니다. 그녀는 그 유명한 루스벨트 대통령이 신체적인 장애가 있음에도 그를 사랑으로 위로하고 격려하여 대통령이 될 수 있도록 하였고, 제2차 세계대전을 승리로 이끌도록 도왔습니다. 같은 물인데도 벌은 물을 마셔서 꿀을 만들고, 뱀은 물을 마셔서 독을 만듭니다. 어떤 마음의 생각과 비전을 갖느냐에 따라 인생이 달라집니다. 위인이나 폐인은 태어나는 것이 아니라, 결단에 의해 만들어집니다. 지금 마음에 무엇을 담고 있는지가 중요합니다. 이것은 개인만이 아니라 가정이나 조직공동체도 마찬가지입니다.

1867년 미국의 의회에서는 알래스카를 사느냐 마느냐로 많은 논란이 있었습니다. 왜냐하면 러시아가 알래스카를 국토 관리가 힘들고 쓸모없는 땅이라고 생각하여 720만 달러에 내놓았기 때문이었습니다. 당시 스워드 미국 국무장관은 어떻게 해서든지 알래스카를 사려 했지만 의회의 반대는 너무 거세었습니다. 다행히 많은 사람들이 스워드의 용단이야말로 미래를 내다보는 혜안이라고 여겨 국회의 반발을 누그러뜨리고 우리 나라 돈으로 대략 55억, 즉 우리나라의 명동 땅 30평 분밖에 안 되는 돈으로 우리나라 땅 전체의 7배나 되는 알래스카를 손에 넣었습니다. 현재 알래스카는 3금의 보고로 각광을 받고 있습니다.

제 1의 금은 검은 금인 석유이고, 제 2의 금은 푸른 금인 무성한 산림이며, 제 3의 금은 누런 황금입니다. 이제 알래스카는 세계 최고의 지하자원의 보고寶庫일 뿐만 아니라 군사 요지이기도 합니다. 현재를 보고 평가하지 않고 미래를 바라볼 줄 아는 스워드의 결단이 엄청난 축복의 결과를 가져온 것입니다.

　무엇을 보는가는 이처럼 중요합니다. 그 유명한 임진왜란의 영웅 이순신 장군도 일본 수군이 보유한 배의 숫자나 병력을 보고 두려워 떨지 않았습니다. 전쟁은 숫자로 하는 것이 아니라 굳건한 정신으로 하는 것임을 증명하였습니다. 이는 성경에서도 쉽게 찾아볼 수 있습니다. 기드온의 300 군사는 미디안과 아라비아 연합국 13만 5천 명을 물리쳤습니다. 소년 다윗은 골리앗 장군을 물리쳤습니다.

위기의 학교와
함께하는 삶

─────────────────────────── 학교가 위기라고들 말합니다.
최근 연구결과에 따르면 우리나라 전체 초·중·고 학생의 23.9%인 177만
9,871명이 위기학생에 해당하고, 그중 4.5%인 33만 5,122명이 고 위기학
생에 해당한다고 합니다. 위기학생이란 과거에는 위험행동이나 문제행
동을 저지른 학생을 가리켰지만 지금은 자존심, 또래의 지지, 학교에 대
한 흥미 등이 없어 위험행동을 저지를 가능성이 높은 학생도 포함시킵니
다. 그런 위기학생이 한 학급당 5~6명, 일반적인 의미에서 비행소년에
해당하는 고 위기학생이 한 명꼴로 존재합니다.

　지금 학교의 상황은 우려하지 않을 수 없는 수준입니다. 학교폭력은
일반 폭력과 달리 발생하는 원인, 진행, 결과에 따른 행동에 다른 점이
많습니다. 학교폭력의 원인은 학교에 적응하지 못한 일부 청소년들이
일종의 쾌락 추구 수단이나 고립감을 해소하기 위한 행동으로 폭력을
선택하기 때문입니다. 성적경쟁에서 뒤처지거나 적응에 실패한 청소년
들의 자아존중감이 흔들리는 것은 당연합니다. 그 결과 주목받지 못한
아이들은 좌절감과 답답함, 막연한 분노 속에 비슷한 친구들끼리 어울려

잘못된 돌파구를 찾아 나섭니다. 사소한 일탈이 걷잡을 수 없는 폭력으로 발전하고, 폭력을 멈추지 못해 학교라는 공간을 벗어나 비행세계에 깊이 빠져 버리는 소년들도 많습니다.

폭력은 사소한 일탈에서 시작되는 경우가 많습니다. 하지만 미성숙한 청소년들이 폭력에 한 번 길들여지면 쉽게 빠져 나오기 힘듭니다. 도박과 마찬가지로 폭력은 그 무엇보다도 중독성이 강하기 때문입니다. 자신 앞에서 눈치 보며 굽신거리는 아이들 앞에서 권력처럼 누린 폭력은 일종의 쾌감이 되기 때문에 쉽게 내려놓을 수 없습니다. 어떻게 보면 학교폭력은 가해자들이 다른 사람들과 관계를 맺고자 하는 갈망이 밑바탕에 있다고 볼 수 있습니다. 하지만 가해자들이 가지고 있는 타인과 관계를 맺고자 하는 건전한 바람은 죄에 의해서 왜곡되어 전혀 다른 방향으로 나타납니다. 이렇게 점점 학교폭력이 늘어나고 대중의 관심거리가 되고 있는데도 우리의 학교나 종교기관에서는 학교폭력에 대한 고민과 프로그램이 생각보다 많지 않습니다. 폭력 속에 내재해 있는 심각성을 교회는 무시하고 있습니다. 학교폭력이 일어나고 심각한 수준에 이르렀어도 이곳이 아닌 여전히 저곳의 문제라고 생각합니다. 우리 청소년들은 교회공동체에 속해 있지만 학교공동체에 속해 더 많은 시간을 보냅니다.

학교폭력은 과거에도 있었습니다. 그러나 최근에 일어나는 학교폭력은 예전과 너무 다릅니다. 학교폭력이 점점 집요하고 비인격적이고 집단성을 띠며, 흉악하고 잔인합니다. 개별적으로 학교폭력 가해자들을 상담해 보면 어디서 저런 폭력성이 나올 수 있을까 하는 생각이 들 정도로 약하고 착합니다. 이것이 또래의 집단 폭력문화를 만나 패거리화되면서 자신을 통제할 수 없는 상황이 되는 것입니다.

학교폭력으로 인해 가해자들이 받는 처벌보다 피해자들이 겪는 고통이 더 큽니다. 가해 학생들과 마주치거나 보복이 두려워 전학을 합니다.

학교폭력문제가 일어날 때마다 학교 측은 문제를 해결하기보다는 쉬쉬하며 덮으려 하기 때문에 피해자의 마음을 더 아프게 합니다.

우리가 잊지 말아야 할 사실은 폭력의 피해자들은 자신이 당한 폭력을 평생 동안 안고 살아간다는 사실입니다. 자신이 경험했던 폭력이 그 사람 인생의 한 부분이 되는 셈입니다. 마음의 상처를 털어 내고 새롭게 서게 해야 합니다. 벼랑 끝에 서 있었던 청소년들은 말합니다. "제 말을 들어 줄 단 한 사람만 있었어도 이러진 않았을 거예요."

청소년들에 대한 관심이 그 어느 때보다도 필요한 때입니다. 청소년 범죄가 날이 갈수록 지능화되고 있을 뿐만 아니라 전과가 많은 소년범이 해마다 늘고 있다는 뉴스들은 우리의 마음을 안타깝게 만듭니다. 전과 5범 이상 소년범만 2014년 한 해 동안 1만 명에 이를 것으로 추산된다는 보도도 있었습니다.

비행 청소년들은 찜질방, 탈의실 등에서 사물함을 털거나 술집에 들어가 종업원의 지갑을 훔치는 범행을 예사로 하고 있습니다. 노인들을 골라 금품을 빼앗는가 하면 흉기를 들고 슈퍼마켓이나 현금 취급소 등을 망라해 금품을 빼앗는 대담성을 보이기도 했습니다. 자신들의 말을 듣지 않는다고 또래 친구를 땅에 파묻는 끔찍한 뉴스를 비롯해 강도와 살인, 강간, 방화와 같은 흉악범죄 보도가 언론에 쉽게 오르내립니다.

청소년 범죄가 늘어나는 이유는 한두 가지로 설명할 수는 없습니다. 인터넷 등 매체들이 쏟아내는 유해물들과 곳곳에 널려 있는 유해환경이 청소년들을 범죄의 늪으로 유혹합니다. 경쟁 위주의 교육을 통해 남을 이기고 살아남는 법만을 강요하는 가정교육과 사회 통념은 상대방 인권에 대해 생각할 기회조차 빼앗아 버리고 맙니다. 부모와 자식, 가족 간에 대화가 단절된 기능적 손실 가정이 늘고 있는 것도 비행 청소년이 증가하고 있는 이유 중 하나입니다.

제가 학교에서 상담업무를 맡으면서 난감한 것은 학생들의 상담과 생활지도의 중요성은 날로 커져만 가는데 국가적으로 교육 예산이 줄다 보니 전문 상담사 배치나 상담 관련 예산은 날로 줄어 갑니다. 그러니 저는 인력과 예산 탓을 하고 일을 안 해도 크게 문제될 것은 없습니다. 그렇지 않아도 일을 해도 해도 쌓여만 가니 죽을 지경이지만 적어도 제가 교사이고 목사인데 마음이 아픈 청소년들을 그냥 모른 체 할 수는 없습니다. 하여 찾아낸 방법은 저 스스로 방과 후나 밤에 주말에 시간을 내는 것이고 주위 사람들을 끌어들이는 방안입니다. 이런 방법으로 학생 자원봉사자로 주위의 목사님들과 지인들을 끌어들이고 청소년 관련 단체에 의뢰하여 상담 봉사자와 전문 인력을 지원받고 있습니다. 예산도 여기저기 공모 사업의 예산을 따오는 방식과 학교 예산에서 운영의 묘를 살려나가고 있습니다. 뜻이 있는 곳에 길이 있는 법입니다. 안 된다고 생각하면 안 되는 것이고 된다고 생각하면 뭐든 방법이 생깁니다. 저는 그렇게 생각합니다. 하다 보면 요령도 생기고 지혜도 생기고 돕는 사람들의 발걸음과 사랑도 생깁니다. 결코 혼자가 아닙니다. 좋은 일에 좋은 사람들이 생겨납니다.

안타까운 일은 가정의 해체가 청소년들이 길거리를 떠돌고 범죄의 길로 들어서는 데 적지 않는 영향력을 준다는 점입니다. 부모의 버림과 학대로 상처를 입은 아이들은 소년원을 나와도 대개 가정으로 돌아가려 하지 않는다고 합니다. 이들의 재범을 막는 데 효과적인 방법은 가정과 비슷한 공동체를 마련해 주는 것이라고 전문가들은 제안합니다. 따라서 출소한 아이들을 가족처럼 돌봐 주는 따뜻한 공동체를 마련하는 데 교회와 기독인들이 더욱 관심을 가졌으면 합니다.

위기의 청소년들을 바라보면서 학교를 탓하고 사회와 국가를 탓하는 것으로 그쳐서는 안 됩니다. 오늘 우리의 교회는 아파하는 청소년들의 말을 들어주는 교회가 되어야 합니다. 그저 말을 들어주는 것만으로, 같이 있어 주는 것만으로도 학교폭력을 줄이는 중요한 첫걸음이 될 것입니다. 학교폭력이나 청소년문제는 나의 문제를 넘어 우리의 문제입니다. 청소년들이 기독교 신앙생활을 합니다. 그러니 미래의 교회를 이끌 주인공들입니다. 교회는 청소년들의 모든 일상사를 안고 가는 곳입니다. 우리가 그것들을 단번에 해결하거나 고칠 수는 없지만, 학교폭력으로 가려졌거나 지워져 버린 삶의 아픈 부분들을 치유하거나 예방해 나갈 수는 있습니다. 가정, 학교, 사회기관 그리고 교회가 연계해서 청소년 선도에 나선다면 우리 사회의 미래는 밝아질 것입니다. 방황하는 청소년들을 위한 교회적 사명이 무엇인지 고민했으면 합니다.

통섭과
융합의 시대

───────────────── 오늘날은 소통의 방법도 이
전 시대와는 다른 양상을 띠고 있습니다. 제가 자랄 때만 해도 손 글씨로
종이에 편지를 쓰던 인쇄매체 시대였지만 지금은 빠르고, 정확하고, 대
량 소통도 가능한 스마트폰 시대입니다. 서울을 비롯한 대도시의 지하철
에서 출퇴근시간에 만나는 사람들은 대화는커녕 눈도 마주치지 않고는
눈을 감고 잠을 자는 사람들이 많습니다. 그렇지 않은 사람들은 스마트
폰만 보느라 옆에, 앞에 사람이 있다는 것조차 의식하지 못합니다. 아는
사람을 만나 반갑게 인사를 하려고 해도 너무도 열심히 스마트폰에 빠져
있기에 혹시 방해가 되지 않을까 조심스러워 주저하기도 합니다. 여기엔
초등학생에서부터 중년의 아주머니, 아저씨 모두 자신의 휴대 전화와만
의사소통을 합니다. 아주 가끔 노약자석의 어르신들만 옆의 사람들과
대화를 할 뿐입니다.

이런 풍경은 이제 농촌에도 쉽게 찾아볼 수 있습니다. 낯선 사람의
방문에 정겨운 시선과 따스한 말 한마디, 무언가를 나누어 주고 싶어
하는 시골버스의 매력을 찾아보기 어렵습니다. 우연히 부딪치기만 해도

무성의한 표정이나, 자기만의 세계에 침범한 것을 질타하는 차가운 시선만이 되돌아옵니다. 사람들은 소통의 시대라고들 하지만, 우리는 언제부턴가 소통 방법의 빠른 변화 속에 적응하느라 무척이나 바쁘게 살아가고 있습니다. 그 속에서 진정 인간다운 소통을 잃어 가고 있는 것은 아닌지 모르겠습니다. 이러한 소통의 혼돈 시대에 그 해결책을 모색해 보는 일은 매우 의미 있는 일일 것입니다.

소통의 화두는 '통섭統攝'입니다. 통섭은 인문·사회과학과 자연과학을 통합하는 것을 의미합니다. 이 말은 미국의 생물학자 에드워드 윌슨이 사용한 '컨슬리언스consilience'를 이화여대 최재천 교수가 번역한 말로 최근 관심을 끌고 있는 용어 중의 하나입니다. 물론 비판의 시각도 있습니다. 하지만 스마트 혁명을 불러일으킨 애플사의 스티브 잡스가 인문학적 소양을 쌓았던 것처럼 세계 IT업계에서는 최근 인문학과 기술에 대한 이해 모두를 갖춘 '통섭형 인재'가 주목을 받고 있습니다. 삼성그룹 역시 이 프로그램을 통해 인문학적 소양과 기술을 겸비한 차세대 인재 양성에 주력하고자 이 혁신적 개념을 야심차게 도입하였습니다. 통섭에 대한 관심의 하나로 학문 간 융합이 대학에서 빠르게 이루어지고 있는 것이 현실입니다.

자연과 인간에 대한 과학적 세계관과 과학적 원리를 기반으로 하는 기술의 중요성을 외면하고는 하루도 살아가기 어렵습니다. 그렇다고 인문학적 상상력이나 예술적 창조력이 무시되는 시대가 된 것은 아닙니다. 그동안 인문학적 상상력과 예술적 창조력을 기반으로 발전해 왔던 인류가 이제는 과학적 합리성의 중요성도 인정할 수밖에 없는 상황이 되었습니다. 이런 시대 변화에 따라 오늘날 인문학과 과학기술의 융합이 우리 사회가 추구하는 가장 중요한 목표로 자리를 잡았습니다. 지금 우리는 인간의 문제를 고민하는 인문학과 자연과 인간의 정체를 확인하려는 자연과학의 융합이 핵심인 시대를 맞았습니다. 그렇다고 인문학과 자연과학을 합쳐서 다시 하나로 만들어야 한다는 뜻은 아닙니다. 인문학과 자연과학이 서로의 정체성을 더욱 분명하게 만들고, 동시에 상호보완적인 역할을 강화해야 한다는 말입니다.

인문학의 가장 핵심적인 특징은 '상상'이고, 자연과학의 가장 대표적인 특징은 논리적이고 합리적인 '증명'입니다. 인문학적 상상에는 아무런 한계가 없습니다. 우리의 생각은 오감五感을 통해 얻은 경험에서 비롯되는 것이 일반적입니다. 우리는 경험을 통해 세상을 인식하고, 그런 인식이 우리 생각의 기반이 됩니다. 경험의 범위가 좁으면 생각의 범위도 좁을 수밖에 없습니다.

그렇다고 우리의 생각이 언제나 우리의 경험에만 한정되는 것은 아닙니다. 우리 눈으로 한 번도 직접 본 적이 없는 코끼리의 모습을 떠올릴 수 있는 상상想像도 우리에게 중요한 지적 활동입니다. 우리의 상상은 이야기로 형상화 됩니다. 우리의 역사, 현재, 미래에 대한 모든 이야기가 우리의 상상에서 시작됩니다. 할아버지와 할머니의 구수한 옛날이야기는 물론이고 거창한 신화와 전설도 모두 우리의 상상 속에서 만들어진 이야기입니다.

우리의 현실에 대한 인식도 상상을 통해 완성됩니다. 실제로 우리의 직접적인 경험을 통한 인식의 범위는 지극히 제한적일 수밖에 없기 때문에 결국 우리의 현실 인식은 이야기를 기반으로 하는 상상을 통해서만 완성됩니다. 상상은 개인과 사회를 연결시켜 주는 다리의 역할도 하고, 개인의 다양한 경험을 서로에게 연결시켜 주는 역할도 합니다. 인류 문명의 발전과 인간의 진화가 모두 우리의 상상으로부터 이루어졌습니다. 오늘날 우리에게 인문학적 상상력이 강조되는 것도 이런 이유입니다.

다른 한편으로는 철저하게 통제된 실험적 증거를 바탕으로 하는 과학적 '증명'이 인류 문명에 미친 영향력도 무시할 수 없습니다. 과학적 증명의 엄청난 영향력은 17세기 근대 과학혁명을 통해 분명하게 확인되었습니다. 밤하늘에 반짝이는 별들에 대한 논리적이고 과학적인 접근에서 얻은 결론은 우리가 우주의 중심에 살고 있는 것이 아니라는 놀라운 것이었습니다. 증명을 기반으로 하는 과학적 합리주의와 실용적인 기술의 개발은 인류 전체의 삶을 완전히 바꿔 버렸습니다. 그렇다고 인문학적 상상의 가치가 완전히 사라져 버린 것은 절대 아닙니다. 오늘날에도 상상은 새로운 문화적 가치를 창출해 내는 가장 중요한 수단으로 그 역할을 다하고 있습니다. 오히려 기술이 놀라운 수준으로 발달함에 따라 우리의 상상은 더욱 다양한 방법으로 형상화할 수 있게 되었고, 상상의 범위와 영향력도 더욱 넓어지고 있는 상황입니다. 그러나 과연 인류 문명과 문화의 발전에 기여할 수 있는 창조적 상상력을 의도적으로 육성하는 일이 현실적으로 가능한 것인지에 대해서는 더 많은 고민이 필요합니다.

오늘날 융합이 강조되는 것은 우리가 직면하고 있는 모든 분열과 갈등이 효율만 추구하던 압축 성장의 과정에서 고착화된 극심한 분화와 단절에서 비롯된 것이라는 인식 때문입니다 그래서 기술의 '융합convergence'이 미래를 위한 유일한 전략이고, '통섭統攝과 융합'이 모두를 위한 길이라는 주장이 힘을 얻고 있습니다. 학문의 영역에서도 그렇습니다. 학문 영역이 너무 세부적으로 갈라지는 것이 결국에는 발달의 걸림돌로 작용하고 있다는 생각입니다. 이제는 지나치게 갈라진 학문 영역을 서로 합쳐야만 새로운 발전이 가능하다는 인식이 확산되고 있습니다. '지나치게 좁고 깊은 것'을 경계하고 '얕지만 넓은 것'도 필요하다는 사실을 뒤늦게 깨닫게 된 것입니다.

융합이 효율을 향상시키는 방법이 될 수 있는 것은 분명한 사실입니다. 1970년대에 일상용품에서 플랜트 설계에 이르는 모든 것을 종합적으로 취급하여 우리 수출의 견인차 역할을 했던 '종합상사'의 등장이 그런 경우였습니다. 그러나 우리는 과도한 융합이 오히려 효율을 저하시키는 요인이 되기도 한다는 사실도 분명하게 경험했습니다. 1990년대를 넘어서면서 종합상사가 자취를 감추고 그 대신 전문화된 기업이 자리를 잡게 된 것이 그 결과였습니다. 기술 경쟁이 치열해지면서 무엇이나 할 수 있는 종합상사보다는 제한된 분야에서 최고의 효율을 추구하는 전문화된 기업이 더 매력적일 수도 있다는 사실을 확인한 것입니다.

인문계 고등학교에서 문·이과를 구분해 교육하는 시스템은 우리나라와 일본 등 몇 개 국가에서만 볼 수 있는 기형적인 시스템이라는 비판이 있습니다. 문·이과를 구분하는 것은 학생의 학습 부담이나 적성·진로를 고려해 주는 제도가 아니라 교육비 절감을 위해 전인교육을 포기하는 반쪽짜리 교육제도라는 것입니다. 과학적 소양이 부족한 문과 출신이나 역사와 철학을 모르는 이과 출신을 길러내는 절름발이 교육으로는 더 이상의 발전을 기대할 수 없습니다. 문과와 이과로 구분된 수능 위주 편식 학습을 바꾸어야 합니다.

이는 21세기 인재상이 '융합형'이어야 한다는 가정을 전제로 하고 있습니다. 즉, 문과생은 이과적 지식을 갖춰야 하고 이과생도 문과적 소양을 겸비해야 합니다. 이와 함께 음악·미술·체육 등에 관한 교육, 영어 외의 제2 외국어 교육, 세계사 및 국사 교육 등을 강화해 창조적 사고관과 세계관을 넓혀 나가야 합니다.

융합형 인재의 추구는 혁신의 대명사 애플의 스티브 잡스가 "애플의 DNA에는 기술만 있는 게 아니다. 애플의 기술은 교양Liberal Arts과 결합됐으며 인문학과 결합돼 우리 심장이 노래하는 놀라운 결과를 만들어

냈다"라고 말한 다음부터 급물살을 탔습니다. 그가 던진 이 한마디의 위력은 대단했습니다. 이후 미국뿐만 아니라 우리나라에서도 인문학을 첨단 과학기술에 융합하려는 시도가 여기저기서 물밀 듯이 일었습니다. 단, 기술 인재에게 인문학 소양을 심는 것이 인문학 출신이 기술을 이해하는 것보다 방법론적으로 더 효율적으로 인식되고 있습니다.

최근 교육부는 시대 변화를 반영해 고등학교의 문·이과를 '통합'하는 교육과정을 만들고 있습니다. 인문학적 상상력과 과학적 합리성의 균형을 추구하겠다는 것입니다. 교육부는 지난 2013년 4년간 개정 작업을 거쳐 2021년 문·이과 통합형 수능을 실시할 계획이라고 밝힌 바 있습니다. 이에 따라 교과서가 개발되면 검정 과정을 거쳐 2018년에는 고교에 새 교육과정이 도입될 예정입니다.

그러나 주의할 점은 모든 것을 무작정 융합시켜서 하나로 만든다고 해서 단절의 문제가 해결되고, 소통이 원활해지고, 창의적인 아이디어가 솟아나는 것은 아니라는 것입니다. 우리 사회가 융합을 통해서 지향하는 궁극적인 목표가 있어야 하고, 융합을 실천하는 현실적인 방법론도 찾아내야 합니다. 융합의 한계도 분명하게 인식해야 합니다. 융합의 필요성만을 지나치게 강조하거나 겉으로만 그럴듯한 형식적인 만남을 융합으로 착각해서는 안 됩니다.

우리 모두가 관심을 가져야 하는 낮은 수준의 융합도 있습니다. 그동안 우리 사회에서 고착화된 과도하고 불합리한 단절을 극복하기 위한 융합이 그런 것입니다. '문과'와 '이과'로 대변되는 인문학과 자연과학의 심각한 단절을 극복하지 못하면 우리 사회는 더 이상의 발전을 기대하기 어렵습니다. 이과 성향의 사람들은 인간답게 살아가기 위해 반드시 필요한 인문학적 가치를 인식하지 못하고, 인문학적 성향의 사람들은 현대 과학과 기술의 진정한 의미와 가치를 이해하지 못하고 있는 것이 우리의 현실입니다.

무차별적인 융합의 열풍이 휩쓸려 자칫 정체성을 잃어버리는 일도 경계해야 합니다. 모든 것을 합쳐서 하나로 만드는 것은 가능하지도 않고 바람직하지도 않습니다. 담을 해체해서 없애 버리는 것이 아니라 적절한 높이의 담을 유지하려는 노력이 있어야 합니다.

우리에게 진정한 융합은 정체성 확립과 소통입니다. 지난 400여 년 동안 과학의 눈부신 발전을 가능하게 해 주었던 '과학 정신'을 공유하는 것이 인문학과 자연과학이 추구하는 융합의 궁극적인 목표가 되어야 합니다. 과학 정신은 합리적이고 비판적인 사고방식을 말합니다. 객관적 증거에 대한 정직성, 합리성, 개방성, 민주성, 비판성이 그 핵심입니다. 이런 과학 정신은 자연에 대한 탐구 과정에서 자연스럽게 체득된 소통의 가장 중요한 기반입니다. 소통의 단절로 고통 받고 있는 우리가 절박하게 필요로 하는 덕목이기도 합니다. 물론 왜곡된 증거를 가려내고, 합리성을 가장한 경직된 교조주의를 배척하고, 비판만을 위한 비판과 폐쇄적 이기주의를 용납하지 않는 사회 환경이 전제되어야만 그 힘이 발휘됩니다.

'어떻게 살 것인가?', '어떻게 사는 것이 올바른 삶인가?'에 대한 해답을 융합을 통해 얻어 가야 합니다. 인문학과 과학과의 소통, 기성세대와 새로운 세대의 소통, 사회와 교육의 소통, 세상과 교회의 소통 등은 모두 만남에서 시작됩니다. 서로 자기 것만 가치 있다고 주장하기보다는 보다 열린 자세로 눈높이를 맞추고 만나려는 자세가 필요합니다. 마음을 열어야 합니다. 이러한 융합과 통섭의 시대정신은 한국 교회에도 시사하는 바가 큽니다.

한국 사회가 겪고 있는 여러 가지 갈등의 요소 중에 하나가 바로 세대 간의 갈등입니다. 한솥밥 먹는 아버지와 아들의 갈등, 학교에서 교사와 학생의 갈등, 회사의 경영자와 사원의 갈등처럼 개인적인 내용도 있지만, 집단과 집단이 만나는 지점에서 갈등이 발생합니다. 처음에는 문화적 경험과 이데올로기의 차이라고 생각했습니다. 그러나 최근에는 경제적인 면에서도 생존을 걸고 치열하게 전투가 벌어지는 듯합니다. 젊은 세대들의 실업률이 높아지면서 그 화살을 부모 세대로 돌리기 시작했고, 부모세대들은 그런 자녀들을 보며 게으름과 나약함이라 지적하기 시작했습니다. 사회통합에 관한 여러 가지 논의가 이루어지고 있지만 구체적으로 좋은 결실을 맺은 것은 많지 않습니다. 서로를 이해하고자 하는 개인적인 노력과 함께 공동체 안에서의 실천적 접근이 있어야 할 것입니다.

교회 공동체가 제안할 수 있는 대안이 무엇일까요? 그것은 바로 예배를 비롯한 공동체적 특성입니다. 다원화, 개인화, 파편화되어 가는 포스트모던 사회에서 종교 공동체가 가지는 특수성은 바로 전 세대를 포함한 공통분모가 있다는 것입니다. 이런 점에서 교회가 대안일 수 있는 이유는 다음과 같습니다.

교회가 세대 갈등의 대안이 될 수 있는 첫 번째 이유는 교회가 공동체를 지향하기 때문입니다. 교회는 일차적으로 모임, 집단을 뜻합니다. 히브리어 카할과 헬라어 에클레시아는 모두 모임을 뜻하는 단어로서 하나님의 백성, 세상에서 부름 받은 주님의 사람들이란 뜻을 가지고 있습니다. 하나님은 개인으로 부르시지만 또한 공동체로 부르십니다. 그 공동체는 삼위일체의 하나님과 같이 관계적 공동체이며, 사랑의 교제를 통해서 하나가 됩니다. 최근의 교회문화가 개인주의로 흘러가는 듯하지만 교회는 일차적으로 만남과 나눔을 최우선으로 여깁니다. 예배를 통해 하나님과의 만남을 추구하는 동시에 교인들과의 만남, 더 나아가 세상과의 만남을 시도합니다. 이러한 교회의 특성이 바로 세대 갈등을 극복할 수 있는 대인이 될 것입니다.

두 번째 이유는 교회는 모두를 향하는 하나님의 언약에 기초하고 있기 때문입니다. 신앙생활에서 가장 중요한 것은 바로 '기억'하는 것입니다. 구약의 이스라엘 백성들은 40년간의 광야 삶을 기억하고 있습니다. 그것을 기념하는 절기를 만들고 기념물을 남기면서 조상들의 삶을 자신의 삶으로 받아들였습니다. 공동체 유지의 가장 중요한 요소는 바로 내러티브입니다. 자신의 정체성을 확인시켜 주는 내러티브를 모두가 받아들일 때 자신을 구성원의 일부라 생각합니다. 교회는 바로 예수의 스토리, 구원을 향한 하나님의 스토리 위에 서 있습니다. 세대를 떠나 모든 사람들이 이 이야기를 자신의 것으로 고백하며 동참하기에 세대 간의 경계는 무의미합니다. 하나님 안에서 한 형제이고 자매이기 때문입니다.

세 번째 이유는 모두가 함께하는 성만찬과 예배가 있기 때문입니다. 교회 구성원들이 함께 예배하면서 한 분의 하나님을 고백하며 성만찬에 참석합니다. 세례는 모든 사람 앞에서 그리스도를 고백하면서 그의 몸에 연합하는 것이며, 이전의 삶에서 변화되어 그리스도의 새로운 피조물로 변화되는 사건입니다. 성만찬도 마찬가지입니다. 십자가를 앞두고 제자들과 함께 나누었던 빵과 잔을 나누면서, 그리스도의 희생과 헌신을 기념하고 그분을 따르는 삶을 다짐합니다. 교회의 새로운 언약을 함께 실천하면서 구성원들 간의 일치와 연합으로 나아갑니다. 세대 간의 갈등으로 사회가 몸살을 앓고 있는 상황에서 교회가 대안이 될 수 있는 이유가 여기에 있습니다. 공동체성을 회복하고 함께 예배하며 살아갈 때 모든 경계는 허물어지고 하나님의 나라를 향한 큰 그림을 함께 그려나갈 수 있을 것입니다.

오늘날 한국교회의 가장 큰 문제는 세상보다 위에 있는 자세입니다.

안티 크리스천을 비롯해서 모든 이웃과 소통하고 공감하는 길을 찾지 않는다면, 한국교회는 쇠퇴하게 될 것이며 한국교회가 세상 속에서 진정한 경쟁력을 갖추기 위해서는 교회 간의 경쟁심을 버리고 이웃과 소통하기 위한 대안 모색에 힘써야 합니다. 세상과 소통하는 것이 선교의 본질이고 교회의 사명인데, 오늘날 한국교회는 세상과 소통하기보다 서로 경쟁하며 교만해져 버렸다는 비판이 있습니다. 오늘날 한국교회가 급성장하면서 세상과 소통하지 못하고 교만해진 것 같습니다. 이제는 이웃을 끌어안는 겸손함을 회복해야 합니다. 초기의 한국교회는 예배당 짓기보다 이웃과 소통하고 세상의 공감을 얻어내기에 더욱 힘썼기에 '기독교인=애국자'라는 공식이 성립될 수 있었습니다. 지금의 한국교회는 대형교회 위주의 성장과 함께 '고객 감동'이라는 기업 정신에만 몰두해 세상과의 소통은 소홀해졌습니다. 성장한 교회들, 강한 경쟁력을 가진 교회들이 점차 교만해지면서 세상의 공감을 얻어내지 못하고 있습니다. 기독교를 비판하는 안티들이 한국교회를 '모여라, 돈 내라, 집 짓자'라는 세 마디로 표현하기도 합니다. 한국교회가 불필요한 경쟁의식을 버리고 모든 이웃을 사랑으로 끌어안는 겸손함과 낮아짐을 회복하여 사회와 소통해야 합니다.

『논어論語』의 「미자편」에 나오는 '나루터를 묻는다'는 문진問津의 자세가 인문학과 자연과학의 진정한 융합을 추구하는 현실적인 방법론이 될 수 있습니다. 다양한 사상과 지식이 이합집산을 거듭하는 나루터를 찾아가는 '문진問津'의 정신이 진정한 융합의 길입니다. 나루터는 본래 다양한 사람과 물산이 만나서 교류와 교역을 하고 새로운 목표를 향해 다시 출발하는 곳입니다. 이제 우리의 인문학과 자연과학도 나루터에서 함께 만나 서로 성과를 나누고, 어려움을 함께 해결하고, 새로운 목표를 향해 과학 정신으로 다시 출발하는 노력을 시작해야 합니다. 그래야만 민주화된 과학기술 시대의 성숙한 사회를 만들 수 있습니다.

문진의 자세에서 핵심은 자신의 정체성을 확고하게 정립하는 것입니다. 정체성이 흔들리면 상대를 정당하게 인정해 줄 수도 없고, 다른 분야에 흡수되어 사라져 버릴 수밖에 없는 상황을 벗어날 수가 없습니다. 서로 다른 경험을 가진 상대와의 소통을 위한 노력도 중요합니다. 서로 단절된 경험을 가진 분야에서는 똑같은 언어도 전혀 다른 의미를 갖게 됩니다. 단절이 소통을 불가능하게 만드는 가장 중요한 요인이 바로 언어의 독립적인 진화라고 할 수 있습니다.

진정한 소통을 위해서는 서로 사용하는 언어의 공통점과 차이점을 정확하게 인식하기 위한 노력이 필요합니다. 서로의 차이를 극복하고 원만한 합의에 이르는 노력도 필요합니다. 물론 자연과학이나 인문학적 지식이 과학자의 합의에 의해 발전하는 것은 아닙니다. 그러나 영역이 전혀 다른 인문학과 자연과학의 소통에서는 합의가 상대의 성과를 인정해 주는 유일한 길이 됩니다. 왜냐하면 서로를 인정하지 않고 갈등하는 상황에서 진정한 창의인성은 공허한 꿈일 뿐이기 때문입니다.

'융합'이라는 단어는 이제 우리 시대의 가장 주된 키워드 중 하나가 되었습니다. 융합의 흐름은 모든 분야에서 시도되고 있으며, 첨단 과학기술이 지속가능성이라는 개념과 만나 새로운 라이프 스타일까지 창조하는 현실은 융합이라는 흐름이 얼마나 중요한지를 알 수 있게 합니다. 미래 사회를 이끌어 갈 인재를 배출해야 하는 우리 교육은 이러한 흐름을 새로운 변화와 발전의 기회로 삼아야 할 것입니다. 학교 당국에서만이 아니라, 교사, 학생들 모두가 이러한 흐름에 대해 적극적으로 대응하려는 노력이 필요한 때입니다.

스마트폰과 같은 최첨단 지능형 테크놀로지는 구글, 페이스북, 유튜브 등의 각종 글로벌 네트워크 환경과 융합을 이루면서, 문자뿐만 아니라 영상, 음악, 이미지 등 다양한 형태를 지닌 디지털 정보를 언제 어디서든 접할 수 있는 환경을 만들고 있습니다. 몇 년 전 대중가수 싸이의 '강남스타일'이 전 세계적으로 폭발적인 인기를 끈 사례가 이를 단적으로 보여 주고 있습니다.

오늘날 사회와 산업은 첨단과학기술과 예술, 인문학 등 분산되어 다양하게 존재하는 서로 이질적인 분야들 사이의 경계를 허물고 융합을 통해서 인류의 삶을 바꿔놓는 획기적인 발전을 꾀하고 있습니다. 산업 융합 시대에는 융합에 의한 기술 이외에 문화콘텐츠도 성장 가능성이 매우 높은 분야입니다. 디지털 융합화의 진전에 따라 콘텐츠 기술은 게임, 영화, 가상세계, 컴퓨터그래픽 등에 적극 활용되어 문화콘텐츠 산업의 성장에 새로운 기회를 제공할 것으로 예상됩니다. 또한, 우리의 실생활과 밀접한 교통·교육·행정·환경·관광·의료 분야 등에서 이루어지는, 첨단 기술에 기반을 둔 편리하고 다양한 IT 융합 서비스 사례는 스마트 사회로의 변화를 잘 이해해야 하고, 또한 이러한 변화를 이끌어 갈 수 있는 역량을 키워야 한다는 사실을 잘 보여 주고 있습니다.

스티브잡스가 한 말입니다. "애플은 기술집약적일 뿐만 아니라 인문학적 가치를 추구하는 기업입니다." 이 말은 21세기는 기업이 보다 나은 상품과 서비스를 궁극적 목표로 정하고, 각각의 문제점들을 개선시키기 위해 다양한 전문 분야가 서로 협동 및 융합하는 시대가 될 것이고 그럴 수밖에 없음을 분명하게 말한 것입니다. 여기서 융합의 의미는 어떤 근본 목표를 바탕으로 문제점들을 찾아내고, 문제점의 해결을 위해 필요한 전문분야의 전문성들 간에 협동 및 융합을 이끌어 내어, 궁극적인 목표를 이루어 내는 과정을 종합하는 것을 말합니다. 과학 기술의 발달은 많은 분야를 세부적으로 나누고 전문화를 이루어 왔기 때문에 미시적인 전문성과 학문의 깊이에는 큰 공헌을 하였으나, 거시적이고 궁극적인 학문의 목적인 과학과 인간 삶의 조화는 파괴되어 가고 있었습니다. 따라서 그 방향성을 재정립하고 최대의 효과를 나타내도록 조절 및 협동을 이끌어 내는 것이 중요한 융합 과제입니다.

성공적인 융합을 이끌기 위해서는 학교교육에서 대략 세 가지의 토대와 자세와 지원이 요구됩니다. 첫째, 융합을 위한 환경이 조성되어야 합니다. 이를 위해서는 건강한 융합생태계의 중요성을 깨닫고 융합연구를 위한 제도개선 등을 적극적으로 제공해야 합니다. 이는 앞으로 많은 융합의 인재들이 자리를 찾아가는 데 좋은 토양이 될 것입니다.

둘째, 학교교육에서 융합에 적성을 가진 인재를 키우고 발굴해야 합니다. 융합을 위한 인재상은 개방적이고 유연성을 가진 사고 즉, 새로운 것에 대한 호기심과 도전에 흥미가 있어야 하며, 모르는 것을 두려워하지 않고 주위 배경과 환경을 잘 이용해서 습득 및 활용하는 기술을 지닌 사람을 말합니다. 이러한 인재를 키워내는 데는 학문탐구와 인격성장의 보고인 학교의 위치와 역할이 매우 중요합니다.

셋째, 학교교육에서 지식의 전달과 동시에 토의와 토론을 통한 상호 협력학습의 자세를 키워야 합니다. 융합에는 전문적인 지식과 기술들이 최고의 효율을 만들어 내도록 협동하는 자세가 필수적입니다. 협동하는 자세는 각 전문분야에 대한 존경심에서 시작해서 각자의 부족한 부분을 보완할 수 있는 자세입니다. 우리는 공통된 주제에 대한 토론과 토론에서 자신의 의사표현에 따른 갈등의 조절 및 소화에 부족한 점이 많습니다. 이를 극복하기 위해서는 무엇보다 많은 토론과 토의의 경험이 필요합니다.

요약하면, 학교교육에서 전문지식을 가르치는 동시에 다른 분야의 전문성을 습득하고 수용하는 자세를 키워내는 것은 21세기 융합인재양성에 중요한 과제입니다. 이러한 인재들은 전문분야에서 최고의 상품을 만들고 적극적인 그리고 실용적인 소비가 되도록 중계하는 방법을 찾아 내도록 하는 데 큰 공헌을 할 것입니다.

이제 우리의 교육 목표도 변해야 합니다. 입시를 통한 출세의 도구로 전락해 버린 공교육을 개혁하여 전인全人, 공인公人, 생산인, 자율적인 인재로 정의되는 홍익인간을 길러내야 합니다. 민주화된 과학기술 시대에 유능한 민주 시민의 역량을 갖추도록 하는 것이 교육의 목표가 되어야 합니다. 가르칠 가치가 있는 것이라면 아무리 힘들고 어려운 것이라도 가르쳐야 한다는 인식이 필요합니다. 물론 학생들의 부담을 줄여 주기 위한 노력도 필요하고, 합리적이고 공정한 평가를 위한 노력도 필요합니다. 대학에서 학과 간 장벽도 적절한 수준으로 허물어야 합니다. 물론 대학의 전공을 완전히 없애 버려야 하는 것은 아닙니다만 지나치게 세분화되고 단절된 전공을 벗어나 열린 전공과 협력이 필요합니다. 최근 의학에서도 양방과 한방이 경쟁하고 대립하던 것에서 벗어나 양한방 협진이 모색되고 있습니다. 초·중등학교의 교육에서도 이러한 융합이 논의되고 접목되면서 세분화된 교과목 수업에서 교과 간 협력과 융합이 진행되고 있습니다.

융합의 시대는 교육에서 자신만의 것만 고집하여 가르치겠다는 태도에서 벗어나 낯선 문화를 탐구하는 여행가적인 태도가 필요합니다. 이제 우리 교육 현장은 융합으로 사람이 먼저이고 생명이 중요시되는 교육을 목표로 하는 새로운 시대에 따른 새로운 교육 정신을 이루어 가려는 구성원 모두의 관심과 노력이 선행되어야 합니다. 학교 당국은 융합적 교육이 이루어질 수 있도록 교육환경을 조성하며 개선해 갈 계획을 세우고 시행해야 할 것이며, 교사는 열린 마음으로 협력·상생하는 기반을 구축하고 적절한 통합 수업기법의 개발을 통하여 교과 간 융합의 흐름을 선도할 수 있는 내용을 교육해야 합니다.

다양함을 포용하는 융합을 통한 시너지 창출은 우리 사회와 교육이 직면한 어려움을 극복할 수 있는 하나의 돌파구가 될 수 있습니다. 학생들은 시대의 흐름을 잘 이해하는 인식의 변화를 통하여 수동적인 대처보다는 능동적이고 자기주도적으로 변화를 선도할 수 있는 역량을 계발하도록 노력해야 합니다. 지금 우리 모두는 융합으로 이루어지는 스마트 21세기를 선도할 마인드가 필요한 시점에 서 있습니다.

●
잘 되라고
하는 말

"서울권 대학만 가면 인생이 핀다."라고 하며 "대학만 가면 뭐든 잘 될 거야."라는 어른들의 말은 절대로 듣지 말아야 합니다. 서울권 대학이 직업을 선택하는 과정에서 확률적으로 도움이 될 수는 있어도 인생에 대한 본질적인 고민이 없는 한 계속해서 힘겨운 시간을 보낼 수밖에 없습니다. "어른들이 시키는 일만 하면 성공한다."라는 말 또한 절대로 듣지 말아야 합니다. 그들은 그들이 지금 실행하는 자기 일에 대해서도 확신이 없는 경우가 많습니다. 나이를 더 먹었다는 것 하나로 자신의 어설픈 주관을 모든 것인 양 아이들에게 강압하려는 이들이 있습니다. 자기 앞가림도 못하면서 탐욕에 찌든 사회적 현상에 맹목적으로 따라가는 행위가 대부분입니다. 이런 탐욕에 찌든 어른들의 말은 절대로 들어서는 안 됩니다.

진로를 결정할 때 "너 잘 되라고 하는 말"이라며 그 일의 본질적 가치를 이야기하지 않고 노동 강도가 작고 돈 많이 번다는 등의 이야기를 하는 어른들의 말 또한 절대로 들어서는 안 됩니다. 국민사위 대열에 합류했던 어떤 피부과 의사가 종합편성 채널에서 "왜 의사가 됐느냐?"

물으니 "돈 많이 벌기 위해서"라고 "누구나 그렇다"라고 당당히 이야기하는 세상입니다.

환자는 돈을 버는 수단일 뿐입니다. 의사뿐만 아니라 교사, 목사의 이유도 그 직업의 본질이 아니라 돈과 명예와 안정성과 노동 강도가 상대적으로 작아서는 아닌지요?

종교기관에서 "우리기관에 돈 많이 내면 부자 된다"라고 하는 종교지도자들의 말 또한 절대로 듣지 말아야 합니다. 그들 안의 탐욕을 종교로 포장한 채 유린하는 경우가 대부분입니다. 종교의 본질은 경전의 해석에 있습니다. 그 가치를 해석하고 삶의 현장에서 녹여낼 때 그 사람을 종교인으로 이해해야 합니다. 입이 아닌 삶을 들여다보아야 합니다.

깨달음과 행동은 결국 가치의 문제입니다. 세월호 참사는 우리 사회가 믿어온 가치를 뿌리째 흔들어 놓은 사건이었습니다. 따라서 이제는 그런 가치를 거부할 때가 되었습니다. 세월호를 기억하는 것이 깨달음과 행동의 계기가 되기 위해서는 바로 그런 가치를 부추기고 강요하는 세력과 맞서 나가야 합니다. 세월호 참사가 안타까워 눈물을 흘리면서도, 봉건적 사고와 과장된 대결주의에 눈멀어 행동하지 못한다면 그것이 훗날 우리의 기억을 흐리게 만들고 역사의 비극을 반복시킬지 모릅니다. 의에 죽고 참에 사는 자세야말로 우리 시대의 참된 지성이요, 인성이요, 영성일 것입니다.

3

잇대어
살아가는 세상

결혼이주여성과
가족

—————————————— "착하고 순박한 베트남 여성
과 결혼하세요."

이런 플래카드와 결혼주선업체의 광고를 제가 사는 농촌에서는 흔하
게 볼 수 있습니다. 예전에는 우리나라 여성들이 더 좋은 경제적 여건이
갖춰진 나라로 결혼이주를 떠났는데 1990년대 말부터는 짝을 찾지 못한
우리나라 남성들의 결혼 문제를 해결하기 위해 중국·동남아 등지의 여
성을 우리나라로 데려오는 결혼이 크게 증가했고 통일교에서 진행하는
국제결혼도 지속되었습니다. 이런 결혼으로 많은 이주 여성이 우리나라
땅을 밟았습니다. 그러나 우리 사회가 그들에게 열어둔 문은 좁기만 한
것이 사실입니다. 서로의 문화를 존중하고 이해하는 자세가 필요한데
그렇지 못한 것이 현실입니다.

결혼이주여성들은 좁게는 가족, 넓게는 우리 사회로부터 '한국인'이
되기를 요구받고 있습니다. 결혼이주여성에게는 한국어를 빨리 배우기
를 강요하면서, 남편이나 가족은 자기 아내나 며느리 나라의 언어와 문
화를 배우는 경우가 드뭅니다. 서로의 문화가 공존하지 않는 모습은 결

혼이주여성을 위한 프로그램에서도 쉽게 찾아볼 수 있습니다. 많은 단체에서 한국어교육, 한국 요리 강습, 한국 전통문화 이해, 가족생활 교육 등 한국 관련 프로그램을 운영하고 있지만 결혼이주여성 고향의 문화를 이해하는 프로그램은 일회성에 그치고 있습니다.

결혼이주여성들이 체계적인 교육을 받기 위해서 넘어야 할 장벽도 많습니다. 결혼이주여성은 많은데 지역의 다문화가족지원센터를 이용하는 여성은 많지 않습니다. 여러 단체에서도 결혼이주여성을 위한 프로그램을 진행하고 있지만 참여율은 낮은 편입니다. 남편은 경제력이 좋지 않은 등 사회적 자존감이 낮은 데 비해, 아내는 해외생활을 선택할 정도로 진취적이고 대학까지 나온 경우도 많습니다. 혹시 여성이 외부활동을 하다 보면 가족을 버리지 않을까 하는 생각에 남편이나 가족은 결혼이주여성이 다문화가족지원센터에 가는 것을 반기지 않는 경우가 많습니다. 이처럼 가족 구성원의 다문화 가정에 대한 의식이 부족한 현실에 따라 가족단위로 교육 프로그램을 운영해 다문화 사회에 대한 이해를 높여야 합니다.

현재 복지회관, 종교단체, 여성단체, 자원봉사 단체 등에서 결혼이주자를 위한 프로그램을 운영하고 있습니다. 여성가족부를 중심으로 교육부와 같은 정부 부처, 지방자치단체가 각종 다문화단체를 지원하거나 직접 프로그램을 진행하지만 일시적 행사로 그치는 경우가 대부분입니다. 따라서 다문화 가정이 제대로 우리 사회에 정착시키기 위해 장기적이고 체계적인 프로그램이 절실합니다. 예를 들어 한글 교육이라면 우리나라에 들어온 연수, 한국어 실력에 따라 단계별로 세분화된 교육이 필요합니다. 현재 이뤄지는 교육은 성과를 드러낼 수 있는 초기교육에 집중하는 경향이 있습니다. 기초교육만을 추진할 게 아니라 그들에게 정말 필요한 게 무엇인지를 찾고 그에 따라 체계적으로 교육 혹은 도움을 줄 수 있는 시스템이 필요합니다.

일본은 우리나라보다 다소 일찍 다문화에 대한 논의를 시작하였습니다. 특히 시민단체·외국인·지방자치단체, 이 세 그룹의 노력이 컸습니다. 게이힌 공업지대의 가나가와 현은 1900년대 초부터 3D업종의 인력을 충당하기 위해 우리나라와 중국으로부터 사람을 끌어왔고, 이주자와 이주자의 후손들이 증가하면서 다민족, 다문화에 대한 인식이 빨랐습니다. 가나가와 현 지방자치단체에서는 1980년대부터 다문화가정과 공존하기 위한 조사를 시행했고 그들을 위한 가이드북도 발간하였습니다.

일본 야마가타 현은 각 단계별 일본어 교실이 체계적으로 규정되어 있습니다. 일본어가 부족한 다문화가정 아이들을 위해 시민단체에서 통역사를 파견해 수업 중 통역을 담당하고 자치단체의 후원 아래 시민단체가 다문화의 공존을 위해 활발히 활동하고 있습니다.

결혼이주여성 가정이 건강하게 뿌리내리기 위해서는 사회 전체의 다문화에 대한 올바른 인식이 필요합니다. 이를 위해서는 체계적인 정책을 통해 이들 1세대가 바로 설 수 있는 기반을 마련하도록 지원하는 게 급선무입니다. 또한 다문화교육은 아무리 강조해도 지나치지 않습니다. 그러나 우리나라의 다문화교육 현실은 전문적이지 못합니다. 제가 경험한 사례입니다. 얼마 전까지는 우리 지역에서 다문화교육을 참 잘해 오신 선생님으로부터 많은 것을 배우고 교류해 왔는데 올해는 그게 어렵게 되었습니다. 그 이유는 이 분이 다른 학교로 전근을 가셨기 때문입니다. 그러니 이제 새로 부임하실 선생님과 다시 교류를 해야 하는데 이 분은 전문가가 아니라 처음 맡은 분으로 오히려 제가 도와드려야만 하였습니다. 이는 교육청도 마찬가지입니다. 담당 장학사나 주무관이 수시로 바뀝니다. 그리고 이들의 업무에서 다문화는 주된 업무가 아니라 여러 업무 중에서 하나일 뿐입니다. 그러니 굳이 어렵게 새로운 사업을 계획할 필요 없이 기존의 방식대로 유지만 하면 됩니다.

이런 점은 특수교육의 경우를 참고하여 개선할 필요가 있습니다. 특수교육이 중요하다 보니 특수교육전공 장학사나 교사가 배치되고 특수교육센터가 있습니다. 제가 사는 지역도 그렇습니다. 앞으로 다문화교육이 제대로 자리 잡고 교육적 성과를 내려면 다문화교육전문가를 양성하고 전담부서를 만드는 것이 필요하다고 봅니다. 물론 다문화가족지원센터나 각종 다양한 다문화단체들이 있지만 교육전문단체는 눈에 띄지 않습니다. 전북교육청 선정, 다꿈준비학교, 다꿈사랑방학교, 이중언어동아리 등으로 다문화교육 중점학교는 있으나 이 정도로는 부족합니다. 또한 이를 한데 묶어 중복을 피하고 효율을 극대화할 센터나 담당자가 없습니다. 지금처럼 여러 업무 중 일부분으로 다문화를 담당하는 장학사와 주무관 체제, 학교에서도 전근과 여러 업무 중 하나로 여겨지는 다문화교육으로는 교육적 중요성이 요구되는 이 시대에 적합하지 않습니다.

다문화교육은 좀 더 전문적이고 체계적으로 이루어져야 합니다. 학령인구(초·중·고)는 감소하는 반면 다문화 학생 수는 꾸준히 증가하고 있습니다. 제가 사는 전북의 경우입니다. 2014년 기준 초·중·고에 재학 중인 다문화 학생은 전년도보다도 무려 610명 증가한 4,066명으로 이는 242,484명의 1.68%에 해당합니다. 2014년 기준, 다문화가정 자녀 중 국제결혼가정 자녀가 98.4%(4,002명)로 대부분을 차지하며, 외국인가정 자녀는 1.57%(64명)이었습니다. 다문화 학생 학교 급별 현황을 살펴보면, 초등학생이 68.8%(2,798명)로 가장 많고 중학생이 19.9%(811명), 고등학생이 11.2%(457명) 순으로 나타났습니다.

여기에 시급한 것은 중도입국아에 대한 대책 마련입니다. 다문화학생들은 한국에서 태어나 어려서부터 접한 우리나라 문화와 언어가 익숙한

편이어서 학교 교육 및 적응은 주위 사람들이 조금만 관심을 가져주면 그런대로 괜찮은 편입니다. 그러나 중도입국아는 대부분 어머니와 오랫동안 떨어져 지내다가 재혼으로 우리나라에 들어오기 때문에 문화와 언어 적응이 어려운 실정입니다. 중도입국아는 사춘기 시절, 낯선 우리나라에 들어와 학교교육을 받다 보니 적응의 문제는 물론 교우 관계도 원만하지 않아 학업을 중단하거나 비행청소년이 될 수도 있습니다. 전북교육청에서 밝힌 자료에 따르면, 중도입국 학생은 2013년에는 104명이었으며 2014년에는 22명 증가하여 초 89명, 중 20명, 고 17명으로 총 126명에 이릅니다. 다문화교육에서, 특히 입양이나 초청을 통해 우리나라에 들어온 중도입국아들을 위한 전문적이고 체계적인 교육을 위한 교육당국과 학교 그리고 종교와 시민단체들의 협력이 시급히 요청되고 있습니다.

다문화시대에 따른
우리의 자세

통계청이 2014년 11월 2일 노인의 날을 맞아 발표한 '2014 고령자통계'에 따르면 현재와 같은 저출산이 지속될 경우 2018년에는 생산가능 인구 5명이 1명을 부양해야 합니다. 2030년에는 2.6명이 1명, 2060년에는 1.2명이 1명을 부양해야 할 것으로 예상됩니다.

현재 인구 8명당 1명 정도인 65세 이상 인구는 2060년에는 2.5명당 1명이 될 것으로 전망됩니다. 고령인구 비율은 2017년 14.0%를 기록하며 유소년 인구(0~14세) 비중인 13.4%를 뛰어 넘고, 2060년에는 40.1%로 유소년 인구(10.2%)의 4배에 달할 것으로 예상됩니다.

이처럼 우리나라는 급격한 출산율 저하와 기대수명 연장으로 고령화가 세계에서 가장 빠른 속도로 진행되고 있습니다. 급격한 고령화가 우리 사회에 미칠 영향은 큽니다. 우선 고령층이 증가하고 청년층이 감소함에 따라 새로운 지식과 기술 습득 속도가 떨어지고, 노동생산성이 하락할 가능성이 크다는 분석이 나옵니다.

실제 삼성경제연구소의 분석에 따르면 50대 이상 취업자 비중이 1퍼

센트포인트 상승하면 노동생산성은 0.21% 하락하는 것으로 나타났습니다. 특히 인구고령화가 지속되면 생산가능 인구는 감소하고, 고령 인구에 대한 의료비 등 사회복지비용은 증가해 국가 경제에 상당한 부담으로 작용하게 됩니다.

삼성경제연구소는 지난 2011년 내놓은 '인구고령화의 경제적 파장'이라는 연구보고서에서 "2020년 이후에는 전체 노동력 규모가 감소하면서 한국경제의 성장기반 약화 문제가 본격적으로 대두될 전망"이라고 예상했습니다. 이에 따라 고령화가 노동시장에 미칠 부정적 영향을 최소화하는 전략이 필요하다는 지적입니다.

고령화가 소득계층 이동을 막고 빈곤고착률을 심화시킨다는 분석도 있습니다. 고령가구의 소득수준이 낮아 사회 전체적으로 저소득층이 늘어나고, 저소득 고착화와 양극화 경향이 더 심해질 수 있다는 것입니다.

국제기구의 경고도 이어지고 있습니다. 국제연합(UN)은 우리나라는 2018년 고령사회를 지나 2026년 초고령사회에 진입하고, 2040년 이후에는 세계 2위의 고령국가가 될 것으로 전망합니다. 국제통화기금(IMF)은 이와 관련, 2013년 한국과의 연례협의 결과를 발표하면서 "빠른 인구고령화가 잠재성장률을 저해하는 요소가 될 것"이라고 진단했습니다.

전문가들은 일단 저출산·고령화를 극복하려는 노력이 필요하다고 입을 모읍니다. 프랑스나 스웨덴 등 선진국들이 썼던 강력한 출산장려 정책 등으로 출산율을 높이는 게 시급하다는 것입니다. 정부가 지난 2006년부터 5년 단위로 추진한 '저출산·고령사회 기본계획'의 경우 8년간 100조 원이 넘는 예산이 투입됐지만 효과가 미미하다는 지적이 나옵니다. 이에 양육수당이나 육아휴직 등 미시적인 출산 정책뿐만 아니라 가치관의 변화 등의 다양한 접근이 필요하다고 조언하고 있습니다.

이와 함께 비경제활동인구의 노동시장 참여를 독려하거나 이민 정책

등을 통한 외국 인력의 활용도 검토해야 한다는 의견이 적지 않습니다. 그러므로 전체 노동력 감소가 시작될 2019년 이후에는 노동력 부족 현상에 대비해 청년층과 여성 등 비경제활동인구의 노동시장 참여를 적극적으로 유인하고, 필요시 외국 인력의 활용도 검토해야 합니다. 장기적으로 국내 노동력 인구 감소에 대비해 이민전담기구 설치 및 해외 고급인력 유치를 위한 노력을 강화해야 합니다.

안전행정부가 밝힌 자료에 의하면, 2015년 현재 우리나라에 거주하고 있는 외국인 숫자는 1,741,919명입니다. 이는 광주광역시(147만 1,801명)보다 많은 수치로 국내 체류외국인 수는 전체 우리나라 인구의 3%에 육박하고 있습니다. 1990년대 농촌 총각 장가보내기 운동 등에 의한 결혼이민자 수는 15만 명에 이르고 있습니다. 법무부는 앞으로도 저출산·고령화에 따른 외국노동력 및 국제결혼 증가에 따른 결혼이민자 증가, 외국 국적동포의 유입, 유학생 증가 등으로 국내 체류외국인 수가 2030년쯤에는 500만 명을 넘어설 것으로 전망합니다. 한 집 건너 사는 이웃주민으로 외국인을 맞아야 하는 시대가 열리고 있습니다.

이민은 자기 나라를 떠나 다른 나라로 이주하는 일을 가리킵니다. 계획적으로 이루어지는 이민이 있고, 사회 문화적인 영향으로 이루어지는 이민이 있습니다. 또 개인적인 이유로 이민을 결심하게 될 수도 있습니다. 분명한 것은 그 누구도 자신이 사랑하는 이들이 있는 가정과 고향, 나라를 떠나 다른 곳으로 옮겨가기를 원치 않는다는 것입니다.

그러나 문제는 우리사회가 외국인을 이웃주민으로 받아들일 준비가 되지 않았다는 점입니다. 단군신화를 바탕으로 한 단일민족주의가 이민정책을 추진하기 전 호주의 '백호주의'를 연상시킬 정도입니다. 우리나라는 외국인이 살기 어려운 나라로 손꼽히는 게 사실입니다. 다문화가정, 외국인근로자, 유학생 등 국내에서 체류 중인 외국인이 160만 명에 이르지만 이들을 위한 제도나 사회 인식은 여전히 갈 길이 먼 것이 현실입니다. 체계적이고 합리적인 이민 정책 수립이 필요하다는 문제 제기는 2000년대 후반부터 지속적으로 제기되어 왔습니다. 하지만 아직 별다른 진전이 없는 게 현실입니다.

이처럼 외국인 구성원이 늘면서 우리 사회가 점차 '다문화화(化)' 되고 있지만 정부 차원의 대응은 아직 걸음마 단계 수준입니다. 외국인에 대한 우리 국민들의 의식 조사는 지난 2012년에서야 처음 이뤄졌습니다. 여성가족부가 실시한 국민의 다문화 수용성 조사가 그것입니다. 이 조사는 국가공인 통계로 활용됩니다. 그 외에 이민 정책이나 외국인 노동자에 대한 인식을 조사하는 경우는 각 부처가 필요에 따라 간헐적으로 해왔을 뿐입니다.

여성가족부의 2012년 당시 조사 결과 응답자의 64%가 다양한 종교·인종·문화가 공존하는 데 대해 부정적으로 인식하고 있는 것으로 나타났습니다. 긍정적인 대답은 36%에 그쳤는데, 이는 국제지표상 유럽 18개국의 찬성 비율인 74%에 비해 현저하게 낮은 수준입니다. 일반 국민의 다문화수용성 지수는 51.17점으로 나왔습니다. 정부는 당시 이 같은 결과에 부랴부랴 관련 정책에 900억 원 이상을 투입하기로 하는 등 대책 마련에 나섰습니다.

2013년에 여성가족부는 다문화 이해교육의 주 대상이 될 청소년들에 대한 다문화 수용성 조사를 하기도 했습니다. 조사결과 청소년의 다문화수용성 지수는 60.12점으로, 일반국민보다 8.95점 높게 나왔습니다. 여성가족부는 앞으로 청소년 다문화수용성 조사를 일반국민 다문화수용성 조사와 통합해 3년 주기로 실시할 계획입니다.

이와 관련해 전문가들은 더욱 심도 있고 다양한 조사가 필요하다고 지적하고 있습니다. 예를 들어 다문화 구성원들에 대한 인식뿐만 아니라 국민들이 직접적으로 염려하고 있는 외국인들의 이민에 대한 인식 등을 묻거나, 정부의 이민정책에 대한 조사를 통해 향후 정책에 반영하는 식입니다.

특히 '다문화 수용성 조사'가 국가공인 통계이니만큼 대폭 보완해야 한다는 목소리도 나옵니다. 마치 다문화 수용성이 낮은 사람들은 나쁘고, 이들을 계몽해야 하는 대상으로 보는 경향이 있습니다. 유럽연합에서 실시하는 조사의 경우 인식이나 태도보다는 객관적인 내용을 묻는 경우가 많습니다. 젊은층 1명당 노인 1명씩 부양해야 하는 사회입니다. 두 명 중 한 명은 65세 이상의 고령자인 사회입니다. 역동성이 떨어지고 성장 기반이 악화된 사회입니다. 얼마 지나지 않아 우리나라에서도 나타날 수 있는 모습입니다.

전문가들은 이민정책을 총괄하는 컨트롤타워Control Tower의 부재를 구조적인 한계로 지적합니다. 부처 간 업무 중복, 예산 낭비 등이 여전해 종합적이고 체계적인 정책이 나올 수 없다는 설명입니다.

현재 정부에서 외국인·이민자 수용 및 사회통합 관련 업무를 하는 기관은 법무부와 여성가족부 등 19개 중앙정부와 17개 지방자치단체 등으로 나뉘어져 있습니다. 법무부는 외국인 입국과 체류 관리, 외국인 사회통합, 국적 취득 관련 업무를, 보건복지부·여성가족부·교육부·안전행정부 등은 각 부서의 특성에 따라 외국인·이민자 정착 지원을 담당하고 있습니다. 고용노동부는 외국인·이민자가 국내 노동시장에 미치는 효과를 반영해 정책을 만들고 안전행정부는 외국인주민정책을 담당합니다. 각각 이민자 정책을 수립, 집행하다 보니 업무가 중복되고 이민정책의 손길이 못 미치는 사각지대가 생길 수 있는 셈입니다.

2014년 중앙행정기관 외국인정책 시행계획에 따르면 미래창조과학부와 교육부의 '해외 유수 교육기관 및 해외 학자, 유학생 유치 확대' 계획은 중복될 가능성이 큽니다. 미래창조과학부는 정보기술(IT) 및 과학 분야에 대해 한정하고 있지만, 교육부가 전 분야에 걸쳐 학자 및 유학생을 유치하는 계획이기 때문에 겹칠 수 있습니다.

고용노동부와 여성가족부의 '결혼이민자 맞춤형 일자리 참여 확대 사업'도 마찬가지입니다. 고용노동부는 시간제 일자리를 희망하는 결혼이민자, 여성이 원활히 취업할 수 있는 일자리, 지역 맞춤형 일자리 창출을 지원하겠다는 계획이나 여성부가 내세우고 있는 결혼이민여성인턴제도 운영 등과 유사한 면이 많습니다. 국가 전체를 고려한 큰 그림의 외국인 정책보다는 각 부처에 최적인 정책만 나올 수밖에 없습니다. 이런 구도에서는 국가 차원의 종합적인 정책은 나올 수 없습니다. 중앙부처와 지자체의 이민자 지원시책 중 수혜대상이나 기준이 불명확하고 모호하게 규정돼 예산이 중복 편성될 가능성이 있습니다.

국무총리실 산하 위원회는 국무총리를 위원장으로 정책 조정 역할을 하고 있지만 형식상의 기구일 뿐 실질적인 정책 조율 역할 및 정책 집행 기능에 한계가 있다는 지적도 강하게 제기되고 있습니다. 총리실 산하에는 외국인정책위원회(간사 법무부), 외국인력정책위원회(고용노동부), 다문화가족정책위원회(여성가족부) 등 이민자 관련 위원회가 3개로 나뉘어 있습니다. 국무총리를 위원장으로 관련 부처 장관과 자문위원 등이 참여하지만 전담 사무국이 없는 상황에서 1년에 한두 차례 회의만 열 뿐, 실질적인 정책 역할을 할 수 없다는 지적입니다. 국무총리실 산하 외국인정책위원회와 외국인력정책위원회, 다문화가족정책위원회를 통합해 총괄하는 기구를 만들고 특히 정책 평가를 하는 실무 기구로 사무국을 둬야 장기적인 관점에서 정책을 이끌어 갈 수 있습니다.

결국 부처 간 업무가 중복되고, 총리실의 조정 기능이 유명무실한 가운데 정작 이주민에게 실질적으로 필요한 정책은 나오기 어렵다는 비판이 제기될 수밖에 없습니다. 정책의 기본 개념이 정립돼 있지 못하고, 법률 체계가 정비돼 있지 못한 상황에서 혼선이 발생할 수밖에 없는 상황이라면서 특히 부처 간 벽이 높다 보니 정책의 손길이 미치지 못하는 사각지대가 곳곳에 존재한다는 점이 더욱 심각한 문제입니다.. 이는 기독교계도 마찬가지입니다. 여러 기독교단체와 각 교단마다 다문화에 대한 사랑을 강조하지만 가만히 보면 국가기관이나 지자체나 민간시민단체와도 중복되는 경우가 많습니다.

무엇보다도 우리는 다문화라는 용어부터 개선해 나가야 합니다. 제가 재직하는 학교에서 안타까운 일들이 종종 벌어집니다. 어느 학교 학생의 경우는 참으로 안타까운 실제 사례였습니다. 아버지가 한국인, 어머니가 일본인이십니다. 이름이 분명히 있지만, 친구들은 이 학생을 '다문화'라고 부르기도 한다는 것입니다. 어느 날 학교에서 다문화가정은 손 들어보라고 해서 손을 들었더니 그 이후로 별명이 붙었습니다. 이 학생은 우리나라에서 태어났고, 아빠도 우리나라 사람인데다 한글도 잘 쓰지만, 다문화라는 단어 때문에 친구들과 거리감이 생겨 속상해 하였습니다.

다문화라는 용어는 2000년대 초 다문화가족지원법이 제정되면서 일반화됐습니다. 주로 농촌결혼이민자나 귀화자가 포함된 가족을 흔히 다문화가정이라고 부르고 있습니다. 이전에 국제결혼가정의 아이들이 '혼혈'이라고 불리는 문제점을 바로잡자는 취지가 반영된 것이었습니다. 하지만 다문화라는 말은 현재 특정 가족형태를 지칭하면서 오히려 아시아계 결혼이민자 가족을 비하하는 수식어로 변질되고 있습니다.

전문가들은 문화 다양성을 뜻했던 다문화가 어느 특정집단의 명칭으로 고착화되면서 고정관념과 편견을 부추기고, 결국 차별행위로 이어진다고 지적합니다. '이민' 대신 굳이 '외국인' 또는 '다문화'라는 용어를 사용하는 까닭은 '대한민국은 이민국이 아니다'라는 낡은 사고에서 연유한 것으로도 볼 수 있습니다. 결혼이민자 가족을 다문화가족이라고 지칭하는 것은 장기적으로 사회 통합을 저해하는 요인이 될 것입니다. 다문화라는 용어는 국가가 뭔가를 부담해야 할 대상이라는 법률용어가 됩니다. 우리나라 사람과 외국 태생의 이주민 배우자 사이에 태어난 자녀를 다문화의 틀 안에 넣는 것은 국민 편 가르기로 볼 여지가 있습니다. 그러므로 다문화를 바라보는 시각이 다르고, 이미 용어로서 용도가 없는 만큼 아예 쓰지 않는 게 맞는 것 같습니다.

이주민, 이민자 등 혼재된 용어도 정리할 필요가 있습니다. 사회단체, 정부 부처마다 외국인을 지칭하는 용어가 제각기 달라 정책에 혼선이 올 수밖에 없기 때문에 심도 있게 논의 후 정리할 필요가 있습니다. 다문화 가정처럼 모호한 용어를 쓰기보다는 우리나라로 이주한 외국인에 대해 이주민 인구 등 구체적인 용어를 쓸 필요가 있습니다. 이민은 우리나라에 들어온 사람, 이주는 국제적으로 이동하는 것을 통칭하는 것입니다. 현재 우리가 얘기해야 하는 것은 이민정책이지, 이주 정책은 아닙니다.

이주민을 제대로 받아들일 준비가 되어 있지 않을 때는 많은 사회문제가 발생합니다. 정책적인 부분이 갖추어져 있지 않을 때는 이주민들의 의료, 주거와 관련된 기본적인 인권 보장도 어렵습니다. 노동에 대한 임금을 받는 과정의 차별은 말할 것도 없습니다. 문화적인 부분에서 그들을 받아들일 준비가 되어 있지 않을 때 이주민 2세대, 3세대들이 겪는 차별과 경제적인 부담감도 매우 큽니다.

우리나라는 저출산과 고령화로 인해 이미 생산인구의 부족을 체감하고 있습니다. 그 자리를 많은 이주민들이 채우고 있습니다. 특히 우리나라 이주민 인구 중 약 60%에 가까운 이주민이 직업을 구하기 위해 들어온 것으로 조사되고 있어서 이 현상은 더 분명합니다. 하지만 청년들의 실업률이 높아져 가면서, 높은 실업률에 대한 불만이 이유없이 이주민을 향하기도 합니다.

　농촌을 돌아 보면 아이 울음소리가 들리는 집은 거의 대부분 이주민의 자녀들, 우리가 흔히 이야기하는 다문화가정의 아이들입니다. 알코올 중독이나 장애가 있는 남편, 늙은 시부모님을 부양하는 일도 힘들 텐데, 식당이라도 다녀서 고향에 있는 가족들에게 다만 얼마라도 보내고 싶은 마음에 이들은 계속 일을 합니다. 하지만 새 가족들은 혹시 우리나라 국적을 얻게 되면 가정을 떠날까 봐 이들이 쉽게 국적을 취득하지 못하게 하기도 합니다. 이들이 사회와 직장에서 받는 차별은 더욱 커지고, 심할 때는 현대판 노예처럼 갇혀서 식모살이를 하기도 합니다.

　이런 현실은 우리 사회가 미숙한 다문화사회임을 분명하게 보여 주는 가슴 아픈 현실입니다. 보다 성숙한 다문화사회로 나아가기 위해서는 사회 전반에 걸쳐, 다문화 이해교육과 의식개혁이 수반되어야 합니다.

●

다문화사회 현실에
따른 이해와 교육

──────────────────── 오늘날 우리에게 익숙한 단
어들 중 하나는 '글로벌global'입니다. 우리말로 번역하면 '세계적인'이라
는 뜻입니다. 또 다른 단어인 '글로벌리즘globalism'은 더 친숙합니다. '세
계화'라는 말로 우리가 자주 사용합니다. 이어령 교수의 『지성에서 영성
으로』라는 책을 보면 캐나다의 한 칼럼니스트가 쓴 '세계화'에 대한 내용
이 실려 있습니다. 이는 다이애나 황태자비의 죽음을 다루고 있습니다.
그녀는 영국인이면서도 프랑스 파리에서 죽었고, 그녀가 타고 있던 자동
차는 독일제 벤츠였으며, 그 자동차의 운전기사는 벨기에 사람이었습니
다. 그녀 옆자리에 동승한 사람은 이집트 남자 친구였고, 자동차 사고의
원인이 된 파파라치들은 이탈리아인들이었습니다. 파파라치들이 타고
있던 오토바이는 일본제 혼다였으며, 그녀를 수술한 사람은 미국인 의사
였고, 그때 사용된 마취제는 남미 제품이었습니다. 그녀의 사후 세계
곳곳에서 배달된 조화는 네덜란드 제품이었습니다. 이런 기사들이 한국
에서 제작한 삼성 모니터에 뜬 기사를 대만에서 제작한 로지텍 마우스로
클릭해서 다운받았습니다.

한 여성의 죽음에 이렇게 많은 세계 여러 나라들이 개입한 것, 이것이 바로 '세계화가 아닌가'라는 내용이었습니다. 그렇습니다. 세계화는 세계 여러 나라들이 정치, 경제, 사회, 문화, 예술 등 다양한 분야에서 서로 영향을 주고받으면서 교류하는 것을 말합니다.

고대 이스라엘 사회에서도 이미 오래전에 세계화가 이루어져 있었습니다. 구약성경 출애굽기 12장 37절 이하에는 출애굽한 사람들이 장정만 60만 가량이었다고 말하면서, 이들 가운데 "수많은 민족"이 함께 살고 있었다고 기록되어 있습니다. 민수기 11장 4절에도 "섞여 사는 다른 인종들"이라는 표현을 사용하면서 이스라엘이 이미 출애굽과 광야 생활을 통해 '세계화'에 익숙해져 있는 모습을 볼 수 있습니다. 당시 고대 히브리인들은 이집트인, 아말렉인, 그니스인, 여라무엘인 등과 함께 사회적, 문화적 교감과 교류를 통해 이들과 운명 공동체를 이루면서 살았습니다.

세계화의 모습은 우리나라에도 쉽게 찾아볼 수 있습니다. 중국인들이 세계 곳곳에 자리를 잡고 잘 살고 있지만, 유일하게 중국인이 자신들의 공동체 만들기에 실패한 나라가 우리나라라는 말이 있습니다. 그만큼 우리나라는 민족적 배타성이 강합니다. 이것이 자랑일까요? 그리고 우리가 진짜 단일민족일까요? 우리는 애초부터 세계화 사회였음을, 우리가 단일민족이라고 주장하는 것은 사실이 아님을 역사적 사례를 통해 알 수 있습니다. 단군신화만 살펴봐도 우리 민족은 단일민족이 될 수 없지 않았을까요? 곰족과 호랑이족 그리고 천계족과 지상족 이렇게만 봐도 이미 고대사회부터 우리 사회는 세계화 사회였다고 할 수 있지 않을까 하는 생각이 듭니다.

고조선시대에 중국에서 들어온 위만이 왕이 되는 것부터 시작하여 삼한시대 특히 가야 전에 마한, 변한, 진한 때에도 역시 중국에서 건너온 사람들이 많았으며, '왜'라는 이름을 지닌 사람들은 지금의 일본과 똑같은 사람들은 아니겠지만 우리와는 다른 민족의 사람들이 한반도 남쪽에 자리 잡고 있었습니다. 더 나아가 통일신라 때는 아랍인들까지 들어왔었습니다. 가야 김수로왕의 아내인 허황옥도 인도에서 건너온 사람입니다. 고려 때는 국제무역항인 벽란도를 중심으로 세계 여러 나라 사람들이 우리나라에 들어왔고, 함께 살았습니다. 거란과 여진에서 넘어온 사람들, 몽고에서 넘어온 사람들, 그리고 다시 명나라 유민들, 또 임진왜란 때 우리나라에 정착한 일본인들 등 이미 예전부터 우리는 세계화 시대의 다민족, 다문화 사회였습니다. 하지만 조선시대에 들어와서는 많은 민족들이 우리나라에 정착하긴 했지만, 그들에 대한 차별이 지금처럼 이루어졌음을 보여 줍니다.

그 대표적인 예가 '백정'입니다. 백정은 단지 천민계급의 의미만은 아니었습니다. 유목민족이 우리나라에 정착한 결과로 보이는데, 유목생활을 강제로 정착생활로 돌리려는 정책으로 인해 그들은 우리 사회에서 이방인으로 취급받았으며, 제대로 된 사람 대접을 받지 못하였습니다. 백정의 유래가 바로 외국에서 우리나라로 넘어온 다른 민족 구성원들로 이들에 대한 차별이 어쩌면 지금 이주노동자들에 대한 차별의 연원이 아닌가 추측되기도 합니다. 그러므로 우리나라의 역사는 단일민족이 아니라 섞임과 넘나듦 그 공존의 민족사였습니다.

세계화된 지구촌의 모습은 외견상 서로 비슷해 보입니다. 특히 대중문화는 세계 어디나 일색이어서 모두가 같은 영화를 보고, 같은 음악을 듣는 것 같습니다. 날로 발달하는 첨단 과학과 기술로 모든 소식이 실시간으로 전달되는 세계는 곧 하나의 마을로 통합될 것 같은 착각을 갖게 합니다. 하지만 조금만 깊이 들여다보면 다양성과 차이들이 끊임없이 충돌하고 있습니다. 세계화는 소통과 경제 영역에서만 현실일 수 있습니다. 민족과 인종, 전통과 종교를 중심으로 문화나 정체성을 보존하려는 욕구는 오히려 강해지고 있습니다. 그 결과 사무엘 헌팅톤이 『문명의 충돌』에서 예고한 대로 9·11 사태 이후 현실화되고 있습니다. 전쟁이나 테러가 아니더라도 소규모의 긴장과 마찰이 거의 모든 사회에서 심화 일로에 있습니다. 이른바 '문화 전쟁'이 그것입니다. 오늘의 상황은 바로 이 점에서 이제껏 인류 역사가 겪은 다원주의와 매우 다릅니다. 그것은 상황입니다. '설득력의 구조plausibility structure'가 붕괴해 공식적으로 인정된 믿음의 유형이나 행위의 유형이 없는 상황입니다. 이렇게 되니 그 누구도 정통라고 자신할 수 없는 이단의 시대가 도래했고, 오늘의 사회와 문화는 극심한 파편화로 인해 날로 갈등이 증폭되고 있습니다.

우리 시대는 전체성과 절대에 대한 의심을 특징으로 합니다. 이익집단들 사이에 끊임없는 불화가 일어납니다. 하지만 계층과 이념 간의 마찰을 중재할 중립적 기구나 보편적 기준도 찾아보기 어려운 상황이 되었습니다. 심지어는 국가 기구마저 편향성을 의심받고 있습니다. 이는 이른바 '전관예우前官禮遇'라는 것으로 관료 집단이 퇴임 후 국영기업이나 민간기업의 중요한 자리에 임용되어 국가 기관과의 협력 업무를 맡다 보니 감시·감독이 안 되고 부정과 협잡이 이루러지고 있습니다. 이에 따라 생긴 신조어가 '관피아'입니다.

또한 국가 기관의 운영에 학연, 지연, 혈연이 현실적으로 작용하는 것도 공정을 기대하기 어렵게 하는 모습입니다. 이것이 오늘날 공권력에 대한 존중이나 신뢰가 사라진 근본 원인입니다. 따라서 이해가 충돌될 경우에는 극단적인 저항도 서슴지 않게 될 수 있습니다. 이것은 일부에서 생각하듯 우리 민족성의 문제나 원인이 아닙니다. 민주주의에 익숙하지 못해 질서의식이 약한 탓도 아닙니다. 우리나라에서만 일어나는 일도 물론 아닙니다. 유엔을 비롯한 WTO, IMF, G20 등 모든 국제기구에 대한 불신과 불만 역시 팽배합니다. 이것이 9·11 같은 테러를 정당화하는 근거가 되고 있기도 합니다. 이러한 시대정신에 관심 갖고 고민할 사회 주제가 다문화사회의 현실입니다.

우리나라도 다문화를 넘어서 다인종 사회를 향해 가고 있다는 진단이 나온 지 오래입니다. 외국인이 이미 인구의 2%인 100만 명을 넘어섰고 2050년에는 9∼10%까지 올라가 더 이상 단일 민족이라고 부를 수 없게 될 수 있다는 것입니다. 캐나다 토론토에선 버스나 전차 속에서 5개 언어를 듣는 것은 보통입니다. 아직 그 정도는 아니지만 우리나라도 주말이면 안산행 지하철 4호선에서 비슷한 모습을 볼 수 있습니다. 물론 이민자로 이루어진 캐나다, 호주, 미국 같은 나라와 우리나라를 비교할 수는 없습니다. 하지만 더 이상 동방의 '은둔국hermit nation'은 아님이 분명합니다. 우리나라는 이제 경제는 물론 정치적·사회적인 측면의 영향력에 있어 결코 변두리가 아닐뿐더러 영향력을 행사하는 강대국에 버금가는 위치에 있습니다. 이처럼 세계를 품고 세계 속으로 퍼져 나가고 있고, 우리 안에 이주민들과 유학생들이 유입되는 현실을 보면 이제 우리도 다민족·다문화 사회로 변하는 것에 능동적으로 대처해야만 하는 시대적 상황에 직면해 있습니다. 여기서 주의해서 볼 것은 세계화로 지구가 하나의 마을이 되고 있다고는 하지만, 동시에 지역주의와 파편화가 결코 무시할 수 없는 힘을 발하고 있다는 사실입니다. 이는 미국이나 캐나다 등의 다민족사회의 경우처럼 하나의 국가 안에 여러 인종과 문화가 혼합되지만 정치와 사회제도는 다양성을 반영하기 쉽지 않은 현실을 유념해야 하기 때문입니다.

우리사회가 다인종·다문화 사회로 변화하면서 다문화 가정의 유형도 점차 다양해지고 있습니다. 결혼이주가정 및 외국인가정뿐만 아니라 난민 가정, 결혼이주여성 재혼가정, 국제결혼 이혼가정 등으로 유형이 새롭게 등장하고 있으며, 그 수도 지속적으로 증가하고 있습니다. 2014년

4월 1일 기준으로 전국 초, 중, 고교에 다니는 다문화가정 학생이 전체의 1.07%인 67,806명인 것으로 집계되었습니다. 출산율 감소로 전체 학생은 매년 20여만 명 줄어들지만 다문화 가정 학생 수는 꾸준히 늘어나는 추세입니다. 다문화 가정 학생 수는 현황조사가 처음 시작된 2006년 9,389명에서 매년 6,000~8,000명씩 늘어났습니다. 그 결과 8년 만에 7배로 증가했습니다. 학교급 별로는 초등학생이 48,297명으로 전체 다문화 가정 학생의 71.2%를 차지했습니다. 중학생은 12,525명(18.5%), 고등학생은 6,984명(10.3%)입니다. 국적별로는 중국, 조선족 다문화 가정학생의 비율이 34.4%로 가장 많았습니다. 이어 일본(19.5%), 베트남(16.5%), 필리핀(14.3%) 순이었습니다.

이처럼 다문화 가정의 학생들이 지속적으로 증가하고 있지만 학교와 사회의 배려는 여전히 부족합니다. 이들이 우리 사회에 제대로 적응하지 못한다면 결국 우리 모두의 부담으로 남게 된다는 점을 깨달아야 할 것입니다.

이런 상황에서 다문화 가정 사역에 관심 갖는 교회가 늘고 있는 것은 바람직한 일입니다. 모 교회에서는 국내 거주 외국인 노동자 및 유학생 선교와 함께 국내 다문화 가정이 '신앙공동체' 안에서 잘 정착하도록 제자훈련에 힘을 쏟고 있다고 합니다. 언어권별로 주일예배를 드리며 예배 후에는 한국어 공부와 기타 등을 배우며 상호 이해의 폭을 넓히기도 합니다. 주중에 다문화 가정을 심방하고 환우가 생기면 무료병원도 연결해 줍니다.

무엇보다 다문화가정을 위한 대책은 학교교육에서부터 시작되어야 할 것입니다. 다문화 가정 아이들의 상당수는 어려서부터 가정의 언어 교육이 부실해 말이 어눌하거나 집안 형편이 여의치 않은 경우가 많습니다. 이런 아이들이 학교생활에 흥미를 잃게 되면 인터넷 중독에 빠져 버리거나 학교를 중퇴하면서 사회의 주류로 편입될 기회를 잃게 됩니다. 따라서 특별학급 편성과 전담교사 배치로 아이들의 부족한 교과목을 보충해 주면서 음악, 스포츠 등의 집단경험을 통해 자존심, 자신감도 키우게 해야 합니다.

결혼이주가정의 자녀와 일반가정자녀의 진로 발달을 비교한 연구에 따르면, 국제결혼가정 자녀들은 일반가정자녀에 비해 진로에 대한 인식이 낮으며, 하위 영역으로 진로와 관련된 자신의 특성 이해, 직업세계에 대한 인식, 진로태도 영역 모두에서 낮은 발달을 보여 주고 있습니다.* 성별에 따른 결과를 살펴보면 다문화학생 중 여학생보다 남학생이 진로 발달 점수가 더 낮았는데, 이를 통해 볼 때 다문화학생 중 남학생이 진로 발달에 대한 지원을 더 필요로 한다고 말할 수 있습니다.** 진로 발달 지체의 원인을 세분화하여 살펴보면 다음과 같습니다.

첫 번째 원인은 문화 결핍 현상에서 오는 진로 정보 부족입니다. 결혼이주가정에서 주양육자가 외국인 부모인 경우 우리말이 서툴고 우리나라 문화에 대한 충분한 이해를 갖고 있지 못하기 때문에 그 자녀는 진로에 관련된 정보 또한 필요한 만큼 제공받지 못하므로 일반가정자녀에 비해 진로 정보 수준이 낮습니다. 결혼이주가정은 대체로 매우 낮은 수준의 경제 상황에 놓여 있기 때문에 마음 놓고 여가 활동을 즐길 형편이 안 되며, 낯선 땅에서 자녀를 데리고 외출하는 것 또한 어렵습니다. 이로 인해 자녀들은 문화적응의 어려움으로 인한 문화 지체 현상을 겪고 이는 자녀의 진로 발달을 저해하는 요인이 됩니다.

두 번째 원인은 학업능력부족으로 인해 낮은 진로자기효능감 결핍입

* 조붕환, 「다문화가정과 일반가정 초등학생의 진로흥미와 진로의식」, 『초등상담연구』 11권 2호, 2012, 171~192 쪽 참조.
** 같은 책 참조.

니다. 다문화가정 외국인 어머니*는 그들에게는 외국어인 한국어로 자녀를 양육하다 보니 어려운 용어나 전문 용어의 사용이 익숙하지 않기 때문에 그 결과가 자녀의 언어 수준은 어머니의 언어 수준을 넘지 못하고 이것들이 학력에도 영향을 끼치게 되어 학습부진 현상으로 이어질 가능성이 높습니다. 학업능력은 진로 영역에 대한 자신감을 의미하는 진로자기효능감과 밀접한 관련을 갖게 되는데, 결혼이주가정 자녀의 경우 학업성적이 낮기 때문에 이것이 낮은 진로자기효능감으로 이어집니다. 이는 진로 정보 부족, 낮은 진로 인식과 더불어 이들의 진로 발달이 일반학생보다 큰 폭으로 지체되는 결과로 나타납니다.

또 하나의 원인은 진로 역할 모델의 부재입니다. 우리나라 다문화가정 자녀들은 일반가정에 비해 부모의 사회적 관계망이 제한적이기 때문에 진로 발달을 촉진하고 정보를 제공해 줄 수 있는 역할 모델이 주변에 많지 않습니다. 이로 인해 진로 발달에 어려움이 큽니다. 특히, 다문화가정 중에서 직업인의 모델이 되기 어려운 직업을 가진 이른바 열악한 농업이거나 3D업종에 종사하는 아버지와 어머니의 양육 가정의 경우는 이러한 역할 모델의 부재라는 진로장애물이 더욱 큰 영향을 미칠 수밖에 없습니다.

우리가 살아가는 이 시대는 평생직장의 개념이 사라진 지 오래고, 이전 시대에 비해 직업의 종류와 분야가 다양하고 직업관이 변화하였습니다. 과학기술의 급격한 발전, 정보화·국제화·세계화로 요약되는 사회적인 변화, 이에 따라 직장에서의 업무 내용의 변화 및 유연성을 강조하는

---

* 일반적으로 아시아권에서 이주한 어머니의 경우 대부분 우리나라 국적을 취득한다. 그러나 일본의 경우는 국적을 취득하지 않고 일본 국적을 그대로 유지하는 경우가 많다. 그 이유는 일본은 우리보다 선진국으로서 굳이 우리나라 국적이 절박한 것이 아니고, 단지 '통일교'라는 종교적인 이유로 이주한 경우로, 자국민 보호와 그 자녀에게 제공될 혜택을 염두에 둔 이유입니다.

조직형태의 변화, 인구구조의 고령화, 여성 경제활동참가의 증가, 일에 대한 가치관의 변화 등 직업세계 및 사회 환경이 변화함에 따라 진로교육에 대한 관심과 요구가 증가하고 있습니다. 이런 이유로 진로교육에 대한 학생과 학부모의 요구가 증가하고 있습니다. 여러 조사 결과에 따르면, 우리나라 청소년들이 학교를 다니면서 갖고 있는 주된 고민거리 가운데 하나가 진학 또는 진로의 문제라고 합니다. 최근 청년실업 문제가 심해짐에 따라 단위 학교에서의 진로교육, 특히 직업 탐색 및 준비 활동이 강조되고 있습니다.

단위 학교에서는 전문적이며 체계적인 진로 탐색과 직업 준비를 위한 교육력을 재고함으로써, 자신의 미래를 창의적이고 적극적으로 준비할 수 있는 자기주도적인 진로 학습의 기회를 학생들에게 제공해야 합니다. 진로교육은 개인이 일생 동안 자신의 진로를 계획하고 준비해 나가는 것을 지원하기 위한 교육활동의 총칭으로 자신에 대한 이해, 직업의 의미, 변화하는 사회에서의 직업변동, 개인의 삶과 사회 변화와의 관계에 대한 교육활동 및 직업세계에서 요구되는 태도와 습관 형성을 위한 교육 활동을 포함하는 개념입니다. 그러므로 진로교육의 목표는 개인이 인간 다운 삶을 영위하기 위한 일과 직업, 경제활동 중심의 사회문화에 친숙해지고, 이러한 일의 가치가 개인의 가치체계와 통합되어 자신이 선택한 일을 통하여 미래의 삶을 만족스럽게 영위할 수 있는 구체적 효용가치를 창출하는 것입니다.

분명 다문화학생들이 비다문화학생에 비해 진로 교육적 측면에서 부족한 것이 사실입니다. 이를 극복하는 방안으로 단점을 보완하려고 하는 것은 바람직하지 않습니다. 최근 부각되는 이론처럼 긍정심리학이나 가드너의 다중지능이론이나 해결중심 상담기법의 성과가 증명하는 것처럼 부정이 아닌 긍정성을 발현하도록 북돋아 주는 것이 더 효과적입니다. 그 방안을 살펴보면 다음과 같습니다.

우선 이중 언어 환경을 활용해야 합니다. 다문화학생들은 우리나라 사람과 외국사람 사이에서 양육되므로 우리말뿐만 아니라 외국인 부모의 언어 등 이중 언어 환경에 노출되기 때문에 이를 이들의 진로에서 큰 장점으로 활성화할 수 있습니다. 다문화학생들을 대상으로 진로교육을 실시할 때 일반학생들과 똑같은 내용으로 접근하기보다는 이들의 장점을 활용한 직업 즉 통·번역가, 관광가이드, 이중 언어를 활용한 무역원 등을 적극 안내한다면 좀 더 효과적인 진로교육을 할 수 있습니다. 이에 따라 여러 교육청에서 주관하는 이중 언어 말하기 대회에 출전하여 자긍심을 높이는 교육을 하는 것도 좋습니다.

그리고 이중 문화 환경을 활용해야 합니다. 다문화학생들은 우리나라 사람과 외국인 부모 사이에서 양육되므로 한편으로는 우리문화에 익숙하면서 다른 한편으로는 외국인 부모의 문화에도 동시에 노출이 되기 때문에 문화적응 능력이 뛰어날 가능성이 높습니다. 이러한 이중, 다중 문화 환경은 일반학생들이 갖지 못한 여건이므로 이들의 진로에 큰 장점으로 작용할 수 있습니다. 이러한 점은 향후 미래 직업세계에 필요한 핵심 역량 중 하나가 문화이해능력이라는 점을 감안할 때 더욱 유리합니다. 그러기에 최근 다문화교육을 다양한 꿈을 지닌다는 의미로 '다꿈'으로 지칭하기도 합니다.

이중 문화 환경을 진로에 활용한 사례로 결혼이주여성들이 함께 모여 운영하는 아시아퓨전 요리식당 '오요리'를 들 수 있습니다. 이곳의 인기 메뉴는 인도네시아의 나시고랭과 말레이시아의 미고랭, 일본의 버섯쇠고기덮밥입니다. 향수에 젖은 외국인과 이국적인 요리를 즐기는 우리나라 사람들이 즐겨 찾는데, 고향의 맛과는 확연히 다른 맛이라고 입을 모은다고 합니다. 그만큼 우리나라 사람들의 입맛에 맞게 변화를 줬다는 것이고, 이는 이중 문화에 노출되어 있는 사람들이 가장 잘할 수 있는 진로 영역에 대한 모범 사례라고 할 수 있습니다. 이러한 사례는 제가 재직하는 지역에도 있습니다. 농촌결혼이주여성 센터에서 운영하는 '꽃물드림'이라는 식당은 일본, 중국, 베트남 삼국의 요리를 한 번에 맛보게 하는 메뉴를 내놓아 인기상품으로 각광받습니다. 어디 가서 맛보기 어려운 삼국퓨전 요리는 학생들의 진로직업체험학습장으로도 활용되고 있습니다. 또한 농촌여성일자리사업단 '두리두레'에서는 결혼이주여성들을 중심으로 홈패션팀을 구성하여 다문화인들의 전통의상을 개량화하여 새로운 패션으로 제시하고 각종 생활용품 패션들을 만들어 내고 있습니다.

외국인가정 학생들의 진로교육에서 이주민 역할 모델을 활용하는 것도 효과적일 것입니다. 자신과 같은 다문화가정 출신의 성공 모델을 통해 성취동기와 자신감을 고취시킬 수 있습니다. 이주민 출신 역할 모델로는 독일인으로서 귀화한 이참 전 한국관광공사 사장, 결혼이주여성인 이자스민 국회의원 등을 활용할 수 있습니다. 이들 이외에도 우리 주변에서 화려하지는 않아도 우리사회에 적응한 직업인들을 찾아 만남의 시간을 갖게 하는 것도 좋을 것입니다. 다문화가정이나 외국인가정 학생들이 급증하면서 부적응으로 인한 문제들도 발생하고 있지만 우리사회에도 잘 적응하고, 자신의 밝은 미래를 위해 자신의 진로 목표를 정한 후 야무지게 준비해 나가는 사례도 있습니다. 이러한 사례들은 자신과 같은 또래의 이야기이기 때문에 다문화가정이나 외국인 가정 학생들에게 더욱 공감을 얻을 수 있을 것입니다.

제가 재직하는 학교는 농촌 소규모 학교로 도시에 비해 가정의 경제적인 여건이 비교적 열악한 학생들이 많습니다. 더욱이 다문화가정의 학생들은 가정의 경제적인 어려움뿐만 아니라 다문화자녀라는 열등의

식과 학업성적 미진과 결혼이주 어머니에 대한 부끄러운 마음을 지니고 있습니다. 그야말로 자존감이 낮습니다. 중학교 시절은 한창 감수성이 예민하고, 자신의 흥미와 특기적성을 살려 자신에게 적합한 고등학교 진학을 준비해야 하는데 결혼이주 어머니들은 우리나라 교육제도와 다양한 진로진학 시스템을 이해하지 못합니다. 이에 따라 제가 맡은 업무에서 진로와 다문화를 연계한 교육 방안을 모색해 보고 진행해 보았습니다.

다문화가정 학생들과 함께하는 진로탐색동아리를 만들어, 자존감 고취를 위한 다양한 프로그램을 통해 당당한 한국인으로 살아가도록 하고, 결혼이주 어머니를 이해하고 자랑스럽게 생각하도록 돕는 교육을 실시해 보았습니다. 중학교 시절의 중점과제인 진로탐색과 다문화가정이라는 정신적인 피해의식과 열등감을 치유하는 힐링에 초점을 두고 사회구성체의 기본 단위인 가정의 사랑을 돈독하게 하기 위하여 결혼이주 어머니를 이해하는 체험학습과 다문화인식개선을 위한 지역민 초청 '어울누리, 아시아 문화 축제'와 '우리 고장 알기 투어'와 '진로독서 미션수행', '함께하는 진로캠프' 등을 진행해 보니 부족하지만 나름대로는 의미 있는 교육적 성과를 얻을 수 있었습니다. 다문화학생과 함께하는 진로교육의 성과를 얻고자, 다문화학생들을 위한 대상으로 우리지역과 한국문화 이해 그리고 자아존중감 향상이라는 다문화교육의 기본적인 틀을 시작점으로 하면서 이를 비다문화학생들과 통합교육이 되도록 참여하고 체험하는 동아리 형태로 학생들이 자기 주도적으로, 협동하는 형태를 중점사업으로 진행해 보았습니다. 그러면서 중학교 시절에 필요 적절한 진로탐색교육으로 긍정적인 자아상 구축과 꿈찾기, 건전한 직업관을 심어 주는 데 중점을 두었습니다. 이러한 노력과 방안들을 기독교학교들이나 교회학교에서도 실행해 나가면 어떨까요?

지난 2007년 8월 18일 유엔 인종차별철폐위원회는 우리에게 우리 사회의 다민족적 성격을 인정하고 '단일 민족 국가'라는 이미지를 극복하기 위한 조치를 취할 것을 권고했습니다. 우리 민족은 아주 오래전부터 다른 민족구성원들과 함께 어울려 살았습니다. 하지만 그들을 우리 문화에 동화되는 쪽으로 정책을 펴왔습니다. 그런 결과로 다민족 문화가 아직 우리나라에 제대로 살아남아 전승되지 못한 모습으로 나타났습니다. 이제는 아닙니다. 다문화 사회가 이미 되었습니다. 세계화 시대에 맞게 다양한 문화가 함께 어울리는 그런 사회를 만들어야 합니다. 다문화 사회는 차이를 인정하고 함께 공존하는 사회입니다. 그런 사회가 강한 사회입니다. 동물의 세계에서도 단일 종은 멸종되기 쉽습니다. 마찬가지로 단일성을 강조하는 사회는 지속되기 어렵습니다. 우리 사회도 이제는 엄연한 다민족 사회입니다. 그걸 인정하기에 다문화 교육을 강조하고 있기도 합니다. 그런데 이런 다문화 교육이 어떤 때는 우리 민족 문화를 다른 민족에게 강요하는 것으로 느껴지는 경우가 많습니다. 그것이 아니라, 모든 문화는 평등하며 다만 차이가 있을 뿐이라고 가르쳐야 합니다.

다문화사회의 최선은 백화만발百花滿發의 조화일 것입니다. 하지만 백가쟁명百家爭鳴의 위험을 무시할 수 없습니다. 세계화 추세로 인해 다문화와 심지어 다인종 상황을 피할 수 없다면 그에 걸맞은 시민의식과 문화적 태도를 계발하는 일이 필요합니다. 기독교학교나 교회학교는 어디서나 이웃 사랑의 정신으로 벽을 헐고 차이를 극복하는 일을 통해 사회통합과 조화에 적극 기여했습니다. 기독교학교들과 교회학교가 세계화와 다문화사회에서 무엇을 해야 할지 진지하게 씨름해야 할 때입니다.

●
성숙한
다문화 사랑

───────────────── 한국교회는 세계교회가 주목

하는 연구대상입니다. 세계에서 미국 다음으로 많은 선교사를 파송하여
국제 사회에 실질적인 영향을 미치고 있습니다. 이것도 미국 인구가 2억
5천만이 넘고 우리나라가 4천7백만 정도로 보면 인구 대비 선교사 파송
으로 보면 우리나라가 세계 제일입니다. 그것도 기독교 선교 역사로 보
면 더욱 그렇습니다. 어느 기독교계의 조사결과를 보니, 다문화 선교의
형태는 교회부설이 119개(28%)로 가장 많았고, 이주민기관(법인, 비영
리민간단체)이 73개(17%), 이주민선교기관/센터가 66개(16%)로 그 뒤를
이었습니다. 주요행사로는 문화행사가 191개(23%)로 가장 많았습니다.
이어 관광이 152개(18%), 체육대회 142개(17%) 순이었습니다. 전도 집
회와 단기선교는 각각 91개(11%)였습니다. 앞으로의 다문화 선교는 양
적인 증가도 필요하지만 동정에 근거하는 사역보다는 그들을 같은 하나
님의 자녀로 대하는 인식의 변화가 더 중요합니다. 문화우월주의로 이주
민들을 가르치려는 생각보다는 그들의 문화를 이해하고 함께 동역자로
살아가려는 마음가짐이 있어야 합니다.

다문화 돕기를 교회의 이미지 개선의 수단으로 삼는 것은 위험천만한 생각으로 바람직하지 않습니다. 이는 더 교회를 어렵게 하고 다문화 이웃들의 교회 유입을 막을 뿐만 아니라 일반인들에게도 부정적으로 여겨질 수 있습니다. 사람이 자라고, 공동체가 역사와 전통을 쌓아 가면 그에 따라 성장만 하는 것이 아니라 성숙도 하듯이 다문화에 대한 교회의 접근과 사랑의 실천도 성숙한 자세가 요구됩니다. 제가 수년간 학교나 교회에서 다문화 사업을 해 보고 알게 된 사실은 다문화 이웃들이 자신들을 특별한 대상으로 여기거나 도움의 대상으로 보는 것을 싫어한다는 것입니다. 이들은 이미 우리 국적을 취득한 경우는 외국인이 아니라 우리와 같은 한국인이라고 생각합니다. 그냥 다 같은 한국인입니다.

더욱이 교회나 사회단체에서 다문화 돕기를 한다고 공개적인 장소에서 모든 사람이 보는 앞에서 다문화인들이 나와서 선물이나 후원금을 주는 것은 반드시 지양해야 합니다. 이는 다문화와 비다문화로 공개적이고 공식적으로 편을 가르는 것으로 다문화는 우리와 다른 대상임을 분명히 하고 규정짓는 것으로 여기는 의미를 지닐 수 있습니다. 이들이 바라는 것은 그저 편견 없이 바라봐 주는 것입니다. 여기서부터 시작해야 합니다. 이들도 자존심이 있습니다. 가난하고 못 사는 나라에서 왔다는 편견에서 벗어나는 시선의 바꿈이 중요합니다. 오히려 이들이야말로 우리 사회의 저출산과 농촌문제를 해소하고, 3D업종 등의 노동인력을 충원해 준 은인으로 생각해야 합니다. 또한 이들의 문화가 유입되어 우리 문화가 더욱 다양해지고 풍성해짐을 고맙게 여겨야 합니다. 이렇게 보면 이들은 도움의 대상이 아니라, 고맙고 소중한 이웃이요, 우리의 친구입니다.

이들은 그저 돈으로 도움받기보다 다양한 우리의 문화를 경험하고 싶어 합니다. 다양한 문화예술 공연이나 예술 전시장에 가 보고 싶어 합니다. 이러한 문화를 향유하고 싶어 하는 자세는 이들이 그저 먹고 사는 문제의 해결만 바라는 것이 아니라 삶의 질을 생각하는 성숙한 자세를 지닌 이들이기도 하다는 것입니다. 이들은 우리나라가 그저 자신들의 나라보다 부자나라라서 돈을 벌려고 온 것만은 아닙니다. 우리나라 드라마나 올림픽과 월드컵 개최 등으로 알게 된 우리나라의 문화와 우리나라 사람들의 사는 모습을 보고 이를 동경하여 오기도 하였습니다.

또한 이들도 우리 문화에 적응하다 보니 자녀교육에 민감합니다. 우리네 부모들이 자식 교육에 올인하다시피 하여 자식을 위해서라면 이사도 불사하고 자식 교육을 위해서라면 기러기 가족도 불사하고, 어머니들은 파출부도 마다하지 않습니다. 다문화 이웃의 경우도 자식사랑은 남다릅니다. 고향을 떠나 멀고 먼 곳에 와서 살기에 더욱 자식에 대한 애정이 깊습니다. 외국인 노동자는 고생고생하면서 살기에 자식에게 가난을 물려 주고 싶지 않은 욕구가 강하고, 결혼이주여성도 한국인 남편이나 시댁 식구에게 당하는 설움으로 인해 자신이 낳은 자식에 대한 애정이 강합니다. 그런데 문제는 우리 사회가 이전처럼 '개천에서 용 나기'가 어렵다는 데 있습니다. 사교육비용과 명문학교 진학이 비례하다 보니 이들의 자녀들은 학교에서 학습부진층을 형성하는 경우가 많습니다.

다문화 이웃을 진정으로 도우려면 이들의 자녀들에게 일시적이고 단편적인 장학금 지급으로 그칠 게 아니라 보다 근본적인 자세로 이들을 위한 독서캠프나 자기주도적인 학습코칭과 같이 진로에 실질적인 도움을 주는 방향으로 나아가야 합니다. 이렇게 해서 고득점 학습자가 되면 이를 도와주는 인재양성 프로젝트를 구축해 나가는 것이 바람직합니다. 대학 등록금이 하늘 높은 줄 모르니 공부를 좀 한다고 해도 울며 겨자 먹기 식으로 외국어고등학교와 과학고등학교와 같은 특수목적고등학교나 인문계 고등학교에 진학할 실력임에도 전문계 고교로 진학시키는 경우가 많습니다. 이런 문제에 교회나 단체가 거액의 장학금을 줄 수 있으면 좋지만 그렇지 않아도 함께할 방법은 많습니다. 정보를 아는 것도 힘입니다. 한국장학재단의 국가장학금 제도나 다문화 출신을 우대하는 사회적 제도를 알려 주는 것도 한 방법입니다. 이런 제도를 알려 주는 것만으로도 큰 도움이 됩니다. 고등학교나 대학 진학 전형이 학교마다 다르고 복잡합니다. 이를 잘 찾아보는 정성어린 노력이면 좋은 정보를 제공해 줄 수 있습니다.

다문화 사랑의 하나의 사례로 제가 재직하는 중학교에 다니는 3학년 학생의 경우를 들고자 합니다. 이 학생은 어쩌다 보니 삼남매가 모두 어머니가 다르고, 지금의 새어머니는 베트남 귀화여성인 다문화 가정입니다. 아버지가 중장비 운전을 하다 보니 부정기적으로 집을 비웁니다. 그런 이유에서인지 아버지와 어머니 사이에 딸을 낳고 살다가 이혼하고 다시 결혼하여 이 학생을 낳았는데 얼마 지나지 않아 이혼을 하였습니다. 아버지는 두 번의 이혼과 두 자녀가 있고 직업적으로 집을 자주 비우시니 세 번째 결혼이 잘 이루어지지 않았습니다. 동거하던 새어머니 후보들과 이주여성들이 얼마 지나지 않아 집을 나가버리곤 하였습니다. 그러다 보니 이 학생이 어렸을 때 지금의 새어머니도 금세 집을 나갈까봐 치맛자락을 꼭 붙잡곤 하였다고 합니다. 이에 새어머니가 "왜 자꾸 치맛자락을 꼭 붙잡니?" 하고 물으니 또 집을 나갈까 봐 그런다는 이야기에 새어머니는 눈물을 흘리며 안아 주곤 했다고 합니다. 새어머니는 사랑으로 가정을 돌보면서 딸을 낳아 양육하는 중입니다. 이 학생의 경우 세 남매의 어머니가 다 다르고 막내 여동생은 베트남 어머니에게서 태어난 것입니다.

저는 학교에서 이 학생이 친구들의 이야기를 잘 들어주는 차분한 성격임을 알고는 제가 담당한 또래상담자반으로 유도하여 교육하고 활동하게 하여 친구들을 상담으로 돕는 보람과 뿌듯함을 맛보게 하였습니다. 또한 또래상담 우수사례 공모에 응모하여 수상하도록 도왔습니다. 이런 과정으로 이 학생의 자존감은 높아졌습니다. 그리고 이번에 자신이 간절히 원한 마에스터 고교 진학에 성적이 조금 미진한데 잘 알아보니 다문화가정 특별전형이라는 것이 있어 그것으로 응시하도록 한 결과 합격하였습니다. 이에는 이 학생의 생활기록부에 봉사활동이나 특기사항이 잘 적혀 있고, 면접점수를 잘 받게 모의면접과 면접요령을 알려준 것도 한 몫을 했습니다. 합격했다고 좋아하기에 이렇게 말해 주었습니다.

"너희 어머님과 여동생과 아버님께 잘해라. 특히 어머님께 잘해라. 어머님 덕분에 합격한 것도 있으니깐."

이 학생은 가정이 화목한 경우이나 사실 대부분의 다문화 가정은 부부 사이의 불화가 심각합니다. 대개 부부간의 문화적 차이가 큰 문제입니다. 또한 외국인 노동자의 아내나 결혼이주여성과 결혼하는 한국인 남편은 아무래도 우리사회의 지식층이나 경제적인 여유를 지닌 이들이 아니다 보니 경제적으로 불안정하고 부부간의 대화법이나 타인을 배려하는 행동방식을 제대로 배우지 못한 경우가 많습니다. 제 주변에도 결혼이주여성은 별거하거나 이혼한 사례가 많습니다. 그렇지 않더라도 부부간에 다정다감한 경우가 별로 없습니다. 그러므로 다문화 사랑의 실천은 외국인노동자나 결혼이주여성만이 그 대상은 아닙니다. 이들과 결혼한 한국인들 또한 돌봄과 사랑의 대상이고 우리의 소중한 이웃입니다. 이들의 가정이 손상을 입으면 이들의 자녀가 불안정한 양육 환경에 놓일 수 있습니다. 결국 이들 가정의 문제는 우리 사회의 문제가 될 것입니다.

정부부처인 행정안전부에 탑재된 자료를 보면, 뜻밖의 결과를 알 수 있습니다. 2014년 1월 현재 우리나라 다문화인 총수는 1,569,470명으로 총 인구의 3.1%인데 이들 중 우리나라 국적을 취득하지 않은 사람이

1,219,188명입니다. 제가 사는 익산에는 6,196명의 다문화인 중 4,174명입니다. 이처럼 우리나라 국적을 취득하지 않은 사람의 수가 국적 취득한 사람보다 훨씬 많습니다. 이렇게 우리나라 국적 취득을 기피하는 이유는 무엇일까요? 국적 취득이 어려워서만은 아닙니다. 외국인노동자든 결혼이민이든 적합한 절차를 밟고 2년 거주 조건만 충족하면 가능합니다. 의지만 있다면 어렵지 않습니다. 이 자료에서 심각하게 생각해 볼 것은 이들이 우리나라에서 살다가 여의치 않으면 고향으로 떠날 수 있다는 가능성입니다. 실제로 제가 아는 결혼이주여성도 남편과의 불화와 시댁과의 거리감으로 남편과 별거 중이고 향후 아이와 고향으로 돌아갈 수도 있다는 이야기를 하였습니다.

바라기는 교회나 시민단체에서 다문화 이웃과 함께하는 사업을 통해 결국은 다문화라는 말이 없어져야 합니다. 그냥 다 같은 우리나라 사람입니다. 편을 가르는 용어가 없어져야 합니다. 또한 이들을 우리 생각대로 돕지 말고 이들의 생각에 귀를 기울여야 합니다. 이는 마치 부모가 자신들의 생각대로 자식을 교육시킨다는 게 오히려 자식을 과잉보호하거나 의지박약이나 부모가 조종하는 인간으로 길러내게 되는 어리석음으로 자식이 원하는 방향이 아니게 되어 불행해지는 것과도 비슷합니다. 바람직한 방향은 다문화인들이 중심이 되는 쉼터나 회관을 만들고 자치적으로 운영하도록 돕는 것입니다. 교회나 시민단체가 주도하면서 이들을 그저 수동적인 존재로 규정되는 것은 바람직하지 않습니다. 그건 그야말로 이들을 조직이나 단체의 이미지를 위해 이용하는 것으로도 보일 수 있습니다. 제대로 알고 제대로 준비된 자세로 임해야 바람직한 결과를 기대할 수 있습니다.

이슬람에 대한
오해

——————————————— 지금도 지구촌 곳곳에서 정
말 끔찍한 일들이 이슬람이라는 이름으로 벌어지고 있습니다. 이슬람
인구가 적은 우리나라에서는 제대로 느끼지 못하지만, 이슬람 율법으로
다스려지는 지역에 살고 있는 아프가니스탄이나 북부 나이지리아 혹은
수단 등지에서는 무슬림 폭도들에 의해 무고한 생명들이 오직 다른 종교
를 믿는다는 이유 때문에 죽어 가고 있습니다. 비非이슬람권에서도 9·11
테러나 영국의 지하철 폭파 혹은 마드리드의 열차 폭파 테러 등으로 인
해 위기의식을 느끼고 있습니다.

　이슬람국가에서는 수년 전 참수영상 공개로 세간을 떠들썩하게 했고
소년병 훈련 영상을 공개하면서 세계에 충격을 주기도 했습니다. 열 살
도 채 되지 않은 아이가 천진난만하게 총을 들고 있는 모습은 세계 사람
들을 아연실색하게 하였습니다. 어릴 때부터 근본주의 종교이념교육과
군사교육을 받는 아이들의 미래와 더불어 이 세계의 앞날을 생각해 보면
끔찍한 일이 아닐 수 없습니다. 이슬람국가뿐만 아니라 나이지리아의
보코하람Boko Haram은 기숙사에서 자던 여학생 329명을 납치하여 인신

매매 시장에 내다 팔겠다고 발표하기도 했습니다. 사정이 이렇다 보니 세계적으로 이슬람에 대한 이미지는 나빠질 수밖에 없습니다. 일반적으로 '이슬람' 하면 떠오르는 것은 테러, 여성의 얼굴을 덮은 부르카, 명예 살인, 성폭력 등과 같은 나쁜 것들입니다.

그렇다면 이슬람교는 태생적으로 극단적인 성향을 가진 종교인가요? 결과부터 말하자면 그렇지 않습니다. 10세기에 시작된 십자군 원정 당시의 기록을 보면 이슬람이 지배한 유대 지역엔 기독교인과 유대교인들이 이슬람교도들과 함께 살았습니다. 십자군 원정의 진정한 실체는 황제와의 권력 다툼에서 앞서 나가고자 했던 교황 우르바누스 2세의 정치적 결단이자, 이탈리아 상인들의 무역로를 확보하기 위한 경제 전쟁입니다. 이들은 성전聖戰이라는 이름으로 이교도 즉 이슬람교도들을 남녀노소 할 것 없이 잔혹하게 죽였습니다. 이교도를 죽이는 것은 살인이 아니라 알라신의 일을 대신하는 거룩한 일이라 생각했기 때문에 십자군들에게 죄책감은 없었습니다. 이교도는 사람이 아니라 악마의 자식들이라 생각했기 때문입니다. 그럼에도 이슬람 연합세력을 거느린 살라딘은 포로를 풀어 주거나 사자왕 리처드와 담합을 통해 통 크게 퇴로를 열어 주는 승자의 아량을 보여줬습니다. 십자군 원정 이후 이슬람의 화려한 문명과 과학 기술은 여전히 스페인 남부 지역의 아름다운 문화재로 남아 있으며 뛰어난 과학 기술들, 아리스토텔레스의 철학 사상도 아베로에스와 같은 아랍 철학자들을 통해 전해졌습니다. 이것이 유럽을 어둠에서 깨우기 시작한 르네상스의 원동력입니다.

이슬람의 문화와 기술, 사상을 받아들여 발전한 유럽 기독교 국가들은 다시 산업혁명 시대가 되자 이슬람 지역을 식민지화하여 고혈을 빨기 시작했습니다. 제2차 세계대전 후 이스라엘의 건국과 더불어 공산주의인 소련과 민주주의인 미국을 필두로 영국, 프랑스 등 서방국가의 이슬람 식민지 수탈이 극심해졌습니다. 침략전쟁과 수탈로 땅마저 황폐해진 이들에게 서방국가에 대한 적개심은 암세포처럼 번져 나갔고 근본주의 테러리즘의 불씨가 되었습니다. 이제 역으로 서방의 성전Holy War이 이슬람의 성전jihad, 곧 지하드가 되어 버렸습니다.

이슬람의 근본주의 테러리즘의 원인규명은 단순하지 않습니다. 오랜 세월 이슬람과 서방세계 간의 대립과 갈등이 중첩되어 왔습니다. 어찌되었든 우리는 이슬람의 테러에 대해서는 단호히 대처하되 그 원인에 대한 접근은 신중해야 합니다. '이슬람포비아'라고 해서 무슬림들의 포교 활동에 대한 노골적인 불편함을 표현하는 사람들이 있습니다. 포비아phobia란 헬라어 포보스φοβοσ(공포, 두려움)를 임상심리학에서 차용하여 주로 '염려장애anxiety disorder'를 규정할 때 사용됩니다. 예를 들면 거미나 쥐, 바퀴벌레 등을 무서워한다든지, 높은 데 올라가는 것 혹은 사람들 앞에서 발표하는 것 등을 두려워하는 여러 가지 종류의 포비아가 있습니다. 이 포비아 현상의 특징은 실제로 두려워해야 할 이유가 없는데도 지나치게 두려워하는 일종의 비현실적 정신적 장애 현상이라는 점입니다. 이렇게 볼 때, '이슬람포비아'라는 단어는 포비아가 잘못 사용되고 있는 대표적인 예일 것입니다. 근본주의 이슬람의 확산과 이슬람 혐오현상이 맞물려 세계 곳곳에서 이슬람과 반이슬람 사이의 갈등과 대립이 나타나고 있습니다. 우리나라의 경우에도 외국인 노동자들 중 이슬람 국가 출신들은 일자리를 찾기 쉽지 않습니다. 고용주들이 이슬람교도들의 고용을 꺼리기 때문입니다.

일부 몰지각한 광신자들을 기준으로 이슬람 전체를 평가해서는 안 됩니다. 세상에는 착한 무슬림들이 훨씬 더 많습니다. 이제 우리나라에서도 이슬람이 결코 낯설지 않습니다. 동남아권외국인 노동자들의 대다수가 무슬림입니다. 제가 사는 지역의 농공단지에서도 이들을 쉽게 볼 수 있습니다. 이처럼 급증한 무슬림의 유입은 사실 최근의 일이 아닙니다. 아주 오래전부터 우리와 함께해 왔습니다. 『삼국유사』에 의하면 서기 88년경 처용이 동해 바다에 나타났다는 기록이 있습니다. 눈이 크고 코가 오똑하여 누가 보더라도 외지인임이 틀림없는 처용을 두고 그동안 아랍인일 가능성에 대해 많은 논의가 있어 왔습니다. 9세기경, 아랍 상인들의 한반도 내왕이 매우 번번하게 일어났습니다. 845년경에 편찬된 아랍권의 지리서와 도로 총람에 의하면 아랍인들은 자연환경이 뛰어나고 금이 많이 나는 신라를 동경하여 많은 아랍인들이 한반도로 건너가 영구 정착했다는 사실이 기록되어 있습니다. 신라의 무슬림들에 대해 특징적이고 유의할 만한 내용을 담고 있는 것은 『디마쉬키』, 『알-누와이리』, 『알-마크리지』 등으로, 이들은 우마이야 왕조(661~750년) 시대에 박해를 피한 알라위족들이 한반도에 망명한 사실을 밝히고 있습니다.

9세기 중엽 아부 자이드, 슐레이만 알-타지로 같은 아랍 여행자들의 기록에 의하면, 876년의 중국에서 일어난 '황소의 난' 기간 중 중국 동남부 해안지대에서만 10만 명 이상의 외국인이 상해되었다고 합니다. 황소의 난 이후의 외국인에 대한 학살과 배척은 아랍-이슬람 상인 세력에게도 치명적인 위기였습니다. 이러한 상황에서 일부 이슬람 세력들이 신라로 유입되지 않았을까 생각해 볼 수 있습니다. 처용이 등장하는 880년경은 바로 황소의 난이 끝나는 시점입니다. 분명한 것은 당시 신라는 아랍 해상세력들에게 매우 매력적이었으며, 신라로 향하는 항로는 매우 친숙한 길이었다는 사실입니다.

고려 시대 중앙아시아 위구르-터키계로 추정되는 무슬림들은 몽고의 고려 침공 시대에는 몽고군의 일원으로서, 후일 고려의 원나라 지배 아래에서는 몽고 관리, 역관, 서기, 시종무관 등의 직책을 가진 지배 세력으로서 한반도에 유입되어 정착하였습니다. 그들은 고려 조정의 벼슬을 얻거나, 몽고 공주의 후원을 배경으로 권세를 누렸습니다. 그러나 점차 고려 여인과의 결혼을 통하여 동화同化의 과정을 거쳐 갔습니다. 이 중 가장 대표적인 예가 1274년 고려 충렬왕의 왕비가 된 원나라 공주의 시종으로 따라온 '삼가'라는 회회인回回人입니다. 그의 부친 '경'은 원나라 세조인 쿠빌라이를 섬겨 서기가 되었고, 삼가는 고려 여인과 결혼하여 고려에 귀화하였습니다. 그는 왕으로부터 장순용이라는 이름을 받고 벼슬이 장군에 이르렀습니다. 현재 덕수장씨의 시조로 알려져 있습니다. 그는 중앙사시아의 위구르 - 터키계 출신의 무슬림일 가능성이 높습니다.

이능화가 쓴 『조선불교통사』에 보면 이들 회회 집단이 고려 개성에 예궁을 짓고 살았다고 전합니다. 여기서 말하는 예궁이란 이슬람 사원인 모스크였을 것입니다. 아마 첨탑과 둥근 돔이 있는 형태보다는 중국 전역에 산재한 불교식 사찰을 닮은 사원이었을 것입니다. 따라서 이슬람 종교와 문화가 고려시대에는 상당한 정도로 사회적 영향을 끼쳤을 것입니다.

> "세종대왕께서 정초 경복궁의 경회루 앞뜰에서 좌우로 문무백관이 도열한 가운데 지그시 눈을 감고 한 이슬람 원로가 낭송하는 쿠란 소리에 빠져 계시더라."

『조선왕조실록』에 여러 차례 등장하는 기록입니다. 고려 말부터 조선 초기까지 한반도에 정착해 살고 있던 이슬람 지도자들은 궁중 하례 의식에도 초청을 받아 정례적으로 참석하였습니다. 이를 '회회조회'라 불렀습니다.

이슬람의 근본정신은 '평화의 종교'입니다. 우리가 주의할 것은 이슬람과의 싸움이 아니라 이슬람 광신도들이 일으키는 테러와의 전쟁입니다. 그러므로 무슬림들을 적대시하기보다는 이들이 중요하게 여기는 쿠란의 근본정신인 평화를 존중하면서 상생의 길을 모색해 나가야 할 것입니다. 변화된 시대를 살아가는 우리에게 신앙적 순결만이 아니라 뱀과 같은 지혜도 필요합니다. 보다 성숙한 자세로 다문화, 다종교사회를 살아가는 우리의 모습을 고민해 보면 좋겠습니다.

차이 극복을 위한
참교육*

제가 몸담고 있는 학교는 기독교 이념에 따라 설립한 작은 농촌 중학교입니다. 저는 교목(학교 목사)이면서 국어를 가르치고 있습니다. 기독교정신에 따라 운영하는 학교이지만, 학교에는 통일교 신자인 학생이 여럿 재학 중입니다. 이들 중 현재 3학년에 재학 중인 한 학생의 사례를 통해서, 이와 비슷한 경우에 놓인 종교인과 교사들의 상담과 생활지도에 참고가 되지 않을까 하여 이 글을 써 봅니다.

이 학생의 가정을 살펴보면 다음과 같습니다. 아버지는 지역 돌(석재) 공장에서 일하시는 분으로 체구가 작고, 중학교를 졸업하신 분입니다. 성품이 온화하고 예의 바른 분이시나, 경제적인 여건도 좋지 않고 유망한 직업도 아니어서 결혼에 어려움을 겪다가, 통일교 국제결혼을 통해 이 학생의 어머니를 만나셨습니다. 이 학생의 어머니는 일본에서 간호대학을 나온 비교적 학력이 높은 전문직 여성이신데, 통일교가 지향하는

* 이 글은 졸저, 『참교육 참사랑의 학교』, 이담북스, 2010, 210~216쪽을 수정·증보한 것임을 밝힙니다.

세계평화를 위해 국제결혼으로 낯설고 연고가 전혀 없는 우리나라 농촌으로 결혼을 통해 이주해 오신 분이십니다. 이렇게 맺어진 가정의 3형제 중 첫째가 김영민(가명)입니다.

영민이는 우리나라의 교육체제에 따라 거주지 인근의 학교에 배정받아 다녀야 하기 때문에 선택의 여지없이, 기독교 이념에 따라 설립하고 운영하는 학교에 입학하여 재학하게 된 것입니다. 저는 4대째 기독교 집안 출신이고 목사입니다. 영민이는 기독교에서 이단으로 규정하는 통일교 집안의 학생으로 통일교 신자입니다. 영민이의 어머니는 우리나라와 갈등이 첨예한 국가인 일본 출신이십니다. 그러니 저와 영민이의 만남은 가급적 서로가 피하고 싶으나 우리나라의 교육 제도상 어쩔 수 없는 아픔으로 이루어진 것입니다.

저는 교목으로서, 학생들이 입학하면 조심스럽게 학생들의 종교와 부모님의 종교를 조사하곤 합니다. 그런대로 널리 알려지고 알 만한 종교는 해당란에 체크하고, 증산도나 대순진리회 같은 비교적 덜 알려진 종교를 믿는 아이들은 기타란에 체크하고서, 기타란의 괄호에 자신의 종교를 적도록 했습니다. 영민이는 주저함도 없이 종교란에 기독교로 체크하였습니다.

그로부터 한 달 즈음 지난 어느 날, 교무실에서 방송으로 공지사항이 전해졌습니다. 교육청에서 다문화가정 학생들을 위한 캠프가 무료로 열리니, 해당 학생들은 처음 다문화 업무를 맡게 된 제게 참가 신청을 하라는 것이었습니다. 저는 아무도 신청하는 학생이 없어 교육청에 "해당 없음"으로 보고하였습니다. 그리고 며칠 후, 영민이의 담임선생님이 아무래도 학교 목사이고, 학생 상담 담당인 제가 아는 게 좋겠다고 하시면서 조심스럽게 영민이의 사정을 말씀해 주셨습니다.

듣고 보니 영민이의 종교는 기독교가 아니라 기독교계에서 경계하며 이단으로 지목하는 통일교이며, 그것도 아주 신앙심이 깊은 집안으로 아버지와 작은아버지가 모두 통일교 국제결혼을 한 분이셨습니다. 어머니는 통일교의 국제결혼으로 우리나라에 온 일본인이신데 국적도 안 바꾸신 상태라고 했습니다. 이 말씀을 듣는 순간, 뭘 어찌해야 하는 건지 당황하였습니다. 저는 고민에 빠져들 수밖에 없었습니다. 제 업무상 영민이는 학교 목사인 제가 처음 겪는 통일교 집안학생이고, 학생상담 담당자인 제가 처음 겪는 다문화가정 학생이었습니다.

'아! 이를 어떻게 해야 하나?'

이런 학생에 대한 경험이나 배움이 전혀 없는 저로서는 난감했습니다. 저는 여태까지 제 주변에서 통일교 신자를 본 적도 없었고, 국제결혼을 한 사람도 본 적이 없었습니다. 그저 막연하게 다문화에 대해 말만 들어 보고, 자료를 조금 본 정도였습니다. 사실 저는 신문이나 방송에서 사회적 물의를 일으키는 종교가 나오면 냉혹하게 비난하는 자세를 취했고, 다문화 관련 이야기가 나오면 제 일이 아니기에 그냥 대충 보고는 넘어갔습니다. 저로서는 알아야 할 것도 많고 일도 많았기에 반사회적인 종교, 다문화, 국제결혼 같은 것은 관심 밖이었습니다. 이런 제가 학교 목사요, 국어선생이요, 학생상담 담당으로서 그야말로 강적을 만난 것이었습니다.

고민 고민하다가 담임선생님을 통해 영민이에 대해 좀 더 알아보았습니다. 영민이는 제가 생각한 것보다 훨씬 더 신앙심이 깊은 통일교 가정의 학생이었습니다. 영민이 아버지는 통일교회에서 신자를 대표하는 장로 직함을 갖고 있었고 작은아버지도 신앙심이 깊은 분이셨습니다. 어머니의 집안도 일본에서 통일교 신앙인을 대표하는 집안이었고, 돈독한 신앙으로 고학력자이심에도 통일교 교주敎主의 나라인 우리나라의 가난한 농촌에 결혼이주하신 분이셨고, 영민이의 작은어머니도 그러하셨습니다. 그렇기에 영민이 아버지와 어머니의 국제결혼이 가능했을 것입니다. 사랑이나 합리적인 조건이 아닌 종교적인 신념에 따라, 본 적도 없는 사람과 국제결혼을 할 수 있다는 것만으로도 놀라웠고, 저로서는 이해가 안 되는 일이었습니다.

'아니 어떻게 얼굴 한 번 안 보고, 합리적인 조건을 따져 보지도 않고 단지 신앙적인 결단으로 국제결혼을 할 수 있을까? 그것도 영민이 어머니는 자신의 나라에 대해서 민족적으로 매우 안 좋은 감정을 가진 우리나라에 올 생각을 하셨을까? 그것도 열악한 농촌에 와서 사실 수 있을까?'

만약 저와 같은 기독교 신자들에게 '신앙적인 결단으로 국제결혼을 해서 낯선 나라에 가라고 하면 과연 몇이나 이렇게 할 수 있을까' 하는 생각도 해 보았습니다. 목사인 저도 국제결혼은 주저하게 되었을 것 같습니다. 아니, 솔직히 안 할 것 같았습니다. 이런 생각을 하니, 영민이 부모님과 친가와 외가는 통일교에 대한 신앙심이 대단한 것 같았습니다. 그렇게 자란 영민이에게 학교에서 진행하는 종교적인 행사와 우리 민족의 자긍심으로 가득 찬 국어시간이 달갑게 느껴질 리가 없을 것 같았습니다.

영민이가 입학한 후 한 달쯤 지난 어느 날, 영민이 아버지가 교무실로 찾아오셔서 말씀을 나누게 되었습니다. 아버지는 제게 부족한 자식을 맡기게 되었다면서 잘 부탁드린다고 하셨습니다. 그러면서 학교의 모든 교육을 전적으로 믿고 따르시겠다고 하셨습니다. 아버지는 이렇게 예의를 갖춰 성심으로 말씀을 이어 가시다가, 조심스럽게 본론을 꺼내셨습니다. 조금 어려워하시더니 예상대로 제가 실시한 학기 초 종교조사 이야기를 하셨습니다. 아버지는 영민이가 통일교라고 하면 학생들이 놀리기에 그냥 기독교라고 답했다는 것, 어머니가 일본인인 것도 학생들이 아는 것을 원치 않기에 다문화 캠프 같은 것을 안 가고 싶어 한다는 것도 말씀해 주셨습니다.

그러면서 소수 종교인 자신들의 입장을 이해해 달라고 간곡히 부탁하셨습니다. 자신들은 기독교를 비난하거나 적대시하지 않는데, 유난히 기독교계에서는 지나치게 자신들을 적대시한다는 불만도 조심스럽게 말씀하셨습니다. 그저 이 지역에 살다 보니, 이 학교에 입학하게 되었고, 2년 후엔 영민이 동생도 입학하게 된다고 말씀하셨습니다. 영민이의 아버지를 배웅해 드리고 나서, 한참을 생각에 잠겼습니다. 그리고 조용히 눈을 감고 기도하였습니다.

'하나님! 제가 어떻게 하면 좋을지 지혜를 주옵소서!'

저는 통일교를 비롯해서 우리 사회에서 부정적 이미지를 갖고 있는 소수 종교인들에 대해 긍정적이지 않았습니다. 흔히 알려진 바와 같이 이들은 우리 사회에 물의를 일으킬 정도로 신앙심이 지나치곤 합니다. 그리고 기독교계뿐만 아니라 우리 사회는 이러한 소수 종교에 대해 냉정합니다. 저는 대학에서 신학과를 다닐 때, 통일교가 예전에 문선명 교주와 여성들이 혼음混淫을 하는 반인륜적인 사건으로 사회적 물의를 일으켰고, 미국과 일본에서는 어린 아이들에게 껌팔이까지 시킨다는 보도를 접한 적도 있었습니다. 교주의 명령에 따라 국제결혼도 강권强勸하고, 그렇게 이룬 가정이니 이혼을 못 하게 하고, 자기네 종교를 떠나지 못하게 하는 폐쇄성, 교주와 그 가족을 지나치게 신성시하는 문제를 안고 있다고 배운 기억도 났습니다.

그러나 제가 교사로서 사랑하고 돌보아야 할 학생 영민이를 생각하면 안쓰러운 마음이 들었습니다. 그리고 그 가족이 짊어질 고통을 생각해 보았습니다. 저는 며칠 후, 전체 교직원회의 때 조심스럽게 준비한 이야기를 꺼냈습니다.

"본교는 기독교 정신에 따라 설립되고 운영됩니다. 저와 여러분은 기독교 정신이 잘 실현되도록 해야 하는 사명을 갖고 있습니다. 더욱이 저는 학교 목사로서 이 사명을 감당해야 하는 입장에 서 있습니다. 통일교에 대해서 조금은 들어 보셨을 겁니다. 이들은 소수지만 매우 신앙이 깊은 사람들입니다. 우리 학교에 '김영민'이 바로 통일교 신자이고 어머님이 일본인으로 국제결혼을 한 다문화 가정입니다. 제 생각입니다만, 영민이를 강제로 우리 학교에 맞추기보다는 사랑으로 감싸 주고 이해하는 분위기였으면 합니다. 그리고 종교적인 문제와 다문화의 문제는 전적으로 주관업무 담당인 제게 맡겨 주시기 바랍니다."

다행히 교장 선생님 이하 교직원들이 제 말에 공감해 주셨습니다. 저는 우리 민족의 우수성에 긍지를 갖고 사는 편입니다. 그런 이유로 제 아들 이름도 우리 민족의 자긍심을 심어 주려고 '한겨레', '한가람', '한벼리'라고 하는 순수한 우리말로 지었습니다. 저는 국어 시간에 학생들이 영어가 쓰인 옷을 입은 것에 대해 핀잔을 주기도 합니다. 대중매체에서 우리말보다 영어가 많이 쓰이는 것을 보면 마음이 상하곤 합니다. 그리고 대중가수의 이름이나 길거리의 간판이 영어인 것에 대해서 냉혹하게 비판을 가하곤 합니다.

저는 1969년생으로 신세대가 아닌 이른바 막바지 386세대에 속합니다. 제 또래들은 일본과 미국을 독선적 제국주의로 여겨 매우 싫어하곤 했습니다. 그런데 영민이는 제가 싫어하는 나라인 일본인의 피가 흐르는 학생이고, 어머니는 일본인임이 자랑스러우신지 국적도 안 바꾸셨습니다. 언뜻 일본에서 어머니에게 자국민이라고 지원금이 나온다는 말도 들었던 것 같고, 일본 국적인 것을 자랑스럽게 여기시고, 자신의 나라에 대한 자부심이 강하시다고 들은 것도 같았습니다. 저는 분명히 영민이를 보고 생각할 때마다 '일본'이라는 단어가 떠오릅니다. 영민이 어머니의 일본 국적도 제 마음을 불편하게 합니다.

이런 생각이 들 때마다 '이러면 안 돼!' 하며 생각을 바꾸려고 애를 씁니다. 사실 영민이를 만난 지 3년째인 지금도 영민이를 볼 때마다 저와 다른 종교, 다른 핏줄을 의식합니다. 그럴 때마다 '아! 또 이러는구나' 하는 생각에 자책하곤 합니다. 마음 굳게 먹고 의식적으로 조심하지 않으면 영민이의 종교에 대해, 국적國籍도 안 바꾸시는 일본인 어머니에 대해 반감反感이 드러날 것만 같기도 합니다. 그러니 영민이를 대할 때마다, 영민이의 반에서 국어를 가르칠 때마다 영민이를 의식해야만 하는 불편함이 있습니다. 영민이의 반에서는 "독도는 우리 땅"이라는 말이나 일본의 문화에 대한 비판도 조심스럽습니다.

언젠가는 우리나라와 일본이 축구경기를 하는데, 영민이 반에서만 우리나라를 응원하는 말을 할까 봐 조심하면서 수업을 했던 기억이 납니다. 어떤 때는 '학생들이 이단종교에 대해, 일본에 대해 말하면 어떻게 대처해야 하나?' 하는 걱정을 하곤 합니다. 영민이로 인해 수업하기가 참 어렵습니다. 아마 저는 내면 깊숙이 자리 잡은 종교적 확신과 민족의식을 바꾸려고 하지 않을 것 같습니다. 앞으로 영민이와 같은 아이들이 더 많아질 것이니, 저의 불편함은 더해질 것입니다.

제가 저의 종교와 우리의 민족에 대한 생각을 버리지는 않겠지만, 이제는 좀 더 열린 의식과 성숙한 자세를 가져야만 할 것 같았습니다. 저와 다른 종교, 다른 핏줄의 사람을 편견 없이 있는 그대로 보려고 의식적으로 노력합니다. 이렇게 노력하다 보니 조금씩 제가 지닌 편견의 벽도 엷어지는 것 같습니다. 물보다 진한 게 '피'이고, 피보다 확실한 게 '정'이라는 말이 맞는 것 같습니다. 매일 만나다 보니 정이 들어 이제는 영민이가 '통일교', '일본'으로 보이지 않습니다. 어느 순간 영민이도 그저 한

명의 아이로 보입니다. 이렇게 변해 가는 저를 보고 스스로 대견하게
느끼곤 합니다.

　이렇게 제가 마음의 문을 열고 편견 없이 바라보고 지내다 보니 자연
스럽게 영민이와 친해졌습니다. 이렇게 1년이 지나고 영민이가 2학년
때, 제게 자신의 교회에서 만드는 회지에 글을 써야 하는데 한 번 봐
달라고 찾아왔습니다. 내용은 아무래도 자신의 신앙생활을 담아낸 내용
인데 이걸 저더러 도와달라고 한 것이 좀 의아하기도 하였으나, 생각해
보니 영민이는 제가 자신과 종교가 다른 더욱이 자신의 종교를 이단으로
규정하는 기독교의 목사인 것에 거리낌이 없는 것 같아 고맙게 느껴졌습
니다. 저는 영민이에게 솔직히 말했습니다.

　"네가 나보다 낫다. 난 아직도 너의 종교, 너의 어머님 나라인 일본에
대해 그다지 좋은 감정은 아닌데…… 넌, 나와 다름에 대한 불편감이
없구나. 내게 너희 교회에 실린 글을 봐달라고 하니. 고맙다. 내게 부탁
해 주니……."

　이에 영민이의 대답이 지금도 기억납니다.

　"사실은 저도 많이 주저했어요. 선생님이 어떻게 받아들이실지……
그러나 저는 다른 국어선생님도 계시지만 선생님이 다정하고 따뜻하게
해 주셔서, 선생님께 부탁하기로 했어요. 선생님은 편견 없이 도와주실
것 같고 아무래도 목사님이시니 제가 쓴 신앙 이야기에 나오는 성경 이
야기도 보완해 주실 것 같았어요. 도와주신다니 고맙습니다."

　아직은 노력 중인 저의 모습을 좋게 봐 주고 찾아온 게 얼마나 고마운
지 그날 너무도 기뻤습니다. 그렇게 해서 영민이의 글을 봐 주었습니다.
그런데 영민이의 글은 기본적인 독해讀解조차 어려운 게 많았습니다. 맞
춤법과 띄어쓰기는 물론 무슨 말인지 모를 비문非文 투성이였습니다. 그
리고 영민이네 종교에 대한 이해가 없으니 무엇을 말하는 건지도 이해하

기 어려웠습니다.

'이거 참~, 도와준다고 약속을 하였으니 안 할 수도 없고……'

이렇게 난감한 상황인데 밀려오는 공문公文과 학생들 수행평가로 머리도 아팠습니다. 고민 고민한 끝에 방과 후에 영민이를 만나기로 하였습니다. 아무래도 영민이는 다문화 가정 출신으로 기본적인 글쓰기 교육이 제대로 안 된 것 같았습니다. 더욱이 어머니가 고학력자이기는 하나 일본인이시라 한자어와 외래어가 많은 우리말을 아들에게 가르치시기는 어려우셨을 것 같았습니다. 이왕 도와주기로 한 거 제대로 하기로 마음먹었습니다. 두어 시간 들여 영민이 글을 다 고쳤습니다.

그런데 영민이를 만나서 고친 글을 확인시키고 끝내려던 계획을 바꿨습니다. 마침 영민이가 방과 후에 시간이 된다고 하기에 같이 짜장면을 시켜 먹고는 영민이 글을 처음부터 하나하나 고쳐주면서 가르쳤습니다. 그러다 보니 세 시간이 훌쩍 지났습니다. 시간에 매이지 않고 하다 보니 기본적인 국어 글쓰기만이 아니라, 글에 드러난 영민이네 종교의 교리도 듣고 이를 글로 옮기는 작업도 하였습니다.

영민이는 자신의 글에 드러난 자기 종교의 교리를 설명할 때 제가 진지하게 들어주니 신이 났는지 조금은 지루할 정도로 열심히 설명해 주었습니다. 신학을 전공하고 목사가 된 제가 듣기엔 영민이가 말하는 자기네 종교의 교리가 엉성하게 느껴졌습니다. 그래서 말을 끊고 교리의 오류誤謬를 지적해 줄까 싶기도 했지만 꾹꾹 참았습니다. 그저 주의 깊게 들어주는 것에 집중하다 보니, 영민이와 영민이네 종교에서는 그렇게 생각하는구나 하는 이해도 갖게 되었습니다. 물론 영민이의 이야기에 제 종교적인 신념을 버리고 제가 영민이네 종교로 개종改宗하지는 않습니다.

이렇게 시작한 영민이에 대한 개인학습은 그 후에도 계속되었습니다.

영민이는 이제 학교 신문에 낼 시詩도 가져와서 도와달라고 하여 그렇게 한 결과물을 게재하였고, 국어 수행평가는 물론 도덕, 사회 등 다른 과목의 수행평가도 가져오곤 하였습니다. 한 달, 두 달 영민이의 글을 봐 주다 보니 글에 드러나는 영민이의 고민과 생각과 느낌도 알 수 있었습니다. 친구들과 잘 지내고 싶으나 자신의 종교, 친구들에 비해 가난한 집안, 일본인인 어머니, 장애를 가진 막내 동생 등이 알게 모르게 마음을 불편하게 하고 있었습니다. 글을 보니 영민이의 마음을 다독여 주고 상담을 해야겠다고 생각하였습니다.

마침 영민이가 자신이 쓴 글을 봐 달라고 찾아왔기에 글을 같이 보면서 이야기를 나누었습니다. 제가 목사이고 선생이다 보니 남의 말을 들어주기보다는 말을 많이 하는 편이라, 마음을 굳게 먹고는 제가 말하는 것은 줄이고 영민이의 말을 주의 깊게 있는 그대로 들어주는 데 집중하였습니다. 한참을 들은 후, 영민이가 성경을 좋아하기에 성경에 나오는 인물을 롤Role 모델로 삼아 보라고 권면했습니다. 마침 영민이를 통해 다문화를 이해하려고 애쓰면서 유심히 본 성경 본문이 있었습니다.

제가 평소 좋아하는 성경의 인물 가운데서, 학생들에게 꿈과 희망을 갖도록 권장하는 인물이 '요셉'과 '다윗'입니다. 이 두 사람은 드라마틱한 삶으로 교훈과 감동을 줍니다. 요셉은 나이 17세에 이복異腹 형들의 미움을 받아 죽을 뻔하다가 억울하게 이집트에 노예로 팔려 갔습니다. 이렇게 시작된 외국인 노동자, 아니 그 당시엔 노예로 살다가 성폭행 미수범으로 누명을 쓰고 교도소에 갇혔다가 나이 30세에 이집트 왕에게 그 유명한 꿈해석으로 발탁되어 총리에 오르게 됩니다. 그야말로 파란만장한 삶으로 반전을 거듭한 이야기입니다.

이런 요셉을 오늘의 눈으로 보면 다문화 출신, 외국인 노동자와 같습니다. 놀라운 것은 이집트 왕은 국적도 다르고, 민족도 다르고, 배움이 짧고, 나이가 적고, 종교가 다른 요셉에 대해 아무런 편견 없이 그의 능력만을 보고는 전격 발탁했다는 사실입니다. 이 일로 이집트는 다가오는 국난國難을 대비할 수 있었고, 부강한 나라가 되었습니다.

그리고 다윗은 그의 증조모가 '룻'이라는 여인이었습니다. 룻은 모압 사람으로 이스라엘에서 무시하는 이방 민족출신이었습니다. 성경이 말하는 모압 민족의 시작은 그 유명한 소돔과 고모라 이야기에서 시작됩니다. 소돔과 고모라가 불의 심판으로 멸망할 때, 아브라함의 조카 롯과 그 가족만이 살아남게 됩니다. 그런데 롯의 아내가 뒤를 돌아보면 안 된다는 금기禁忌를 어기게 되어, 소금 기둥으로 변해 버렸습니다. 이로 인해 롯은 아내를 잃게 되었습니다. 롯과 두 딸은 인적이 드문 산지에서 살게 되었습니다. 그러던 어느 날 롯의 두 딸은 자기들의 종속을 이어가기 위해 아버지에게 술을 먹이고는 성적인 관계를 맺어 각각 아들을 낳게 되는데 그 이름이 '모압'과 '암몬'입니다. 그러니 따지고 보면 모압과 이스라엘 민족은 친척이지만 이스라엘 민족이 보는 모압 민족은 아버지와 성관계를 맺어서 생긴 패륜의 민족이었습니다. 오랜 세월 두 민족은 상극으로 싸움이 끊이질 않았습니다.

그런데 룻이라는 여성이 이 모압 민족의 후손이었고 그 후손이 바로 다윗이었습니다. 그러니 다윗은 요즘 말로 하면 자신의 핏줄에 정통 이스라엘 민족의 피가 아닌 이스라엘에서 무시하는 민족의 피가 섞인 사람이었습니다. 그런 그가 이스라엘의 왕이 되었고, 이 후손으로 예수님이 탄생하셨습니다. 신약성경 첫부분인 마태복음 1장에는 예수님의 족보가 나옵니다. 이 족보에는 분명하게 다윗의 증조모인 룻의 이름과 그녀의 결혼이야기가 명확하게 기록되어 있습니다. 룻의 이야기는 성경에서 위대하고 효성스러운 며느리(孝婦)의 표상으로, 「룻기」로 기록되어 성경으로 전해져 옵니다.

이렇게 영민이도 아는 성경 속의 다문화 출신인 요셉과 룻과 다윗 이야기를 하니, 영민이도 놀랐습니다. 영민이네 종교도 구약성경은 그대로 받아들이니 쉽게 이해하였습니다. 영민이는 성경에서 위대한 인물로 거론되는 인물들이 자신과 같은 다문화가정 출신이라는 것은 생각해 보지 않았던 것입니다. 이를 말하면서 감격하기에, "나도 사실 너로 인해 이런 게 보이기 시작했다. 네 덕분이다."라고 말해 주니 좋아했습니다. 공감해 주고 격려해 주는 상담 이후 학교에서 설교나 수업에서 성경에 나오는 다문화 출신 인물들을 이야기로 풀어서 전하니 이것이 자연스럽게 다문화 이해 교육도 되었습니다. 그리고 교회에서도 설교 내용으로 활용하니 좋았습니다. 이렇게 다문화, 다종교에 관심 갖다 보니 제가 가진 민족적·종교적 편견도 조금씩 없어졌고 다문화·다종교에 대한 지식도 얻어 가게 되었습니다. 이것이 계기가 되어 이에 대한 수필과 논문도 쓰게 되었습니다. 그리고 마침 교육부 주관으로 고등학교 교양 『종교학』 교과서 집필진에 참여하게 되어 다문화·다종교 상황에서 진행할 종교교육적 내용을 집필하기도 하였습니다. 이런 노력으로 인해 제가 갖고 있는 편견이 엷어졌습니다만 편견이 완전히 없어진 것은 아닙니다.

오늘도 의식적으로 저의 종교적 편견과 편협한 민족주의를 벗어나는 노력을 부단히 해 나가고 있습니다. 정말 교육이 무서운 것 같습니다. 저의 뼛속 깊숙이 자리 잡은 제 종교적 확신과 민족의식은 쉽게 고쳐질 수 없을 것입니다. 저는 의식적으로 저의 편견과 싸워 나가야만 합니다. 그렇지 않으면 저와 다른 소수 종교의 학생들의 인권을 선교와 교육이라는 이름으로 탄압하게 될지도 모릅니다. 그리고 제가 지닌 민족의식으로 힘없는 학생의 가슴에 열등감을 심어 주는 죄악을 저지를지 모릅니다. 이런 엄청난 죄를 범하지 않으려고 의식적으로 다문화 관련 연수도 하고, 책도 읽고, 그에 대한 글도 써 보곤 합니다. 제가 스스로의 편견과 싸우는 일은 오랜 세월 계속될 치열한 몸부림입니다.

무지개는 서로 다른 일곱 가지 색깔이 어우러져서 그 아름다움을 이룹니다. 우리와 다른 이들을 차별과 배타성이 아닌 이해와 관용으로 받아들일 때, 우리의 삶은 더욱 아름답고 더욱 풍성하게 될 것입니다. 성경은 우리에게 이것을 일깨워 줍니다. 야고보서 2장 1절입니다.

> "내 형제들아, 영광의 주, 곧 우리 주 예수 그리스도에 대한 믿음을 너희가 가졌으니 사람을 차별하여 대하지 말라"

차별과 편견을 뛰어넘는 이해와 관용의 새로운 세상을 기대합니다. 『논어論語』에 "군자君子는 화이부동和而不同하고 소인小人은 동이불화同而不和한다."라는 구절이 있습니다. 이 말의 의미는 군자는 그 뜻하는 바가 다르고 추구하는 방법이 다르지만 서로 화목하고 화합할 줄 아는 반면에, 소인은 같은 방향으로 가면서도 항상 자기 이권 다툼으로 불화한다는 말입니다.

다문화·다종교사회를 살아가는 우리가 좀 더 성숙한 사람들이 되어 함께 어우러지기를 소망해 봅니다. 이런 세상을 만들어 가면 좋겠습니다. 다문화가정 구성원들에 대한 따뜻한 이해와 사랑으로 우리네 마음속 문턱이 낮아지고, 다문화가정과 함께 어우러지는 희망찬 미래를 상상해 봅니다.

이제 영민이가 3학년이고 영민이의 동생이 1학년에 입학하여 재학 중입니다. 현재 인근 초등학교 1학년인 영민이 동생도 입학할 것입니다. 저는 영민이 형제와 사귐을, 교사와 제자를 떠나 서로 돕는 관계로 지내고 싶습니다. 영민이는 인문계 고등학교 진학을 목표로 자기주도적으로 매일 진행하는 방과 후 학교와 야간자율학습에도 적극적으로 참여하고 있습니다. 지금은 제가 쓰는 교무실 청소담당으로 매일 만나기도 하는데 성실히 청소해 주고 있습니다.

영민이 어머니가 저와 동갑이고 같은 지역 주민인 덕분에 자주 뵙곤 합니다. 현재 영민이 어머니는 학교 인근 농촌이주민여성센터에서 운영하는 다문화식당인 '꽃물드림'에서 일하시기에 식사하러 들르며 자주 뵙기도 합니다.

영민이가 입학할 때 처음 맡은 다문화 업무를 지금까지 맡고 있습니다. 처음엔 마지못해 배정받은 다문화 업무였지만 이제는 어느 정도 전문성도 지니게 되었습니다. 현재 제가 재직하는 학교의 다문화 학생은 7명입니다. 7명이 모두 마치 무지개의 일곱 색깔처럼 국적도 다양하고 성격도 다양합니다. 이 학생들은 알게 모르게 남모를 상처도 많습니다. 제가 영민이와 함께하면서 느낀 다문화 학생들은 집단적인 교과교육만이 아니라 개별적인 만남을 통한 상담이 중요합니다. 이 상담은 부모님과의 만남과 유대를 통해서 활성화될 수 있습니다.

목사가 교회 잘 다니는 학생을 더 칭찬하고 더 관심을 가져야 하는데, 이른바 이단으로 사회적으로 문제시되는 종교인 학생들을 더 챙긴다고 할지도 모르지만 영민이를 통해 저의 종교적인 편견과 민족적인 편견이 타파되어 가면서 좀 더 열린 의식을 지닌 교육자로, 종교인으로 거듭나는 것 같아 좋습니다. 간혹 영민이 편에 통일교에 대한 책과 자료를 얻어 읽어 보곤 합니다. 이제는 통일교에 대해서 좀 더 알아서 통일교이면서 어머니가 일본인인 학생들에게 더 가까이 다가갈 수 있는 것 같습니다.

저는 제 나름대로 통일교와 같은 다른 종교와 다문화 학생들에 대한 생각이 있습니다. 그것은 바로 제가 좋아하는 『이솝 우화』에 나오는 "바람과 해가 나그네의 옷을 벗기는 시합 이야기"입니다. 이 이야기는 간단

합니다. 바람이 거세게 불자, 나그네의 옷이 벗겨질 것 같았지만 오히려 그럴수록 나그네는 옷을 더 세게 움켜쥐고 꼭 붙잡았습니다. 결국 바람은 실패하고 맙니다. 그러나 해는 그저 햇볕을 내리쬐니까 나그네 스스로 더위에 못 이겨 옷을 벗더라는 이야기입니다.

그렇습니다. 기독교학교의 바람직한 모습은 다문화·다종교 사회에서 자기 종교적 신념을 강하게 주입하는 것보다는 고등종교로서 기독교 정신의 근본인 사랑을 실천하는 것이라고 생각합니다. 언젠가 제가 감기몸살로 조퇴를 할 정도로 고생할 때, 영민이가 교무실로 찾아와서 "꼭 감기 낫기를 기도할게요." 하는데 어찌나 고마웠는지 모릅니다.

"고마워! 네 소원대로 꼭 나을게!"

저는 영민이의 말 한마디가 참 고맙고 기뻤습니다. 어느 목사가 통일교인 학생에게서 이런 축복의 말과 기도를 받아 볼 수가 있을까요?

●

소통의 시대

우리는 소통 부재의 시대에 살고 있습니다. 과학기술의 발달은 컴퓨터, 인터넷, 스마트폰 등 소통의 도구들을 빠른 속도로 생산해 내고 있지만 역설적으로 우리는 소통의 부재와 단절의 시대를 살고 있습니다. 소통은 기술이나 수단에 의해서가 아니라 소통하는 사람이 가진 윤리와 철학이 중요합니다. 근세 유명한 철학자이며 윤리학자인 마르틴 부버M. Buber는 세 가지 유형의 소통이 있다고 말했습니다. '독백', '기술적 대화' 그리고 '진정한 대화'입니다.

독백이란 수직적이고 일방적인 대화를 말합니다. 상대방의 생각이나 답변을 고려하지 않고 혼자서 하는 대화입니다. 자신은 대화하고 있다고 생각하지만 사실을 대화로 위장된 독백(모놀로그)입니다. 예를 들어 십 대가 된 자녀를 앞에 두고 자신의 생각을 일방적으로 강요하는 말을 하면서 자신은 자녀와 대화가 잘 되고 있다고 착각하는 경우입니다. 회사에서 부하 직원들의 생각은 고려하지 않고 일방적으로 목표달성을 강요하는 훈시를 쏟아 붓고는 오늘 회의가 잘 되었다고 생각하는 경우입니다. 교회에서도 목사가 교인들의 상황이나 생각을 고려하지 않고 일방적인 메시지만 독백처럼 말하고 난후 스스로 잘했다고 착각하는 경우입니다. 상대방을 고려하지 않고 자신만을 생각하는 미성숙한 소통의 자세입니다.

부버가 말하는 두 번째 유형은 기술적 대화입니다. 이것은 사실적인 내용을 전달하고 이해시키기 위한 필요성에서 하는 대화입니다. 상대방은 내가 메시지를 전달하고 이해시켜야 하는 대상에 불과합니다. 혼자서 이야기하는 독백이 아니라 대화의 형식을 띠고 있습니다. 현란한 어휘를 구사하고 논리정연한 말을 할 수는 있지만 대화 상대방은 어디까지나 피동적인 객체일 뿐입니다. 상대방을 인격적으로 고려하거나 인정하지 못합니다. 교육 현장에서 교사들이 자신의 지식을 전달하는 과정에서 흔히 일어날 수 있는 소통 양식입니다. 상대방에게 정보를 전달할 수는 있겠지만 진정한 만남이나 소통은 이뤄지지 않습니다.

마지막 유형이 진정한 대화입니다. 이것은 인격적 만남이 일어나는 대화입니다. 상대방을 존중하고 인정하고 있는 그대로 받아들이는 가운데 일어나는 소통입니다. 서로 인격적 대화를 통해 관계가 형성되고 삶의 변화가 일어납니다. 내가 진정한 마음으로 상대방에게 다가가 상대방의 마음과 소통되는 것입니다. 진정한 대화는 진정성이 담기지 않은 언어 기술이나 언변에 의지하지 않습니다. 흔히 말하는 영혼 없는 대화가 아니라 마음과 마음이 서로 통하는 대화입니다. 여기에는 반드시 말이 필요한 것은 아닙니다. 때로는 침묵으로도, 상대방을 이해하고 사랑하는 눈빛만으로도 통할 수 있는 대화입니다.

이런 마르틴 부버의 소통관은 동양의 소통관에서 영향을 많이 받았습니다. 실제로 부버는 동양사상에 관심이 많았고 그에 관한 책을 쓰기도 했습니다. 대화의 기술이나 논리를 강조하는 서양의 소통관에 비해 동양에서는 언어의 기술에 의지하지 않고 마음에서 마음으로 통하는 소통을 추구해 왔습니다. 마음만 통한다면 말이 필요없고 침묵 가운데서도 진정한 소통이 일어날 수 있다고 보았습니다.

가정에서, 학교에서, 직장에서, 교회에서, 사회에서 우리는 주로 어떤 유형의 대화를 나누고 있는지 돌아볼 때입니다. 우리는 혼자서 떠들어대는 일방적인 독백이나 현란한 언어의 기술을 사용해 상대방을 설득시키려는 진정성이 결여된 소통을 반복하고 있지는 않은지요?

기도도 마찬가지입니다. 하나님은 많은 말이나 사람들이 듣기 좋은 멋진 기도문보다 우리의 진정한 마음이 담긴 몇 마디 기도 혹은 침묵의 기도에 더 귀 기울이실 것입니다. 지금이야말로 모든 생활의 영역에서 진정한 소통이 필요한 시대입니다.

기독교 신앙의 중심에 있는 십자가가 바로 막힌 담을 헐고 서로 통하게 하는 소통의 표상입니다. 예수님이 십자가에서 흘리신 보혈로 우리의 죄를 씻어 주시고, 막힌 담을 허시고 하나님께 나아갈 수 있는 길을 열어 주셨습니다. 교회 내의 소통이 잘 이루어지고, 그래서 한마음 한뜻으로 나아가 세상과 소통하는 교회가 되기 위해 십자가의 정신을 회복해야 할 때입니다.

오늘날 한국교회가 가장 고심하는 것 중 하나가 '소통'입니다. 교회 내의 소통뿐만 아니라, 지역 사회 및 주민들과 소통하기 위해 애쓰고 있습니다. 교회 내에서 소통이 원활하지 못하면 그 교회는 공동체성을 잃게 되고, 비전을 상실하게 되며 결국 교회의 생명력을 잃고 말 것입니다. 또한 지역사회와 소통하지 못하고 닫힌 교회는 선교적 사명을 감당하지 못하게 되고 말 것입니다.

교회는 각각의 '나'와 '너'가 만나 '우리'가 되어 함께 만들어 가는 공동체입니다. 한 몸의 지체이기에 진정한 소통이 필요한 관계이고 구조입니다. 그렇기에 교회 공동체는 진정성이 있는 소통이 필요한 곳입니다.

교회 내 갈등의 원인은 소통의 부재에 있습니다. 소통이라 하면 사람들은 자신의 말을 들어주는 것을 기대합니다. 다른 사람의 이야기를 듣는 것보다 나의 이야기를 들어주기를 바라면서 열심히 자신의 이야기를 늘어놓습니다. 그런데 소통의 첫 번째 기술은 말하기가 아니라 듣기입니다. 모두 자신의 마음속 생각과 감정을 말하기에 집중한 나머지 다른 사람들의 이야기에는 귀를 기울이려 하지 않습니다. 이런 자세는 바른 소통을 가로막습니다. 거꾸로 말은 적게, 듣기는 많이 해야 합니다. 야고보서 1장 19절입니다.

> "내 사랑하는 형제들이여, 이것을 명심하십시오. 사람마다 듣기는 빨리 하고 말하기는 천천히 하며 노하기도 천천히 하십시오."

소통하는 교회가 되길 원한다면 교회가 교인들의 목소리를 들을 준비가 되어 있어야 합니다. 제가 아는 어느 교회는 소셜네트워킹서비스(SNS)를 이용하여 교회 내 소통을 원활하게 하려고 많은 노력을 기울이고 있습니다. 연세 드신 분들을 포함하여 다양한 계층으로 하여금 SNS를 잘 활용할 수 있도록 주일 점심식사 후 시간을 이용하여 SNS 교육을 꾸준히 실시하였습니다. 그 결과 교회 내의 여러 부서와 기관들이 SNS를 소통의 도구로 잘 활용하고 있습니다. 교회 내에서 실시되는 교육이나 행사들을 위한 접수나 신청도 SNS를 이용해서 하고 있으며, 설문조사도 구글 설문조사 방식을 이용하여 교인들 각자의 스마트폰이나 컴퓨터를 통해 참여가 이루어지도록 하였습니다. 이처럼 교회가 다각적으로 소통을 위해 노력하는 모습을 보여줄 때 교인들의 교회사랑은 물론 교회가 지역 속에서 건강하게 뿌리내리게 될 것입니다.

잇대어 살아가는
세상을 꿈꾸며

━━━━━━━━━━━━━━━━━ 우리의 삶은 과학적 발견과
기술의 발전을 거듭하며 편리해지고 윤택해졌습니다. 그러나 생활환경
이 변하는 것만큼 우리의 삶도 성숙해지고 행복해져야 하는데 현실은
그렇지 않습니다. 사람들의 마음속 깊은 곳에는 경쟁에 대한 스트레스,
타인에 대한 불신, 깊은 외로움과 두려움이 자리하고 있습니다. 물질적
가치 중심의 사고나 공감하지 않는 사회분위기는 소외된 이웃을 만들어
내고 있습니다.

불공정하고 불의한 상황을 목격해도 자신의 일이 아니면 나서지 않는
것이 현명하다고 생각하는 사람이 많습니다. 타인에 대한 무관심이 도를
넘었습니다. 2012년 미국 지하철역에서 추락해 사망한 한기석 씨 사건
은 미국은 물론 우리 국민들에게도 충격을 주었습니다. 이날 사진기자
우마 압바시는 철로에 떨어지는 한 씨를 보고 구하기는커녕 사진을 찍었
고, 1초라도 빨리 한 씨를 구해야 하는 상황에도 주변에 있었던 미국인
들 중 아무도 그를 구한 사람이 없었습니다. 우리나라의 경우도 자신의
일이 아니면 관심을 가지는 사람이 드뭅니다. 한 남자가 시내 길에서

잠을 자고 있을 때 남자를 깨우거나 인근경찰에 신고해 안전함을 확인하고 가는 사람을 보기 어렵습니다. 대다수는 그냥 지나쳐 갑니다. 남의 일은 상관하지 않아야 편하다는 인식이 팽배합니다.

사망 후 5년이 지나 백골의 시신으로 발견된 여성, 복도식 아파트 현관문이 6일 동안 열려 있었지만 뒤늦게 사망한 채 발견된 남성, 이사할 집을 보러 온 사람에게 발견된 신원불명의 사체, 7명의 자녀가 있음에도 왕래 없이 혼자 숨진 91세 노인……. 이런 뉴스는 믿기 어려운 현실이 다른 나라가 아닌 우리나라에서 빈번하게 일어나고 있음을 전합니다. 혼자 살다, 혼자 죽고, 혼자 발견되는 '고독사'가 늘고 있습니다. 고독사 孤獨死란 자연사, 자살, 병사, 돌연사 등 사망원인과 상관없이 사회와 단절된 채 무관심 속에 홀로 죽음을 맞이하는 것을 말합니다. 급격한 고령화와 1인 세대 증가로 인해 우리나라 고독사 수는 2010년 647명에서 2012년 719명, 지난해 878명으로 점점 늘어나고 있습니다.

KBS가 지난 2013년 조사한 바에 따르면 고독사 중 50대가 가장 많은 29%, 40대는 17%에 달했으며 30대 이하도 6.2%나 기록했다고 합니다. 가장 많을 것 같은 70대는 9.1%, 60대는 17.7%를 차지했고 기타가 21% 였습니다. 1인 가구의 급격한 증가로 과거 독거노인에게 집중됐던 고독사는 최근 저소득층이나 고소득층, 젊은 층이나 노년층을 가리지 않고 일어나고 있습니다. 우리나라 가구의 네 곳 중 한 곳은 '나 홀로 가구'로 밝혀졌습니다. 통계청은 "2014년 현재 1인 가구가 올해 453만 9천 가구로 2000년 222만 4천 가구에 비해 191만 8천 가구(86.2%)가 증가했다"라고 밝혔습니다. 여러 가지 사회적 구조를 볼 때 1인 가구는 앞으로 더욱 늘어날 것으로 전망됩니다. 얼마 전 부산 청학동에서 사망한 지 7개월 만에 발견된 30대 여성의 경우는 은둔형 외톨이로 경제적인 어려움을 겪다 고독사한 경우였습니다. 가족과 떨어져 혼자 살면서 경제적, 심리적으로 어려움을 겪다가 아무도 없는 죽음을 맞이하는 일은 이제 노인들만의 문제가 아닙니다.

일본의 경우 2011년 3만 2천여 건의 고독사가 발생했습니다. 전체가구의 3분의 1이 나 홀로 가구인 일본의 경우 2000년대 초반부터 '유품정리인'이라는 특수청소업종사자가 생겨났고 이들은 유가족을 대신해 고인의 유품을 처분하는 일을 하고 있습니다. 최근에는 우리나라에도 이같은 일을 하는 사람들이 있습니다. 일본에서는 이미 10여 년 전부터 고독사를 사회 문제로 부각시켜 4, 50대 장년층까지 '고독사 제로 프로젝트'를 시행하고 있습니다. 최근 언론사들의 고독사에 대한 집중조명으로 우리나라도 '소 잃고 외양간 고치기' 식의 대책마련에 박차를 가하고 있지만, '독거노인 사랑 잇기 캠페인', '노인 안전 돌보미' 등 독거노인에게 집중편성돼 있을 뿐 중·장년층 1인 가구에 대한 대책은 부족한 현실입니다.

60대 이상 고령 1인 가구의 경우 저소득층 비율이 90%를 넘었습니다. 실업문제와 고령화 사회로 인해 경제적 형편이 어려운 나 홀로 사는 노인들에 대한 복지 문제도 심각합니다. 이에 따라 국가나 각 복지단체에서는 무연고 독거노인의 장례를 도울 노인 돌보미와 자원봉사자를 모집합니다. 무연고 독거노인이 사망할 경우 노인 돌보미와 자원봉사자가 독거노인의 상주가 돼 이들의 죽음을 알리고 최소한의 추모 의식을 진행하기 위해서라고 합니다.

고독사에 대해 경악하고 비난하기보다 일어날 수밖에 없는 현실로 받아들이고 대안을 연구를 해야 합니다. 윤리나 도덕적인 면을 강조해도 생활의 변화 발전을 막을 수는 없습니다. 혈연중심의 공동체로 살아온 우리는 사회문제에 대한 공동책임 의식이 적었습니다. 급속히 발전해가는 물질문명의 사회에서 발생한 문제는 나, 이웃, 사회의 책임이라는 생각으로 바뀌어야 합니다.

종교계에서도 오래전부터 각 단위 종교기관마다 반찬 나눔과 김치 나눔, 복지사각지대 세대방문, 사랑의 연탄 나눔 활동 등 독거노인부터 1인 세대까지 많은 도움의 손길을 보내고 있습니다. 이처럼 고독사를 막기 위해서는 정부의 보여 주기식 노인 돌봄 서비스가 아닌 우리 모두가 '남 일이 아니다'라는 생각을 가지고 그들에게 따뜻한 손길을 내밀어야 할 것입니다.

고독한 죽음은 날씨가 추워질수록 더욱 증가합니다. 난방 기구를 이용하다가 화재가 발생해 사망하기도 하고 연탄이나 화로로 불을 때다가 가스 중독으로 사망하기도 합니다. 처음부터 외로운 사람은 없습니다. 1인 가구 450만 시대, 혼자 사는 사람들에게 가장 필요한 것은 함께 얘기할 수 있는 '누군가'입니다. 기쁠 때나 슬플 때 말할 수 있는 사람이 없다는 것만큼 슬픈 일은 없습니다. 홀로 외로움과 싸우는 이들이 없도록 주위를 돌아보았으면 합니다.

우리가 사는 세상이 '위기의 사회'라고 하지만 훈훈한 소식도 많이 들려옵니다. 해마다 구세군 자선냄비에 억대 기부를 한 기부자, 몸과 마음을 다해 소외된 이웃을 돌보는 수많은 자원봉사자들, 수백만 원이 든 손가방을 찾아 준 대학생, 현금 수십만 원을 찾아 준 버스기사, 음료수 캔을 모아 불우이웃돕기에 나선 상인들, 노인들에게 6년간 무료 국밥을 제공하는 식당주인 등 소외된 이웃을 위한 선행을 실천하는 정의롭고 따스한 이웃들이 있습니다.

살기 힘든 것 같지만 정작 사회는 더 따뜻하고 살 만한 곳이기도 합니다. 감사와 은혜의 시선으로 세상을 바라보면 세상은 아름다운 곳이기도 합니다. 어려움에 처한 사회와 상대에게 관심을 가지고 공감해 주는 태도가 필요합니다. 상대방의 의견에 대해 '왜 그런가'보다 '상대방의 얘기를 있는 그대로 인정하고 끝까지 들어주는 태도'가 정말 중요합니다. 어려움에 처한 이웃들은 그들의 얘기에 귀 기울이지 않기 때문에 하소연할 곳이 없고 점점 누군가에게 힘들다는 말을 할 수 없는 사회가 되어 간다는 의미이기도 합니다.

정부나 지자체에서도 더 다양하고 촘촘한 사회적 안전망을 개발하고 구축해야 합니다. 종교계에서는 물질문명을 다스리고 마음의 힘을 길러 주는 다양한 수양과 교육 프로그램들이 활발하게 진행해 나가면 좋겠습니다. 먼저 자신을 사랑하고 인정하는 마음의 힘을 갖춰 이러한 사회문제 해결에 앞장서면 좋겠습니다.

매일 커피를 마시는 사람들이 먼 나라 땡볕 아래에서 온종일 커피콩을 따는 다섯 살배기 어린아이 얼굴을 매일 떠올리긴 어려울 수 있습니다. 그렇다면 가까운 일상에서는 공감하며 배려하는 모습일까요? 어렵사리 목발을 짚고 걷는 사람을 쳐다보지도 않고 문을 쾅 닫기도 합니다. 이혼 위기를 토로하는 친구 옆에서 하품을 하기도 합니다. 만연한 무관심, 공감 결핍의 단면입니다.

우리는 흔히 공감을 단순히 타인에 대한 친절함, 배려, 동정심 등과 동일시합니다. 하지만 공감은 동정심과 다릅니다. 동정심은 상대방을 불쌍하게 생각하는 마음일 뿐입니다. 공감은 상대의 처지에 서 보고, 그의 감정이나 태도 등을 이해하고, 그렇게 이해한 것을 행동하는 것입니다. 모든 사람이 선천적으로 갖고 있는 역량입니다.

우리는 자라온 환경이나 교육으로 인해 본인이 원하든 원하지 않든 변형되고 메마른 자신으로, 남을 누르고 일어서는 경쟁 논리 속에 자신을 던지고 살아가지만, 자신의 마음 한 구석에선 허전함과 공허함을 달래 줄 마음의 안식처를 갈망합니다. 세상이 아무리 각박하고, 전쟁이 끊이지 않고, 살인과 폭력·분쟁이 끊이지 않고, 사랑과 양보 대신 경쟁과 약육강식의 논리가 지배한다고는 하지만 그래도 사회를 구성하는 존재는 사람입니다. 순수함과 따스함을 간직한 사람, 모성을 그리워하는 사람, 눈물을 흘릴 줄 아는 사람입니다. 조금만 더 관심 갖고 조금만 더 귀 기울이면 나를 넘어서서 우리가 됩니다. 냉혹한 무관심의 세계를 깨뜨리고, 인류애·형제애를 실현하기 위해서는 타인의 삶과 생각 등에 공감하는 노력이 필요합니다. 무관심의 사회는 우리가 함께 개선해 나갈 우리 시대의 과제입니다. 고린도전서 12장 26절입니다.

만일 한 지체가 고통을 당하면 모든 지체가 함께 고통을 당하고 한 지체가 영광을 얻으면 모든 지체가 함께 기뻐합니다.

고통받는 이웃들이 어디에 있는지, 지금 나의 시선은 어디에 있는지부터 들여다볼 때입니다. 우리 스스로 타인에 대한 관심과 어려운 이에게 진심으로 공감해 주는 태도를 가지도록 마음의 힘과 실력을 길러야 합니다.

세대 통합을 위한
상생의 노력

───────────── 어제에 비해 오늘 우리는 하루가 멀다 하고 변화무쌍한 세상을 살고 있습니다. 환경도 변하고 사람도 변하고, 우리 자신도 변했습니다. 모든 조직이나 공동체는 많은 변화와 발전을 거듭하면서 오늘에 이르렀습니다. 그러나 이런 발전은 하루아침에 그냥 쉽게 이루어진 것이 아닙니다. 오늘의 발전이 있기까지는 바로 어제의 피와 땀과 눈물이 있었기 때문입니다. 어제의 진통陣痛은 우리에게 값진 유산遺産이며 동시에 또한 힘겨운 부담負擔이 될 수도 있습니다. 우리의 역사적 뿌리를 찾아 과거의 사실을 비판적으로 수용하고 검토해서 오늘과 내일에 새로운 의미를 부여하는 것은 중요한 일입니다.

과거 우리 선조들이 가업이나 가풍을 소중히 여기고 계승하여 자녀의 인격 형성에 많은 영향을 미쳐 왔듯이 종교도 창시자의 근원정신을 추구하며, 시대적 상황에 따라 시대정신을 부둥켜안고, 항상 새롭게 자기변혁을 거듭하면서 의미를 능동적으로 재조명해 나가는 전통을 계승하여 발전에 발전을 거듭해 왔습니다. 그러나 이런 정신은 인위적인 교육이나 제도나 규정도 있지만 더 효과적이고 확실한 것은 자연스럽게 가슴에서 가슴으로 전해지는 것입니다.

한 가정이 잘되려면 그 집안이 화목하고 평온해야 하듯이 종교도 더욱 발전하고 성숙하려면 우선 선배와 후배의 관계에서 서로 신뢰하고 화합하는 풍토를 구축해야 합니다. 오늘의 종교가 있음은 선각자들이 있기 때문이고, 후진이 이어받아 발전시켰기 때문에 서로 감사해야 합니다. 선배와 후배가 서로 얼싸안고 업어서라도 위해 줘야 합니다.

그런데 오늘날 종교를 보면 그렇지 못한 것 같아 안타깝습니다. 물론 이는 종교만의 문제는 아닙니다. 이른바 세대 차이에 따른 갈등과 불화가 종교에서도 드러납니다. 선배와 후배의 가치판단과 입장의 차이가 종교의 균열을 가져옵니다. 이는 곧 종교의 하나 됨을 훼손하는 분열의 핵심요인입니다. 선배와 후배의 가치판단과 입장 차이는 급변하는 사회속에서 전통윤리의 몰락과 가치관의 혼란 등으로 세대 간의 격차가 심해진 현실 때문입니다. 이것이 종교에도 그대로 적용되고 있습니다. 받들고 싶어도 받들 마음이 우러나지 못하게 하는 선배! 잘 가르쳐 종교와 가정과 사회의 일꾼으로 키워 주고 싶어도 그럴 만한 후배를 발견할 수 없는 안타까움이 서로 쌓여 선배와 후배의 화합을 저해하고 있습니다.

선배와 후배의 차이는 마치 두 갈래의 철로鐵路처럼 무한정 평행선인 것 같습니다. 서로 자기만의 외침에 급급하고 상대방의 이야기에 귀 기울이려 하지 않습니다. 선배와 후배의 불화는 세대 내의 불화로도 이어지고 맙니다. 이것이 심해지면 결국 종교는 사분오열四分五裂되어 이리저리 찢기고 말 것입니다.

종교가 유지를 넘어, 발전에 발전을 거듭하려면 부단한 자기변혁을 이루어 나가야 합니다. 변혁은 남에게서 오는 것이 아닙니다. 내가 먼저, 나로부터 시작해야 합니다. 선배는 후배 사랑으로, 후배는 선배 사랑으로 가족공동체처럼 어우러져야 합니다. 종교는 경전을 공동의 교재로 삼고 한 자리에 모여, 교제에 힘써야 합니다. 서로 식사는 나눔으로 정기적인 수련회를 통해 정감情感을 나누는 데 힘써야 합니다. 저마다 바쁜 삶이 있고 사이버 세계가 일상적인 시대로 변한 것은 사실이지만 이러한 때일수록 종교는 모이기에 힘써야 합니다.

부모의 권위와
지혜로운 훈계

─────────────── 사회학자인 르우벤 힐Reuben Hill은 십대 부모의 자녀양육 스타일을 네 가지로 분류했습니다. 첫 번째 는 허용하는 부모입니다. 이들은 자녀에게 무조건적으로 사랑은 많이 주지만 훈계의 수치는 낮은 부모입니다. 이러한 부모는 열등감이 있고 자존감이 낮은 아이로 만든다고 합니다. 아이는 사랑받는다고 느끼지만 자기의 한계에 대해 확신할 수 없게 되어 매우 불안전한 상황 가운데 방치된다는 것입니다. 진정한 사랑이 아닌데도 혈육 간의 애정이 앞서서 아이를 그르치게 되는 유형이라고 할 수 있습니다.

두 번째는 태만한 부모입니다. 이들은 자녀에게 사랑을 표현하지 않 을 뿐만 아니라 훈계할 만큼의 관심도 없습니다. 부모에게 친밀함을 거 의 느끼지 못하고 자란 아이는 스스로 버림받았다고 느낍니다. 이런 아 이는 생각보다 훨씬 깊은 감정의 상처를 가지고 자랍니다. 표현하지 않 는 사랑은 사랑이 아니라고 했습니다. 혈연으로 묶여 육적인 애정을 주 기보다는 적절한 영적인 교훈을 주고 사랑을 표현하면서 가까이 다가가 는 것은 자신에게도 아이에게도 좋은 영향을 주게 될 것입니다.

세 번째는 권위적인 부모입니다. 이들은 사랑이나 애정은 잘 표현하지 않으면서 훈계는 매우 엄격하게 합니다. 이러한 부모들의 자녀는 쉽게 반항하는 기질을 갖기 쉽습니다. 금지하는 것도 많고 반드시 해야할 일도 많기 때문에 책임감은 매우 강합니다. 그러나 아이가 자라면서 견디지 못하고 집을 떠나기까지 하며 심지어는 하나님을 떠나기도 합니다. 가끔 옳지 못하다 여겨지는 일들을 보면 권위가 먼저 앞설 때가 있습니다. 감정이 앞서고 권위를 동반하여 아이를 훈계하다 보면 나의 교만함을 보지 못할 때가 있습니다.

네 번째는 권위 있는 부모입니다. 이들은 사랑과 훈계를 가장 잘 조합하는 부모입니다. 횡포를 부리는 권위주의자가 아니라 따뜻하지만 엄격한 권위를 가진 부모입니다. 분명한 경계는 있지만 매우 따뜻합니다. 부모는 아이에게 필요한 훈계를 타협하지 않으면서도 아이를 존중하고 배려해 줍니다. 그 결과 이러한 부모 밑에서 자란 아이는 높은 자존감을 가지고 정서적으로도 안정된 아이로 자라게 됩니다.

우리는 모두 이러한 권위 있는 부모가 되고 싶어 합니다. 저도 그렇습니다. 그런데 이것이 생각처럼 쉬운 게 아닙니다. 훈계는 부득이한 경우 자녀의 잘못된 습관을 막기 위해 필요한 것입니다. 훈계는 아이가 어디로 가는지 그 방향을 지켜보면서 잘못된 길로 가지 않게 하는 방법입니다. 훈계하고 꾸지람하면 아이가 불평하고 투덜거리고 힘들어 할 수도 있습니다. 아이들이 꾸지람하는 부모를 싫어하고 미워할 수도 있습니다.

그러나 아이의 분노나 짜증은 일시적인 상처입니다. 아이의 삶이 걸린 문제인데 아이의 일시적인 상처가 두려워 타협하여 훈계를 하지 않는다면 나중에 더 큰 상처를 자녀에게 주게 될 것입니다. 내 자녀가 나의 훈계를 좋아할지를 생각지 말고 몇 년 후에 그 아이가 나를 사랑하게 될지를 생각하면서 훈계해야 합니다.

이른바 문제청소년들 대다수가 가정에서 부모에게 훈계를 받지 않고 자랐으며 그들의 마음속에는 부모가 자기들을 사랑하지 않기 때문에 훈계하지 않는다고 생각한다는 말이 있습니다. 성경은 자녀를 사랑해야 함을 강조하지만 그와 동시에 자녀를 훈계해야 함을 일깨워 주는 기록이 있습니다. 잠언 3장 11~12절입니다.

내 아들아, 여호와의 훈계를 업신여기지 말고 그 꾸지람을 싫어하지 마라. 여호와께서는 사랑하시는 사람을 훈계하고 벌 주시되 아버지가 그 기뻐하는 아들에게 하는 것과 같이 하신다.

히브리서 12장 5~6절입니다.

또한 여러분은 하나님께서 아들들을 대하듯이 여러분에게 하신 권면의 말씀을 잊었습니다. 이르시기를 "내 아들아, 주의 훈계를 가볍게 여기지 말고 그가 책망하실 때 낙심하지 마라. 주께서는 사랑하시는 사람을 연단하시고 아들로 받으신 사람들마다 채찍질하신다"라고 하셨습니다.

8절입니다.

아들이 받는 모든 연단을 여러분이 받지 않는다면 여러분은 사생자며 아들이 아닙니다.

훈계는 사랑의 표현입니다. 사랑하기 때문에 훈계한다는 것을 자녀도 느끼게 해야 합니다. 이러한 훈계는 항상 일관성이 있어야 합니다. 부모의 감정이나 분위기 때문에 어느 순간 타협하는 것이 더 편하다는 생각이 들 때가 있습니다. 그러면 아이들도 눈치로 그것을 압니다. 성경에 나오는 엘리 제사장은 자기의 아들들의 비행을 알고도 말로만 지적했을 뿐 실제로는 어떠한 징계도 하지 않았습니다. 당시에 간음과 도적질은 죽임을 당해야 하는 중한 죄이었지만 아무런 징계가 없었던 것입니다. 그 결과는 엘리의 가족에게도 비극이었지만 이스라엘 민족 전체에도 큰 해가 되었습니다. 부모가 훈계를 하는 목적은 자녀가 올바른 길로 가게 하는 것입니다. 자녀가 올바른 길로 가게 하기 위해서는 부모는 말과 행동으로 확실하게 경고하고 그 결과를 확실하게 알려 주어야 합니다. 히브리서 12장 11절입니다.

모든 연단이 당시에는 즐거움이 아니라 괴로움으로 보이지만 나중에는 그것을 통해 연단된 사람들에게 의로운 평화의 열매를 맺게 합니다.

그렇습니다. 징계 곧 훈계는 즐거워 보이지 않고 슬퍼 보이지만 나중에 의와 평강의 열매를 맺는다고 했습니다. 훈계를 받는 당시에는 슬프고 불만스럽고 불평을 가지게 될 것이지만 그것에는 분명한 가치가 있습니다. 훈계의 고통과 불편함을 좋아하는 사람은 없지만, 언젠가는 역경을 되돌아보며 그만한 노력을 기울일 가치가 있었다고 말할 것입니다. 아이에게 단호하게 '안 돼'라고 말하는 것으로 아이가 부모를 싫어할 수도 있습니다. 그러나 그것이 아이가 맺는 의와 평강의 열매를 보는 길이 될 것을 기뻐하며 행해야 합니다.

종교,
그 언저리에서 길을 묻다

4

종교 이해

종교다운
종교

이 땅에 종교는 참 많기도 합니다. 다종교사회에 걸맞게 별의별 종교들이 많습니다. 그리고 개별 종교 내에서도 다양한 특징을 지니는 개별 종교들이 많이 있습니다. 같은 종교적 교리와 구성이라고 해도 그 종교 공동체의 구성원들에 따라, 그 종교 공동체가 딛고 있는 지역에 따라 다른 특성을 지녀야만 합니다. 판에 박은 듯이 비슷하다면 개별 종교마다 지닌 특성이 없으니 그저 그런 것으로 호감을 주지 못할 것입니다. 부디 바라기는 종교 공동체가 이 땅에 수많은 종교 공동체 가운데 또 하나의 숫자를 늘리는 것이 아닌, 그 나름의 고유한 의미를 지녔으면 좋겠습니다.

종교가 그 종교만을 위한 그 종교 구성원들만을 위한 것이 아닌, 종교를 넘어서 지역사회를 책임지는 종교, 그리고 이 땅에 존재하는 거짓되고 부패한 종교를 개혁해 나가는 모범이 되는 종교가 되기를 바랍니다. 최근 오래된 종교들은 마치 유럽의 기독교 교회들처럼 신자들이 고령화되면서 종교도 늙어 가는 것 같아 우려를 자아냅니다. 그러나 가만히 보면 종교가 늙어 가는 것은 고령층이 많아서가 아니라, 새로운 청년의 꿈과 열정이 식었기 때문입니다. 종교는 끊임없는 도전을 계속하면서 변혁해 나가야 합니다. 과거의 영광에 만족하지 말고 미래를 준비해야 합니다. 그러면서 오늘에 충실한 종교가 미래를 주도하게 됩니다. 오늘이 좋은 종교가 아니라, 내일이 좋은 종교가 되도록 새로운 세대에 대한 기대와 지원을 아끼지 말아야 합니다.

언젠가 어느 교회에서 있었던 감동이 가득한 이야기를 하나 들었습니다. 그 교회 장로님의 자녀들이 고희연古稀宴을 맞이해서 성지순례聖地巡禮를 가시라고 봉투를 드렸다고 합니다. 자녀들의 정성이 담긴 귀한 봉투를 기쁘게 받은 장로님은 그의 아내 되는 권사님과 상의한 끝에 봉투를 들고 교회 담임목사님께 찾아갔습니다.

"목사님, 이 돈을 성지순례에 가는 것보다 돈이 없어서 공부를 못 하고 있는 훌륭한 인재들을 위한 장학금으로 써 주십시오."

"아직 정정하실 때 두 분이 다녀오시지요. 자녀 분들의 정성도 있고요. 제가 교회에서 장학금은 따로 마련하겠습니다."

"목사님 말씀은 감사합니다만 저희 뜻을 받아 주세요. 저희 둘은 몇 년 후면 성지보다 더 좋고 아름다운 천국에 갈 것인데, 이 나이에 이스라엘에 갔다 온들 무슨 유익이 있겠는지요. 그러나 적은 돈이지만 미래를 위해, 꿈을 꾸는 젊은이들의 아들과 딸들을 위해 쓰는 것이 하나님께서 더 기뻐하실 일입니다. 한 가지 더 바라는 점은 우리 교회에 출석하는 젊은이들보단 지역의 다른 젊은이들에게 전달되면 더 좋겠습니다. 교회의 젊은이들은 그동안 해 온 대로 교회재정으로 해 주시고 저희가 드리는 돈은 이번에 교회의 벽을 넘어서 쓰이기를 바랍니다. 저희 집과 재산도 이를 위한 장학회로 모두 기부하겠습니다. 저희 생각에는 이것이야말로 지역 교회가 지역을 섬기고 함께하는 일인 것 같습니다. 우리 교회가 우리 젊은이들에게 장학금을 주는 것은 부모가 자녀에게 학비를 대는 것처럼 당연한 것이고, 이것을 넘어서는 사랑을 실천하는 게 바로 우리 기독교정신이라고 생각합니다."

장로님은 평소 자신의 자녀만이 아니라 교회의 자라나는 세대들에게 관심을 갖고 지원하는 일에 애쓰셨습니다. 교회에서 아이들을 만나면 반갑게 먼저 인사하시고 이름을 불러 주셨습니다. 그러면서 늘 교회에서 아이들을 위한 배려와 지원의 중요성을 강조해 오셨고, 지역의 아이들을 위한 복지와 장학에도 관심을 갖고 힘쓰셨습니다.

장로님이 교육자나 교육전문가여서 자라나는 세대에게 관심가지신 것은 아닙니다. 장로님은 초등학교를 겨우 졸업하고 갖은 고생 끝에 가정을 이루고 살아온 평범한 분이셨습니다. 이렇다 할 사회적 지위나 부유함도 없이 우직愚直할 정도로 성실하게 살아오셨습니다. 그리고 자신이 못 배운 한恨을 자녀들을 통해 이루려는 여느 사람들과 장로님은 달랐습니다. 자신의 자녀만이 아니라 교회와 지역의 자라나는 세대에게까지 자신이 못한 것을 이루게 하셨습니다. 이런 장로님이야말로 참된 기독교정신을 구현하는 지표指標입니다.

이와 같이 종교가 그저 그런 곳이 아니라 뭔가 호감이 생기고, 사회적인 신임을 받으며, 존경을 받으려면 종교를 구성하는 사람이 종교 본연의 정신에 투철해야 합니다. 앞서 말씀드린 장로님과 같은 구성원들이 많아야 합니다. 아무리 신자 수가 많고, 건물이 화려하고, 재정이 탄탄하다고 해도 종교를 구성하는 사람들이 이와 같지 않으면 그 종교는 모래 위에 세운 집처럼 쉽게 무너지고 맙니다. 종교를 이루는 구성원들이 종교의 근본정신에 충실할 때, 그 종교는 반석 위에 세운 집처럼 단단해서 그 어떤 시련에도 굴하지 않고 생명력을 이어갈 것입니다.

이를 위해서 종교에서 교육이 중요합니다. 종교의 근본정신을 분명히 가르치고 지켜 나가도록 해야 합니다. 종교의 아름다운 전통을, 선배들의 헌신을 이어받아 종교 내에서는 물론이고 사회에서도 빛으로 살아내도록 해야 합니다. 오늘날 종교의 위기는 사람의 위기이기도 합니다. 신자는 많은데 참된 신자가 없습니다. 그러다 보니 분명 메이저 종교의 경우 엄청난 신자 수와 종교시설과 엄청난 재정 그리고 종교지도자들의 스펙이 여느 사회조직 못지않음에도 우리 사회에서 종교는 힘이 없어 보입니다. 기득권 유지에는 힘을 발휘하지만 사회적 신망은 얻지 못합니다.

또한 기득권을 내려놓는 결단이 있어야 합니다. 종교 지도자와 기성세대는 자신들의 공헌을 내세우기보다는 미래의 주인공들을 존중하고 이들을 품고 이들에게 기회를 주는 미래지향적인 방향으로 나아가야 합니다. 이를 위해서는 자신들의 공헌으로 기록되고 기억되는 과거를 잊어야 합니다. 흘러간 과거로부터 벗어나야 합니다. 이전에 이뤘던 업적도, 상처도 말끔히 씻어내야 합니다. 묵은 정신으로는 구태의연함으로는 새로움을 담아낼 수가 없습니다. 새 포도주는 새 부대에 담아야 합니다. 과거에 발목 잡혀 있는 상태로는 미래로, 앞으로 한 발자국도 나아갈 수 없습니다. 기성세대들은 말합니다. "우리 때는 잘했는데 지금은 왜 안 된다고 하냐? 열정적으로 임해라." 이 말은 자신들을 존경하고 따르고 우리 식대로 하라는 뜻입니다. 그러나 가만히 보면 이 말은 시대의 변화를 망각한 말입니다. 또한 과거의 영광만 기억하고 과오는 인정하지 않고 감춘 것일 뿐입니다.

오늘날은 산업사회와는 다릅니다. 대량으로 공장에서 찍어내듯 똑같은 모양의 제품처럼 언제 어디서나 똑같은 종교일 수는 없습니다. 이 땅에는 수많은 종교가 있고 개별 종교 내에서도 수많은 종교가 있습니다. 종교도 이제 고유한 개성과 독특한 매력이 있어야 합니다. 유명한 맛집에 가면 여러 요리가 아니라 한 가지 특성화된 메뉴가 사람을 끕니다. 다른 종교와 다른 어떤 특징, 어떤 독창성이 있는지가 중요합니다. 오늘날 종교가 지닌 문제가 백화점과 같다는 사실입니다. 이 종교를 가든 저 종교를 가든 특색이 없습니다. 뭔가 특색이 있는 개별화된 종교 공동체로서 구조를, 형태를, 이미지를 바꿔가야 합니다. 오늘날 정보가 넘치는 풍요 속에서 이것도 아니고 저것도 아니게 모든 것을 섞어 놓을 것이 아니라 과거에서 벗어나 버릴 것은 버리고 떼어 버릴 건 떼어 버려야 합니다. 그래야만 가지고 있는 것이 분명하게 보입니다. 좀 더 단순화하고 집중화해야 합니다. 이제는 종교도 캐릭터가 분명해야 합니다. 모든 것을 종합선물세트처럼 잡다하게 운영할 수는 없습니다. 그런 점에서는 종교인들의 삶도 신앙생활도 좀 더 단순화되어야 합니다.

종교는 긴장을 놓쳐서는 안 됩니다. 식지 않는 열정이 있어야 합니다. 시간이 없습니다. 어느 미래학자는 우리나라 모든 종교는 앞으로 5년이 골든타임이라고 말합니다. 사람에게 성장의 때가 있듯이 종교도 성장하고 성숙해야 합니다. 이를 위한 변화에 주저하지 말아야 합니다. 나태함과 안일함은 곧 퇴보요, 쇠퇴입니다. 변화를 위해 미래를 향해 달려가야 합니다. 종교의 미래는 준비된 사람들에 의해 밝아집니다. 선하고 아름다운 일을 위해서 기도(수도)만 할 수 없습니다. 이를 위한 올곧은 실천도 함께해야 합니다. 그러나 실천만으로 종교가 종교다워지고 활성화되는 것은 아닙니다. 미래를 예측하고 철저히 준비해야 합니다.

종교생활인은 종교생활인다워야 합니다. 종교생활인들이 세속을 떠나 사는 것이 아닌 이상 비종교생활인과 마찬가지로 가정을 이루고 사회를 이루며 살아갑니다. 종교인들 사이에도 돈이 오가고, 만남과 헤어짐이 있습니다. 천사가 아닌 이상 돈도 있어야 하고 경쟁도 불가피합니다. 그러나 종교인은 비종교인들보다는 그래도 겸손함과 진실함과 따뜻함이 더 많아야 합니다. 모든 일에 겸손함을 드러내 보여야 합니다. 진실함을 담아서 사람을 대하고 일해야 합니다. 그리고 따뜻함을 실천해야 합니다. 비종교인들이 겸손함을, 진실함을, 따뜻함을 경험한다면 종교는 자연스럽게 친근한 이웃이 되고 존경의 대상이 될 것입니다. 자연스럽게 전도(포교)가 가능해집니다. 무한 경쟁 사회에서 지치고 피곤한 사람들이 종교에 와서 위로받고 새 힘을 얻도록 종교인들이 성숙한 삶을 보여 주어야 합니다.

종교는 자신을 자랑하러 사람들이 모인 곳이 아닙니다. 자신의 능력을 과시하러 가는 곳도 아닙니다. 세속적인 지위나 학벌이나 재력을 낮추는 사람의 참다움이 인정받는 곳이 종교입니다. 겸손해야 합니다. 진실해야 합니다. 따뜻해야 합니다. 한마음으로 나와 다른 이를, 다른 사람을 끌어안는 종교 공동체가 되어야 합니다. 이것은 다른 그 누군가가 아니라 내가 먼저입니다. 내가 먼저 성숙해야 합니다. 내가 먼저 겸손과 진실과 따뜻함으로 말하고 행동해야 합니다.

오늘날 다는 아니지만 종교들이 사회적 지탄을 받거나 눈살을 찌푸리게 하는 일들마저 발생하곤 합니다. 어쩌다가 우리의 종교들이 사회적 신망과 존경은 고사하고 이 지경에 이르렀는지 통탄할 노릇입니다. 부디 종교들이 처음의 자세, 근본 자리를 되새겨 우리 사회를 아름답게 하는 귀한 사명을 감당해 주기를 기대해 봅니다.

편견과 차별을
넘어서는 종교

종교적인 신앙信仰은 신에 대한 어떤 변치 않는 확신이라고 생각합니다. 이 신앙은 삶의 기준이 되어 살아갈 용기가 되고 신념이 되어 삶을 지탱하게 하는 힘이 됩니다. 그러나 신앙은 자신과 의견이 다른 사람을 마치 신의 뜻에 어긋난다고 하는 차별적인 생각을 갖게 하기도 합니다. 이건 바른 신앙이 아니라 신앙의 이름을 빙자한 하나의 이념입니다. 신앙과 이념은 명확하게 구분되지 않는 것 같지만 분명한 차이가 있습니다.

신앙은 열려 있는 쉼표인 반면, 이념은 닫힌 마침표와 같습니다. 그러므로 이념의 탈을 쓴 신앙이 아닌, 순전純全한 신앙이 되려면 마침표가 아닌 쉼표가 되도록 부단히 노력해야 합니다. 마침표가 되면 그때부터 그 신앙은 절대적인 이념이 되고 맙니다. 다른 사람의 의견에 귀를 기울이지 않고, 자기주장만을 고집하고, 다른 사람을 비난하면서 공동체 내에서 분열과 갈등을 일으킵니다.

지난 2015년 5월 13일 미국 바이블 벨트에 속한 찰스톤이라는 도시에서 20세의 백인 청년이 200년이 넘는 역사 깊은 흑인교회의 성경공부에 참여한 사람들에게 총격을 가해 담임목사를 비롯한 9명을 살해했습니다. 지난 2014년부터 백인경찰들의 흑인시민들에 대한 불필요한 살인사건이 여러 도시에서 있었고 이로 인해 시민폭동이 있었기에 이는 미국 사회를 또 다른 폭풍으로 몰아갈 수 있는 엄청난 사건이었습니다. 이 사건으로 인종 간의 심각한 갈등이 야기될까 하는 우려가 있었습니다. 이처럼 백인과 흑인의 긴장감이 팽배했던 순간 놀라운 사건이 벌어졌습니다. 이 일에 전 세계가 감동에 휩싸였습니다.

이 날 희생자 가족들이 살인자에 대한 용서를 선언해서 백인 인종차별주의자들을 부끄럽게 했습니다. 오바마 대통령은 추모식에 참석했습니다. 숙연한 추모식 현장에서 오바마 대통령은 참석한 사람들을 감동시켰습니다. 오바마 대통령은 처참한 참사에 대한 애도의 뜻을 전할 것으로 예상한 추모사 대신 노래 한 곡을 감정을 가다듬어 불렀습니다. 그 노래는 영국의 흑인노예선 선장이었던 존 뉴톤이 회심悔心한 이후 가사를 만든 'Amazing Grace'였습니다. 우리말 찬송가로는 '나 같은 죄인 살리신 주 은혜 놀라워'입니다.

인종차별을 자행하는 백인들은 대부분은 대대로 독실한 기독교신앙인들로 교회에 출석합니다. 그런데 왜 인종차별을 그것도 폭력을 서슴지 않을까요? 더욱이 살인까지 해 가면서 말입니다. 그 이유는 이들은 자신들의 신앙이 이를 허용할 뿐만 아니라 이를 독려하기 때문입니다. 이들은 자신들이 믿는 하나님이, 성경이 교회가 그렇게 하도록 허락하고 권장한다고 믿기 때문입니다. 이런 이들의 신앙이 옳은 것일까요? 이건 신앙이 아니라 하나의 이념입니다. 백인 우월주의에서 나온 일그러진 종교심입니다. 이는 인간의 이기적 욕망에서 나온 특권적 우월의식에서 나온 이념입니다.

말할 수 없는 질병으로 고통 받는 사람들이 예수에게 간절히 병을 고쳐 달라고 하니 이들을 불쌍하게 여겨 병을 고쳐 주는 예수에게 성경에 "안식일을 거룩히 지켜야 하고 이를 위해서는 안식일에 절대로 일을 해서는 안 된다"라고 하면서 예수와 병자들 비난하고 반대한 이들도 바른 신앙이 아닌 이념적 신앙이었습니다. 이는 인간을 도구화하는 하나의 이념일 뿐입니다. 이들은 이렇게 믿고 확신하기에 이에 반대되는 이들을 철저하게 괴롭히는 데 열심입니다. 그러나 예수는 그들이 절대적인 근거로 제시한 성경을 들어 그들의 잘못된 신앙을 일깨워 주면서 "안식일이 사람을 위해 존재한다"라고 말했습니다. 사람이 중심입니다. 생명이 중심입니다. 병들고 연약한 사람이 중심입니다.

인간에 대한 편견과 차별은 미국에만 존재하는 것이 아닙니다. 우리나라도 지역 차별, 학벌 차별, 빈부 차별, 여성 차별 등 수많은 차별이 있습니다. 탈북한 사람이나 연변 출신에 대한 차별은 물론 얼굴 색깔이 다르다고 동남아시아 사람들에 대한 차별도 계속 일어나고 있습니다.

성경에 보면 하나님이 아브라함에게 이삭을 바치라고 명령하는 장면이 나옵니다. 왜 그랬을까요? 전설에 나오는 이무기와 같은 신적 존재들이 사람들과 공동체를 힘으로 위협하면서 처녀를 제물로 바치라고 요구하는 것처럼 하나님도 사람을 제물로 바치는 것을 바라는 신이라고 그런 것일까요? 그렇지 않습니다. 그 이유는 아브라함에게 그의 독생자 아들 이삭이 아브라함의 소유가 아님을, 하나님이 허락하신 존재임을 분명히 하려 함입니다. 또한 아브라함이 '이삭은 하나님이 주신 축복의 선물이니 결코 사라지지 않을 것'이라는 신앙을 깨기 위함입니다.

지금 내가 배우고 알고 깨달은 것들이 전부가 아니라는 사실, 죽을 때까지 배우는 학생이라는 깨달음, 내가 틀리고 다른 사람이 옳을 수도 있다는 열린 마음의 자세와 너그러움. 그래서 언제나 내 생각은 변할 수 있고, 또 변해야 함을 상기想起해야 합니다. 만일 내 것만 고집하며 확신할 때, 신앙은 건강성을 잃고 맙니다. 다른 사람을 판단하고 정죄하고 규정지으면서 화합이 아닌 대립으로, 사랑이 아닌 미움으로, 평화가 아닌 분쟁으로 왜곡되고 맙니다. 그렇게 되면 신앙이 강하고 깊을수록 종교생활을 깊게 할수록 어둠이 늘어갈 것입니다. 종교생활을 하는 사람들은 끊임없이 자신의 신앙을 점검해서 건강성을 유지하도록 기도와 수도생활에 힘쓰고, 말과 행동에 앞서 이것이 신앙인지 이념인지를 분별하는 신중한 자세를 잊지 말아야 합니다.

시대 변화와
종교

한국갤럽이 1984년부터 2014년까지 30년간 우리나라 종교인들의 실태 변화를 조사한 결과를 발표했습니다. 종교인들의 숫자는 20년 동안은 계속 성장을 해 오다 지난 10년 전부터 줄어들기 시작했는데, 지금은 인구의 절반 정도가 종교인입니다. 불교가 22%, 개신교가 21%, 천주교가 7%였습니다. 지난 30년의 변화를 통계로만 본다면 앞으로의 10년 동안 종교는 별다른 변화가 없을 듯이 보이지만, 깊이 들여다보면 큰 감소가 예상됩니다.

20년 전 20대는 45%가 종교를 믿었지만 현재의 20대는 31%가 종교인이고 45%의 20대가 10년이 지나 30대가 되자 38%로 줄어들었습니다. 미래를 구성할 젊은이들이 종교에 등을 돌리고 있고, 중도이탈 신자들이 많습니다. 이는 몇몇 대형 종교들만 살펴봐도 분명합니다. 대다수가 노년층인 종교에서 10년, 20년 후가 되면 종교가 어떻게 될 것인가 하는 것은 불을 보듯 뻔한 것만 같은 우려를 자아냅니다. 통계로는 그렇다고 해도 혹시라도 더 나아질 가능성은 없는 것일까요? 안타깝게도 획기적인 전환이 없는 한 해결책은 없습니다. 왜냐하면 절반에 해당하는 비종교인들 가운데서 오직 반수만이 종교에 호감을 갖고 있다고 답을 했을 뿐이었기 때문입니다. 실제로 현재 대부분의 종교들이 재정의 심각한 어려움을 겪고 있습니다.

이러한 난관을 종교가 극복할 수 있을 것인가 아닌가 하는 것은 종교 지도자들과 종교구성원들의 치열한 노력 여하에 달려 있습니다. 노력이 란 새로운 시대, 새로운 세대에 맞게 종교도 새로워져야 함을 말합니다. 미래를 담당할 새로운 신자를 유입하고 함께하려면 종교생활의 모든 제 사(예배)나 조직들이 새로운 틀로 탈바꿈을 해야 합니다. 이는 기존의 종교 조직의 리더와 구성원들이 얼마만큼 동의하느냐에 달려 있습니다. 이는 머리나 마음과 말로 하는 단순한 동의가 아니라, 자신들의 자리를 내어 주는 헌신적인 결단을 말합니다. 여기에는 기존 신자들과 기성세대 들도 마찬가지입니다. 이는 시어머니가 그간 해 오던 살림의 주도권을 며느리에게 내주는 것과도 같습니다.

내가 시작한 멤버이고, 내가 조직의 리더이고, 건물을 짓는 데 공헌을 했으니, 드러내 놓고 말은 하지 않지만 '내가 주인이다'라고 생각하고 새로운 사람에게 자리를 내주지 않는다면 그 종교는 고인 물이 썩듯이 자연도태하고 말 것입니다.

안타까운 현실은 종교계는 아직도 전근대적인 모습들이 당연시되고 있다는 사실입니다. 이런 조직 구성이 마치 전통인 양, 종교의 근본정신 인 양 개선되지 않고 있습니다. 물론 이전 시대에 비해서는 많이 나아졌 지만 아직도 비민주적이고 수직적인 상명하달上命下達 식 운영과 투명하 지 못한 재정운영 등이 공감을 얻지 못하게 합니다. 소통과 공유가 일반 화된 오늘날 고학력자들, 젊은 세대들, 여성들에게 호응을 얻지 못하고 반감을 불러일으킵니다. 지금 시대가 어떤 시대인데 아직도 구태의연한 방식의 조직운영을 당연시하고 이에 대한 건강한 비판과 건의와 공유를 묵살하는 건지 답답한 노릇입니다.

종교는 창시자의 근본정신과 주된 경전과 근본 교리가 중요합니다. 이는 아무리 사회가 변하고 다수의 종교 구성원들이 요구한다고 해도 결코 양보할 수 없습니다. 그러나 이를 적용하는 사람들과 토양은 변했습니다. 변화에 민감하게 대처하느냐, 그렇지 않으냐에 따라 종교도 흥망성쇠興亡盛衰를 거칩니다. 변화된 사회에 따른 시대정신을 읽어 내고 이를 종교 내에서 주체적인 정화를 통해 다시금 세상에 내놓는 작업이 중요합니다. 이런 작업이야말로 종교가 정체되거나 퇴보하지 않고, 진일보하는 활성화의 모습일 것입니다.

오늘 우리가 살아가고 있는 이 시대는 폐쇄가 아닌 개방, 소수가 아닌 다수, 남자가 아닌 양성兩性, 기성세대가 아닌 세대통합, 타율이 아닌 자율, 주입이 아닌 협력, 강권이 아닌 인권, 수직이 아닌 수평, 지배가 아닌 섬김, 개발이 아닌 환경이 중요시됩니다. 이는 소통과 공유를 기본으로 합니다. 기존의 종교지도자들과 기성세대들과는 다른 사고의 틀을 지닌 새로운 세대들이 미래 종교의 주인공들입니다. 종교 공동체의 주요 논의 구조에 이들을 얼마나 참여시키느냐에 따라 미래 종교의 모습이 달라질 수 있습니다.

이런 점에서 최근 어느 개별 종교공동체의 모습은 신선합니다. 이곳은 모든 재정을 투명하게 인터넷에 공개해서 기존 신자뿐만 아니라 모든 사람이 볼 수 있습니다. 또한 주요 논의구조에 소수의 특권층만이 아니라 젊은 세대와 여성들을 일정 비율로 참여시켜 이들의 목소리에 귀 기울입니다. 또한 종교시설을 개방해서 지역사회와 함께하고 지역의 필요에 민감하게 채워 주는 기여로 지역사회의 호응이 높습니다. 그러니 종교는 구성원 모두가 주인의식을 갖고 참여하고, 투명한 재정공개와 운영으로 신뢰감을 주고, 지역사회와 함께하기에 지역사회의 자랑으로 자리매김되었습니다.

종교지도자는 신비주의 콘셉트로 경외심을 강요하는 종교지도자들과는 달리 수수한 동네 아저씨와 같은 느낌으로 인식됩니다. 이것이 종교지도자다운 근엄함이나 권위를 훼손하지 않습니다. 오히려 푸근한 인상으로 훈훈한 기운으로 마음 깊이 존경하고 친근하게 대하는 진정한 지도자로 여겨집니다. 이것이야말로 종교 창시자의 모습을 오늘에 재현한 것입니다.

예수, 석가모니, 무하마드, 공자와 같은 이들은 이와 같은 모습이었습니다. 이들은 시대정신을 누구보다 제대로 파악하면서 이것의 문제를 지적하면서 새로운 윤리 새로운 진리를 밝히 보여 주었습니다. 그 방식은 고담준론高談峻論도 아니고 높은 지위에 따른 권력의 힘도 아니었습니다. 오히려 대중 속에서 대중들과 함께하면서 말이 아닌 몸의 실천으로 자신을 드러냈습니다. 아주 오랜 시간이 지났고 공간도 다르고 상황도 다르지만 창시자들의 근본정신과 삶의 모습은 오늘에 되살려도 무방합니다. 부디 종교가 본연의 자세로 돌아가 천박한 권력과 명예와 자본에 흔들리지 말고, 기득권에 연연하지 말고, 권한을 내려놓는 자세로, 모두가 주인되는 포용성으로 일신우일신日新又日新하기를 기대해 봅니다.

고인 물은 썩기 마련입니다. 자기반성이 멈춘 종교, 자기 쇄신이 불가능한 종교, 자기 개혁이 제대로 작동치 않는 종교는 이미 쇠락의 길에서 허우적거릴 뿐입니다. 순전한 종교, 맑고 깨끗한 종교는 자동적으로 유지되는 것이 아닙니다. 부단한 혁신革新으로, 소통과 공유가 자연스러울 때만 가능할 것입니다.

●
종교의
역할

우리나라는 세계에서 그 유례를 찾아보기 힘들 정도로 다양한 종교가 큰 분쟁 없이 공존하면서 저마다의 세勢를 확대해 나가고 있습니다. 이는 참 특이한 현상입니다. 국가 전체가 하나의 종교만을 인정하는 국교 형태인 나라들이 있고, 인도와 같은 나라는 종교로 인해 나라가 분리되기도 했는데 한 나라에서 다양한 종교가 공존하고 있으니 참으로 특이한 경우일 것입니다. 이는 우리나라가 다신교의 전통이 강해서 여러 신들을 인정하기에 그런 것은 아닙니다.

기독교와 같은 종교는 철저한 유일신 신앙이 강하기에 다른 종교가 보기에는 배타적인 성격이 강합니다. 그럼에도 기독교와 다른 종교가 이런 저런 충돌은 있으나 지나칠 정도로 극심한 대립각을 형성하는 모습은 아닌 것 같습니다. 여러 종교가 혼재하다 보니 선의의 경쟁을 하기도 하고, 사회 공공선을 위해서는 서로 협력하기도 하고, 종교 간의 대화나 화합을 위해 만남과 교류를 하기도 합니다. 어떤 사람들은 이를 종교다원주의로 규정하고 개별 종교의 정체성이 희석稀釋된다고 우려하기도 합니다.

그러나 종교 간의 교리에 따른 진리나 구원 등을 비교해 보는 논의는 종교인들이나 전문적인 학자들이 하는 것이고, 일반적으로는 개별 종교의 근본 교리를 그대로 존중하면서 지역 사회와 인류공영에 이바지하기 위한 성숙한 시민의식과 시민운동의 차원에서 교류와 협력이 이루어지는 경우가 많습니다. 이런 만남에서는 난해한 종교학적 논의는 지양하고 서로 힘을 모아 우리 사회를 보다 아름답게 만들어 가는 데 힘을 모으기에 일정 부분 사회적 공감을 얻기도 합니다. 그러니 이런 교류들로 인해 종교인들이 자기 종교를 버리고 다른 종교로 개종하거나 종교 간 혼합이 이뤄지는 것은 아닙니다. 물론 개별 종교의 정체성이 분명하지 않거나 연약한 초신자들이 섣불리 종교 간의 교류를 한다는 것에 대해서는 우려하는 이들도 있습니다. 이들은 자기 종교도 잘 모르면서 다른 종교와 교류하다가 자기 종교에 대한 혼란이 생기기도 하고, 다른 종교로 개종하는 일이 일어날 수도 있다고 봅니다. 그러나 한편에서는 다른 종교를 만나면서 자기 종교를 객관적으로 바라보고 자기 종교를 좀 더 깊고 넓게 이해하게 되기도 한다고 말하는 이들도 있습니다. 이처럼 우리 사회에서 종교 간의 대화나 교류협력을 통한 사회공익활동이 있지만 개별 종교 내부에서는 이에 대한 우려와 반대의 목소리도 있습니다. 개별 종교 내에서 두 가지 상반된 목소리가 상존相存하는 것도 우리나라 종교의 특징입니다.

한 나라 안에서 다양한 종교들이 저마다의 특징을 고수하면서 존재하는 것에 종교학자들은 '종교백화점'이라고 일컫기도 합니다. 이들 종교들은 태생적으로 볼 때도 다양합니다. 민족종교, 동양종교, 서양종교 모두가 공생공영共生共榮하면서 우리 주변에 있습니다. 지역마다 다양한 종교 건물들이 즐비합니다. 어떤 지역에선 바로 개별 종교들이 바로 이웃해서 존재하기도 하고, 가족 간에 종교가 다른 경우도 많습니다. 그렇다고 지역에서 분쟁이 빈번하거나 가족 간에 불화로 치닫는 경우도 드뭅니다.

우리 역사에서 하나의 종교만 인정되고 강요되던 시대가 있었습니다. 통일신라시대부터 고려시대까지는 불교가 국교였고, 조선조에는 유교가 국교였습니다만 그렇다고 다른 종교를 말살하지는 않았습니다. 지금은 국교가 아닌 헌법에 명시된 대로 종교의 자유를 마음껏 누리면서 크고 작은 많은 수의 종교들이 적극적인 활동을 하고 있습니다. 개별 종교는 저마다 교세 확장을 주요한 목표로 삼고 총력을 기울이기도 합니다. 이처럼 개별 종교마다 자유롭게 신자 수를 늘리고 종교시설을 확장해 나감에 따라 우리나라의 종교 인구는 늘어갈 것입니다.

이른바 우리나라의 3대 종교라고 하면 신자 수를 기준으로 해서 불교, 개신교, 가톨릭을 일컫습니다. 이에 따라 군대와 교도소 등에도 이들 세 종교의 활동을 허용하고 국가적으로 공인해 왔습니다. 최근에는 이들 3대 종교 이외의 다른 종교들이 3대 종교가 가진 기득권에 대한 이의제기를 통해 일정 기준을 갖춘 교세와 종교인의 교육역량을 갖춘 종교들이 참여하게 되었습니다. 그러다 보니 소수 종교들도 참여하려고 추진하는 양상입니다. 이제 특정 종교들의 기득권이 쉽지 않고, 공평한 기회부여에 따라 선의의 경쟁을 해야 하는 시대입니다.

우리 사회에서 여러 종교의 신자 수와 시설과 재정은 상상을 초월합니다. 그러니 종교의 영향력은 우리 사회를 건강하게 만드는 힘입니다. 우리 사회에서 종교는 굴곡진 한국 현대사에 위로와 활력을 불어넣어 주는 긍정적인 공헌을 해 왔고, 정신문화적인 성숙을 이끌어 왔습니다. 그러므로 비종교인들도 개별 종교 활동에 별다른 이의를 제기하지 않고 국가적 배려도 있었습니다. 그 단적인 예가 바로 종교인과 종교시설에

대한 비과세문화입니다. 모든 국민은 납세의 의무를 가지지만 종교인만
은 예외입니다. 모든 시설과 조직 또한 납세의 의무를 져야 하지만 종교
시설과 조직은 예외입니다. 그런데 최근 종교인 과세문제가 사회적 이슈
가 되었습니다. 이에 대해 종교적 권위를 무시하는 것이라고 반대하는
목소리들도 있습니다만, 사회적 분위기는 종교인들만의 특권에 대해 반
대하는 목소리들이 많습니다. 이는 그동안 존중받고 존경받던 종교에
대해 이의를 제기하는 분위기와도 관련이 있습니다.

　최근 일반 언론에 비친 종교의 모습은 이전에 비해 부정적입니다. 개
별 종교 내부의 갈등과 분쟁이 그대로 노출되기도 하고, 불합리한 일들
이 드러나면서 '종교가 저래도 되는 건가' 하는 의구심을 불러일으켰습
니다. 또한 일부이긴 하지만 개별 종교인들이 다른 종교를 비방하고 시
설에 피해를 주기고 하는 모습은 다양한 종교가 상생하는 민주사회의
건강성을 해치는 테러에 가깝습니다. 최근 실망스런 종교에 대해 그 원
인과 이유를 여러 가지로 생각해 볼 수 있지만 저는 종교인과 종교시설
이 종교답지 않은, 종교 본연의 자리를 일탈逸脫한 것이 일반 사람들의
눈살을 찌푸리게 하는 것 같습니다.

　최근 일부이긴 하지만 우려되는 모습들이 심심치 않게 벌어지면서 눈
살을 찌푸리게 합니다. 고등 정신세계를 자처하는 종교답게 자기 종교의
확신을 유지하되 다른 종교를 허용하고 존중하는 성숙한 이웃의 자세를
지녀야 하는데 나와 다르다고 폭력을 휘두르는 행위가 벌어지기도 합니
다. 이는 이상심리학에서 말하는 '자기애적 성격장애'의 모습일 뿐입니
다. 이런 행위는 자기도취에 빠진 미숙한 자세로 사회적 질타를 받을
뿐 그 어떤 사회적 이해와 호응을 얻지 못합니다. 더욱이 자기 종교 내에
서도 배척당할 일들로 자기 종교를 사회에서 고립시킬 해교害敎 행위입
니다.

사람은 나이가 들수록, 배울수록 성숙해져야 합니다. 성숙해지면 자기를 넘어 다른 사람을 배려하게 되고, 조급하지 않고 이해하고 배려하는 마음이 깊어집니다. 이런 자세야말로 다종교사회에서 성숙한 종교생활인의 자세일 것입니다.

종교의 기본 조건은 순수성입니다. 이윤을 극대화하고 영리를 추구하는 일반 기업과는 달리 순수한 동기와 운영으로 사회 기여와 공익을 우선해야 합니다. 종교가 교세확장과 종교적인 유익을 위해서 여러 가지 공익적인 기관을 설립해서 운영할 수 있고 필요에 따라서는 세속적인 사업을 할 수도 있습니다. 이렇게 종교 본연의 일 이외에 기관을 운영하거나 사업을 하는 것이 나쁜 것은 아닙니다. 그러나 이들 기관이나 사업에서 반드시 지켜야 할 것은 순수성과 공익입니다. 그런데 종교적인 목적을 이룬다는 명분을 내세우나 실상은 권력쟁취와 명예추구, 사적 이익 추구가 팽배하다 보니 사회적 공신력을 잃어 갑니다.

성경을 읽기 위해 촛대를 훔친다는 명분이나 사회공익을 더 많이 실천하기 위해 부득이한 부정은 운영의 묘라고 우길 수는 없습니다. 아무리 좋은 명분이나 목적이라고 해도 종교는 종교다워야 합니다. 그렇지 않으면 무늬만 종교시설이고 종교인일 뿐, 실상은 사적이익에 혈안이 된 모습으로 전락하고 말 것입니다. 종교 본연의 모습을 결코 놓쳐서는 안 됩니다. 맑고 깨끗한 올곧은 정신을 유지하는 노력과 결연한 모습이 유지되어야 합니다. 아무리 부조리가 판을 치고 약삭빠른 세태라고 해도 우직할 정도로 정도를 가는 것이 종교의 길입니다. 그렇지 않으면 종교인의 길이나 시설 운영은 아니함만 못합니다.

종교인과 종교기관은 진실해야 합니다. 아무리 재주와 지식과 외모가 뛰어나도 진실하지 못하면 자격조차 얻지 못합니다. 왜냐하면 진실하지 못한 종교인과 시설이 재주와 지식이 많다면 오히려 종교를, 우리 사회를 수렁으로 치닫게 할 수도 있기 때문입니다. 만일 종교인이 역량이 좀 모자라더라도 그 마음에 진실성과 선량함이 깊이 뿌리박혀 있다면, 그가 참다운 종교인입니다. 세속적인 가치를 종교인과 종교기관에 요구해서는 안 됩니다. 물론 세속사회에서 요구되는 기본 요건들을 갖춰야 하지만 본말本末이 전도顚倒된 것처럼 종교 본연의 자격보다 세속적인 자격요건이 더 중시되는 것은 경계해야 합니다.

이런 점에서 성직자의 자격으로 기도와 수도생활과 같은 맑은 정신과 영혼을 갖추는 일보다 이른바 해외유학과 고학력의 화려한 박사학위를 자랑하는 것은 옳지 않습니다. 이는 마치 종교인과 종교기관을 상품가치로 여기는 것으로 종교 스스로 본질에서 벗어난 것과 같습니다. 세속적인 권력과 명예와 돈을 넘어서는 사람들이 바로 종교인이요, 종교 공동체입니다. 그렇기에 일반 사람들은 종교인들과 종교기관을 존경합니다. 이러한 존경의 바탕은 화려한 스펙, 놀라운 학벌이나 탁월한 경영능력이 아닙니다. 세속적인 가치에 마음을 빼앗기지 않는 삶을 보고 경외심을 갖습니다. 이런 점에서 종교기관들이 자랑하는 세속적인 지위와 힘은 어찌 보면 부끄러운 일입니다.

종교인들 또한 자신의 학위와 지위와 부를 자랑하는 것은 부끄러운 일입니다. 그저 때를 얻든지 못 얻든지 마음 모아 경전 읽기와 수양에 힘쓰고 신자들과 사회 공익을 위한 섬김으로 나아갈 때 다시금 사회적 존경과 경외가 뒤따를 것입니다. 이런 종교 본연의 자세 갖춤에 최선을 다하는 종교인의 모습들을 기대해 봅니다.

세상이 혼탁하고 부조리가 판을 친다고 해도 그럴수록 종교는 좀 달라야 합니다. 이를 기대하기에 일반 사람들이 종교인들을 존경하고 경외하기도 합니다. 오늘날 종교들이 종교답지 않은 모습임을 반성하고 자기 쇄신을 통해 종교 본연의 길을 회복해 나가야 합니다.

갤럽 조사에서 눈여겨볼 것이 있습니다. 종교가 개인생활에서 중요하다고 답한 이들이 전체 평균 52%였습니다. 그런데 그중 개신교인들은 90%가 그렇다고 응답했습니다. 이는 무엇을 의미하는 것일까요? 이것을 개신교인들의 신앙 생활화가 가장 높다고 말할 수 있을까요? 통계에 의하면 개신교인들은 80%가 한 주에 한 번 이상 교회를 가는 반면 천주교는 59%, 불교는 6%에 불과합니다. 그런데 개신교인들이 이렇게 생활화되어 있는데도 왜 개신교에 대한 호감도는 맨 밑바닥인 것일까요?

그것은 새벽기도를 열심히 다니고 성경을 열심히 읽어도 그 목적이 하나님의 공의가 아닌, 자기 개인의 영달과 세상 축복만을 간구하기 때문입니다. 한마디로 하나님을 믿는다고 하지만, 실상은 자본주의가 만들어 준 맘몬의 신을 섬기고 있는 것입니다. 이에 대한 하나의 증거로도 생각해 볼 수 있는 것은 헌금에 대한 통계 결과입니다. 개신교와 천주교를 합쳐 30년 전에는 38%가 십일조를 한다고 하였으나 30년이 지난 오늘날의 조사에서는 61%가 십일조를 하고 있다고 답했습니다. 왜 헌금이 이렇게 높아졌을까요? 받은 바 종교적인 은혜와 감동이 많기 때문일까요? 아니면 가난한 사람에 대한 나눔일까요? 아니면 많이 내면 많이 돌아온다고 하는 자본주의 믿음 때문일까요?

프란치스코 교황은 어느 미사 강론에서 가짜 그리스도인의 모습으로 세 가지를 꼽으면서 말했습니다. "첫째, '자기 자신과 주님과의 관계에만 집중하는 이기적인 사람', 둘째, '그리스도인 행세를 하지만 사실은 세속적인 사람', 셋째, '지나치게 엄격한 기준을 들이밀며 다른 이들에게 부담을 주는 사람들이다.' 이런 사람들은 진정으로 교회의 도움이 필요한 사람들의 목소리를 듣지 못하는데, 그건 주님의 목소리를 듣지 못하기 때문입니다. 무늬만 그리스도인이 되지 않도록 항상 주의를 기울여야 합니다."

그렇습니다. 종교에서 말하는 믿음의 혜택이란 사회적 약자의 아픈 소리를 들을 수 있는 귀를 갖게 하는 것이라고 말할 수 있습니다. 그런데 우리가 약자의 아픔에 관심하게 되면 자연적으로 단순히 빵 조각을 나눠 주는 것으로는 충분하지 않고 사회 구조를 개혁해야 한다는 사실을 깨닫게 됩니다. 그런데 누군가가 말했듯이 우리가 가난한 사람을 도와주면 사람들은 우리를 성자라 혹은 참 좋은 종교라고 칭송합니다. 그러나 여기서 한 걸음 더 나아가서 "저들은 왜 가난한가?"라는 질문을 던져야 합니다. 이럴 때 보수적인 사람들은 위험한 종교로 몰아세우고 비난할지도 모릅니다. 그러나 분명한 것은 종교는 사회정의를 위해 사회공동선을 위해 단순한 이웃돕기를 넘어서는 더 높은 담론을 제공하고 실천해야 합니다.

구약성경에 보면 아모스 예언자의 이야기가 나옵니다. 그는 사회적 정의를 외친 예언자로 유명합니다. 부자와 권력가들을 가장 힐난하고 비난한 사람입니다. 그는 아마지아라는 당시 종교의 수장과 부딪히기도 했습니다. 아모스는 부자와 정치 권력가들을 비난했는데, 왜 성전 제사장이 나서서 저들을 비호하고 아모스를 공격했을까요? 그건 성전이 정치권력과 한통속이 되었기 때문입니다.

종교는 두 가지 역할에 모두 충실해야 합니다. 하나는 제사장 역할이고, 다른 하나는 예언자 역할입니다. 제사장은 백성들의 죄를 신에게 아뢰고 신을 대신해서 용서를 선포합니다. 백성들의 소원을 신에게 아뢰는 대행자의 역할입니다. 정치권력은 이 종교의 힘을 이용해서 백성들을 지배하여 자신들의 권력유지를 꾀하는데, 이때 종교도 자신들의 이익을 위해 한통속이 되어 갑니다. 기독교의 경우 청와대 조찬기도회나 국회조찬기도회와 같은 뒷면에는 바로 이러한 권력기제가 있습니다. 제사장 역할에서 순수성을 잃지 않도록 해야 합니다. 권력의 시녀로 전락하거나 그에 편승해서는 안 됩니다.

　종교의 또 다른 역할은 예언자로서 신의 말씀을 그대로 받아 권력자들의 잘못과 비행을 고발하는 일입니다. 백성들의 아픔을 빵을 하나 더 줌으로써 해결하려는 것이 아니라, 빵보다도 더 중요한 인간의 가치 회복을 위해 힘들고 어렵더라도 부조리한 사회 구조를 개혁하는 일에 관심을 갖습니다. 이 제사장과 예언자의 대립을 가장 적나라하게 드러낸 성경 구절이 아모스서 5장 21절~24절입니다.

　　"나는 너희 명절 축제를 미워하고 싫어한다. 너희 종교적인 모임을 내가 기뻐하지 않는다. 너희가 내게 번제와 곡식 제사를 드려도 내가 그것들을 받지 않을 것이다. 너희가 살진 짐승으로 화목제를 드려도 내가 돌아보지 않을 것이다. 너희는 내 앞에서 노래 부르기를 그치라! 너희가 켜는 하프 소리도 내가 듣지 않겠다. 오직 정의를 강물처럼 흐르게 하고 의를 시냇물이 마르지 않고 흐르는 것처럼 항상 흐르게 하라."

　백성들은 야훼 하느님이 좋아하실 것이라고 갖가지 제물을 드리고 찬양의 노래를 드리는데, 정작 야훼 하느님은 듣기 싫다는 것이고 집어치우라는 것입니다. 부모님 생신을 맞아 자식들이 화려한 식당을 빌려 거창한 잔치상을 마련했는데, 그 자리에 가난한 막내는 없습니다. 그는 가족을 먹여 살리기 위해 오늘도 막노동을 하고 있는 것입니다. 여러분이 부모님이라면 그 잔치상을 기쁘게 받으시겠는지요?

성경에 비춰 본
효사상[*]

———————————————————— 기독교 효학의 토대 놓기를
위한 기초 작업으로서 가장 기초적인 문헌자료인 성경을 다루는 것은
필수불가결한 작업일 것입니다. 기독교 효학의 기초를 다지고 학문적
정체성을 분명히 하기 위해서는 성경에 대한 논의가 선행되어야만 하기
때문입니다. 또한 이를 바탕으로 기독교효학의 체계를 갖춰 나가는 노력
이 필요합니다. 이에 대한 소견을 밝힙니다.

① 성경을 해석하는 학문적 방향입니다.

근본주의자의 입장은 성경에 쓰여 있는 내용이 그 쓰인 글자 그대로
모두가 사실이며 진리라고 봅니다(자구주의). 따라서 성경 내용은 과거
에 있었던 사실을 토씨 하나도 틀리지 않고 정확하게 기록한 것이며(축
자영감론) 그 안에 들어 있는 미래에 관한 예언도 오늘날 우리에게 있을

* 이 글은 2014년 8월 28일 서울신학대학교에서 열린 제 2회 기독교효학회 학술세
미나에서 이영재, 「성서적 효사상」에 대한 논찬자로 참여하여 발표한 것을 보완
한 것입니다.

일들을 그대로 보여 주는 것이고 그것을 믿지 않으면 하나님을 믿지 않는 것이나 다름이 없다고 봅니다.

구조주의와 기호학적 비평은 성경 본문 안에 나오는 언어와 그 언어의 구조체계를 분석하여 본문 속에서 각 낱말들이 어떤 역할을 하는지, 그 의미는 무엇인지를 밝히는 방법론입니다. 이 두 방법론은 현대 언어학이 주창하는 세 가지 원칙을 토대로 합니다. 첫째, 언어와 그 언어가 표현하는 의미의 관계는 일정한 구조적 틀 안에서 규정됩니다. 둘째, 언어체계를 공부할 때 그 언어가 처음에 무엇을 의미하였고 그 의미체계가 역사적으로 어떻게 변화하였는지를 연구하기보다는 본문 속에서 각 낱말들이 어떤 역할을 하는지에 초점을 두어야 합니다. 셋째, 언어의 의미를 파악하는 데 가장 중요한 것은 그 언어의 구조체계를 분석하는 일입니다. 성경 뒤의 세계에 초점을 두는 방법론들이 대체로 어떤 세세한 한 문제에 대해서도 만장일치의 해결은 고사하고 늘 우왕좌왕 지나치리만큼 다양하고 또 서로 반대되기까지 하는 주장들을 일삼는 반면 구조주의 및 기호학적 비평에서는 누구든지 한 본문에서 그 언어구조를 제대로 분석 파악하기만 한다면 동일한 의미를 얼마든지 찾아낼 수 있다고 봅니다. 따라서 이 방법론은 역사비평의 유동적이고 미완성적 결과에 혼란과 불만을 느끼던 사람들에게 확실한 답을 제시함으로써 위안을 준다는 장점이 있습니다.

서술 비평은 성경에 실린 이야기들에 그 초점을 두고 그 이야기들이 독자나 청중에게 어떤 영향을 끼치도록 꾸며졌는가를 밝히는 데 주안점을 둡니다. 이는 현대 문학비평 이론에 힘입어 발전한 것입니다. 서술 비평은 이야기의 실제 저자, 즉 역사상의 저자에는 관심이 없다. 그보다는 독자가 이야기 속에서 발견하는 화자, 즉 이야기를 이끌어 나가는 주인공에 관심을 둡니다. 다시 말해 독자가 대하는, 독자의 눈에 비친 시사된 작가에 관심을 둡니다. 서술 비평의 주목적은 이 시사된 작가가 어느 등장인물들을 어느 때, 어느 장소, 어떤 사건에, 다시 말해 어떤 상황에 등장시켜 어떤 이야기 구성을 꾸며 나가는가를 살핌으로써 그 이야기가 무엇을 전달하는가보다는 어떤 방법으로 독자에게 의미를 전달하는지 알아내고자 합니다. 서술 비평은 성경에 들어 있는 이야기들 속에서 등장인물과 각 상황이 어떤 특성을 지니고 있는지를 밝힘으로써 그 이야기 구성이 어떻게 시작되어 어떤 긴장과 정점을 거쳐 어떤 결말을 맺게 되는지를 밝힙니다.

이처럼 성경을 어떤 시각에서 보는가에 따라 본문의 이해와 적용의 논의는 폭이 넓습니다. 이런 점에서 성경학적 시각의 이해는 성경적 효 사상의 의미를 파악하는 데도 의미 있는 일입니다.

2 오늘날 우리에게 전근대성으로 이해되는 효의 복원이 타당할까요?

오늘날 현대 한국사회에서 부모에게 순종하는 효사상이 실종된 사회상의 원인으로 사회구조의 변화를 들 수 있습니다. 이는 우리 사회가 근대화되면서 대가족제도의 붕괴, 핵가족화, 서구자본주의 사회의 발달한 가치들, 대도시 중심의 경제구조에 따른 도시 집중, 여성의 사회적 권리 신장, 며느리의 위상도 변화, 고부간의 관계 변화 등이라고 말할 수 있습니다. 이처럼 급변한 시대와 그에 따른 가치관의 변화에 과연 효사상이 타당한 것일까요? 더욱이 효사상 중에서도 기독교 효사상이 이 시대의 혼란에 방향을 제시할 우리 사회의 정신문화적 토대로 가능한가 하는 의문이 들기도 합니다. 효사상이 지닌 부정적인 이해로 전근대성, 비민주성, 가부장제적인 비인권적인 측면을 극복하고 오늘날의 다종교·다원화의 사회에서 과연 이전 시대의 가치인 효가 현대사회의 복잡다양한 문제와 시대적 가치들에 견줄 만한 타당한 윤리적 가치를 지니는

가 하는 문제가 제기되기도 합니다.

유교사상에 토대를 둔 전근대 사회의 사회질서관은 우리 사회를 유지해 온 중요한 이념이요, 사회규범과 가정윤리로서 작용해 왔습니다. 이러한 전근대성은 현대사회의 합리주의, 평등주의, 개인주의 사상을 수용하는 데 방해요인이 되었습니다. 그로 인해 비합리적인 정서를 중시하고 형식적인 면을 강조하면서 위계서열적인 상하관계로 수평적인 평등적 인간관계를 저해하였고, 성취적 지위보다 생득적인 지위에 의해 인간의 운명과 사회적 삶이 보장되던 경직된 사회구조와 위계서열이 특징인 집단주의적 가치관을 일상화하였습니다. 즉, 전통적인 효의 강조가 근대화를 저해하고, 건전한 민주시민의식을 마비시키는 결과를 가져왔습니다.

효를 지나치게 강조하면 부모·자식 사이의 일방적인 예속적 삶의 방식이 사회까지 확대되어 우리 사회 전체를 지배 예속적 사회질서로 만들며, 복종적 태도를 윤리적으로 이상화함으로써 성장 후에도 사회생활을 부자관계의 연장으로 생각하고 권위에 약하며 자주성이 결여된 인성을 낳게 됩니다.* 그야말로 사회 공동체 안에서 남녀노소가 서로의 인격적 존중을 통해 평등과 정의로운 인권을 실현하는 데 저해요인이 될 수 있습니다.**

효는 가족 내에서도 가부장제 중심의 불평등한 권력관계를 토대로 했습니다. 가족 내의 재산과 제사의 상속, 양자제도, 족보, 혼인, 거주규칙 등에서 모계적 요소가 약화되고 부계적 요소가 강화된 것입니다. 따라서 효는 단순히 혈연이나 생물학적 차원에 기초한 보편적 감정이 아니라, 가부장제적 조직법에서 강조된 도덕원리로 강조됩니다. 이렇게 부계친

---

* 최재석, 『한국인의 사회적 성격』, 서울: 민조사, 1965, 95쪽.
** 이을호, 「현대사회에 있어서의 충효사상」, 대한교육문화연구소 편, 『현대인의 충효사상』, 서울: 대한교육문화연구소, 1977, 174~175쪽 참조.

에 기반을 둔 전통적인 효는 부모의 권위에 대한 자녀의 헌신을 강조하고, 부모의 권위를 남녀 불평등으로 규정하였기에 인류보편적인 세대를 넘어서는 관계규범으로 보기 어렵습니다.*

효는 유교적인 전통과 결합되면서 여성에 대한 규제로 이어졌습니다. 조선시대는 유교적인 가부장제 사회를 만들기 위해 의도적으로 여성을 법적으로 억압하는 법과 규정들을 만들고 교육하였습니다. 여성들은 공식적인 교육을 받을 수 없었고 사회참여의 기회가 주어지지 않았습니다. 또한 재가금지법을 제정하여 혼인의 자유를 규제하였으며 효와 열烈을 강조하여 가정 내에서 여성의 희생을 강요하였습니다. 교훈서들을 통해 여성에게 요구된 예속은 삼종지도三從之道, 칠거지악七去之惡 등으로 구체화되어 나타났습니다. 이는 여성을 남성에게 종속비하從俗卑下시키는 윤리질서입니다.**

전통사회의 유교 이데올로기는 지나치게 효사상을 강조함으로써 가족 중심주의 이데올로기가 강조된 결과, 가문과 혈족을 중시함으로써 집단주의·공동체의식의 약화를 가져와 현대사회에 적합한 이데올로기로 보기 어렵습니다. 그러므로 전통적인 효는 지금과 같이 사회가 발전되지 않던 소규모 사회, 1차적 관계를 중시하는 혈연 중심적 사회에서나 가능했던 가치관이었다고 할 수 있습니다.

가족중심적인 유교의 전통 속에서는 정치적 활동을 효의 수단으로 생각하는 경향이 강합니다. 가문의 명예를 위해서 출세가 필요한 것으로 여기는 것은 공직을 개인 문제 해결을 위한 수단으로 이용하려는 것과 같고, 이에 따라 국가 사회의 문제는 소홀히 하는 경향은 후진국의 일반

* 최성철, 「효사상의 현대적 재조명」, 『범한철학』 제56집, 2010년 봄호, 75쪽.
** 이배용, 「유교적 전통과 변형속의 가족윤리와 여성의 지위」, 『여성학논집』 제12호, 1995, 24~27쪽 참조.

적인 현상입니다.*

급격한 자본주의적 산업화 과정에서 확산되어 온 서구의 개인주의 사상과 집단적 질서를 존중하는 전통적 가족주의의 결합은 특유의 가족이기주의 현상으로 나타났습니다. 즉, 친족공동체의 성격을 지닌 가족주의가 자기보호를 위한 가족 중심주의로 변질되고, 서구적인 개인주의는 개인보다 가족을 단위로 한 일종의 집단이기주의로 변형되었습니다.** 오늘날 우리사회는 학연·지연·혈연의 모습으로 각종 부조리를 파생시키고 기업***과 학교는 물론 교회마저 자식에게 세습하는 모습이 일반화되었습니다. 최근 우리 사회에서 심각한 병폐로 드러나는 가족이기주의도 가족문제를 심화시키는 중요한 요인이 되고 있습니다.

효는 주로 고통을 함께하는 삶, 긴 병에 간병을 강요하는 삶, 지나친 장례절차와 삶에 치중하는 '가학적加虐的 효도'로 이어졌습니다. 효의 크기에 따라서 영광과 사회적 보상이 주어지고 조세나 부역이 면제되며 그 영예의 혜택이 자자손손 이어지는 체계화된 효의 구조는 본연의 효가 아닌 인위적인 효를 조장함으로써 조선시대를 기형적인 효도 왕국으로 만들어 버렸습니다. 이는 조선시대의 『삼강행실도三綱行實圖』에 나오는 교화주의敎化主義에 따라 효를 권장한 결과일 것입니다.**** 이로 인해, 자식의 의무이자 인간의 도리였던 효가 지나치게 엄격하고도 헌신적·희생적인 측면을 강요함으로써 아무나 할 수 없는, 특별한 사람들만이 할

* 김태길, 『윤리문제의 이론과 사회 현실』, 서울: 철학과 현실사, 2004, 93쪽.
** 이재경, 「현대 가족의 반反 사회성」, 『철학과 현실』 통권 22호, 1994년 가을호, 72쪽.
*** 후쿠야마는 우리나라 기업의 경우 최상류층을 혈연이나 혼인 등으로 가족적 통제가 엄격한 특성을 보이는 현상을 비판적으로 제시하였다. 프랜시스 후쿠야마, 『트러스트』, 구승희 옮김, 서울: 한국경제신문사, 1996, 185~189쪽 참조.
**** 이규태, 「한국 민속에 나타난 충효사상」, 대한교육문화연구소 편, 『현대인의 충효사상』, 서울: 대한교육문화연구소, 1977, 112~119쪽 참조.

수 있는 것으로 인식하게 만들었습니다. 이에 따라 일반인들이 일상생활 속에서 평범하게 행하는 부모봉양이나 보살핌, 공경하는 태도는 마치 효가 아닌 것처럼 인식하게 만들기도 하였습니다. 그에 따라 효는 점점 일반인들로부터 괴리되기 시작하였으며, 특히 사회구조 변화와 가치관의 변화에 의해 효는 급속히 약화되기 시작하였습니다.

수직적 인간관계 원리에 토대한 효는 충忠의 관계로 확대·재생산되었습니다. 다시 말해서 부모에 대한 공경을 토대로 국가에 대한 충성을 요구하는 국가지배 이데올로기를 은연중에 합리화시켰습니다. 가정의 확장체로서 효도하는 마음으로 국가에 봉사할 때, 그것이 바로 충성으로 연결되어 국가윤리나 사회윤리의 근원을 이루어 왔습니다. 효가 사회통제의 방편으로 활용되면서 역사진행과정에서 수직적 신분질서를 유지하고 전제 군주정치의 유지를 위한 이념으로 쓰였습니다. 조선왕조는 국가통치이념으로서 유교적인 충성과 효도를 강조했습니다.

③ 유교의 가치나 유교적 효는 무의미한 것일까요?

기독교 효학이 유교의 효와 분명한 차이를 지니는 것으로 그 어떤 접촉점이나 공유를 허용하지 않는 듯한 인상을 줍니다. 이는 기독교 효가 유교적 효에서 파생한 것이 아닌 독립된 권위를 강조하기 위한 것으로 보입니다. 이런 주장은 기독교 효학의 정체성을 분명히 하는 장점이 있습니다. 결코 양보할 수 없는 한계선을 분명히 한 것입니다. 그러나 효의 이해가 유교를 전면 무시하고 논의할 수 있는가 하는 현실적인 물음을 던진다면 한 번 생각해 보아야 할 것 같습니다. 유교는 동아시아 정신문화의 큰 맥이었고 오랜 세월 그 영향력을 행사해 왔습니다. 혹자는 유교적 사유방식이 동아시아의 근대화를 가로막은 것으로 여겨 유교를 지나칠 정도로 폄하하여 폐습으로 규정합니다. 그러나 이런 발상은 바람직하지 않다고 봅니다. 물론 유교적 가치체계가 근대화에 저촉되고 오늘날의 시대정신과 위배되는 것으로 보이는 것이 사실입니다. 그러나 이것이 유교의 다는 아닙니다. 이런 모습은 유교를 바르게 이해하면 얼마든지 개선이 가능한 것일 수도 있습니다. 우리의 전통문화를 깊이 이해하고 동아시아 문화권의 공유를 위해서 그리고 우리의 정신문화적 깊이를 풍성히 하는 차원에서도 유교의 무조건적인 폐기처분보다는 재해석을 해 나가는 것이 타당합니다.

또한 유교와 기독교가 종교적인 주제나 교리적인 문제에서는 서로 배타적이거나 또는 어느 한쪽이 어느 한쪽을 포괄시켜 버리려는 지배주의적 태도로 첨예하게 대립하는 논쟁을 불러일으킬 수 있으나 현실사회윤리적 차원에서는 서로 자극하여 서로 보완하는 입장으로 오늘날 세속화된 상황에서 종교가 수행할 사회적 기능으로서 정신문화적 의미를 제공할 수 있을 것입니다. 유교는 '가정'이라는 원형적인 진리를 우리에게 가르쳐 주었고, 기독교는 혈연적 의미의 가족을 넘어서는 새로운 가족 공동체로서 '교회'라고 하는 가치를 일깨워 주었습니다. 현대사회는 가정과 공동체가 크게 도전받고 있습니다. 유교와 기독교의 만남은 이 두 가지를 더욱 새롭고 조화로운 의미로 일깨워 줄 수 있을 것입니다. 이 접촉점의 핵심이 효 윤리일 것입니다. 성경적 효와 유교의 만남도 효의 논의를 풍성하게 하는 것이 아닌가 싶습니다.

기독교와 유교적 효의 융합을 통해 전통과 현대의 만남, 동양과 서양의 만남, 노인 세대와 젊은 세대의 만남, 대가족과 핵가족의 만남이 통전적으로 어우러지는 모습을 보여 줌으로써 현대적 효를 이해하는 데 유익을 줄 수도 있다고 봅니다.

④ 성경적 효의 자리매김에 대한 문제입니다.

성경적 효사상과 유교 등 비성경적 효의 상관성의 문제는 기독교 효학의 정립에 중요한 토의 주제가 될 것입니다. 하나님 섬김의 입장을 양보하지 않으면서 기독교 효학이 다른 가치체계들과의 공유가 가능할 수는 없는 것일까요? 이는 기독교의 교리와 체계와 조직과 윤리가 진공 상태에서 존재하는 것이 아니라 끊임없이 전통적인 가치관과 현실사회 문화와의 상관성에서 긴장과 갈등과 공유와 통섭이 이루어졌음을 생각해 보아야 할 것입니다.

성경적 효 내지는 기독교 효학의 논의에서 유교 등 비성경적 가치체계를 이해하는 단초로서 최성규를 중심으로 하는 성산효대학원대학교의 기독교 효학 연구의 방향을 다음과 같이 이해합니다. 앞으로 전개해 나갈 기독교 효학의 방향이 이와 같아야 하는지 아닌지를 논의해 보면 좋겠습니다.

오늘날 기독교 효사상 연구에서 가장 주목을 끄는 이가 바로 '최성규'입니다.* 그는 '성경적 효'라는 개념을 중심으로 전통문화유산인 효를 가족윤리에 한정 짓지 않고, 다양한 영역으로 확대하여 제시하였습니다. 그가 제시한 현대적 효의 실천은 성경적 효를 바탕으로 전통문화유산인 효를 가족윤리에 한정 짓지 않았습니다. 그의 효의 실천윤리의 스펙트럼은 사회, 국가, 인류애, 자연보호의 차원을 망라하는 영역으로 확대해 나갔습니다. 그가 말하는 성경적 효에 따른 효신학의 목적은 다음과 같

---

* 최성규는 효에 대한 관심으로 효를 전문적으로 연구하는 기관과 실천운동을 지속적으로 전개해 오고 있다. 그는 성산효대학원대학교를 설립(1998년 3월 개교)하여 『성산효대학원대학교 교수논총』을 간행하고, 한국효학회를 창립(2004년 4월)하여 『효학연구』를 통해 기독교 효사상을 중심으로 다양한 효를 연구하도록 했다. 또한 인천 효 박람회, 성산효행대상 등으로 효 실천 운동을 펼쳐나가고 있다. 최성규, 『효운동하는 목사 최성규의 고집 ― 하나님 나라를 위한 고상한 집념』, 서울: 두란노서원, 2011 참조.

습니다.

효는 한국인만의 정신은 아니다. 유교만의 문화유산도 아니다. 효는 이념과 시대와 종교와 지역을 뛰어넘어 사람이 사는 곳이라면 어디서나 받아들여질 수 있는 보편적인 가치관이다. 동시에 하나님의 명령으로서 반드시 지켜야 할 성경적인 정신문화이다. 그러므로 우리는 가장 한국적이면서 가장 세계적이고, 가장 보편적이면서 가장 성경적인 효를 되살려야 한다.*

효신학은 편협적인 종교적 틀을 넘어서 세계 보편원리를 추구하며 그를 통해 성경의 진리성을 재인식하고 성경적 토대 위에서 새롭게 형성하려는 것이다. 이 작업을 위해 종교사상적, 문화사적 연구와 비교·검토가 요청된다. 여기서 '비교'란 기독교적 우월주의에서 이루어지는 것이 아니라, 타종교에 대한 겸허한 자세를 가지고 모든 종교에 내재한 진리성 탐구에 초점을 맞추고자 하는 것이다. 다행히도 모든 고등종교 안에는 효의 가르침이 담겨 있으며, 이것이 가족 윤리의 하나의 축을 이루는 것으로 보인다. 현대의 해체주의나 포스트모더니즘의 영향과 가치혼란의 문제 속에서 새 시대의 '대안 윤리'로서 효사상은 대단히 의미가 깊다. 효는 다원화되어 가는 혼란기 속에서 모든 사람에게 정신적, 윤리적 방도로서 제시하기에 충분한 잠재성과 가능성을 지닌 것으로 보인다. 신학적으로 볼 때, 효신학은 성경적 효에 관한 한에 있어서는 적어도 성경적 기초를 가지고 있어야 하며, 기독교 윤리의 전개방식을 따라 제시되어야 할 것이다. 그리고 그 시대적 타당성을 거론함에 있어서 조직신학적 내지는 종교

---

* 최성규, 『효신학개론』, 17쪽.

학적 연구가 수반되어야 한다. 나아가, 이것은 교회사적인 전망을 가지고 있어야 하며, 실천신학적인 방안이 말씀 선포의 차원에서 다루어져야 할 것이다.*

그는 효신학이 기독교적 우월주의에서 이루어지는 것이 아니라 이웃 종교(타종교)에 대한 겸허한 자세를 가져야 한다고 말합니다. 그러나 그가 말하는 이웃종교의 효사상은 기독교의 효와 동일선상에 있는 것이 아닙니다. 그는 효의 기원이 "성경"으로, 하나님은 공자가 태어나기 약 천 년 전에 이미 성서를 통해 효를 명령하였다고 주장하였습니다.

> 그런데 주목할 점은 효정신이 한국인이나 유교만의 사상이 아니라는 것이다. 효의 원조는 성경이다. 하나님은 공자가 태어나기 약 천 년 전에 이미 성경을 통해 효를 명령하셨다. 출애굽기 20장 12절에 "네 부모를 공경하라 그리하면 너의 하나님 나 여호와가 네게 준 땅에서 네 생명이 길리라"고 말씀한다.**

그는 이웃종교의 효사상을 어디까지나 보편적인 윤리체계를 구축하기 위해 필요에 따라 수용하는 접촉점으로 바라보고, 그 기준점을 "성경"으로 봅니다. 이와 같이 그는 우리 문화의 효와 이웃종교의 효를 존중하지만 기독교에 비해 낮게 봅니다. 이러한 그의 기독교와 문화의 관계는 그가 말하는 성경적인 효를 보편적인 윤리로 보기 어렵게 합니다.

이는 그동안 기독교 효사상 연구가 유교와 불교 등의 다양한 전통사상의 사유체계를 인정하는 긍정적인 측면이 있으나 결국에는 '성경'이

---

* 위의 책, 24~25쪽.
** 위의 책, 16쪽.

다른 종교나 사상체계와의 관계에서 판단의 규범으로 궁극적이고 유일한 계시로 남게 되어 유교적 효나 다른 종교나 그 밖의 효사상은 그저 기독교적인 효를 보좌하는 역할에 그치게 됩니다. 이러한 방식으로는 효의 보편화 가능성을 위한 윤리체계를 설정해 나가기 어렵게 할 뿐만 아니라, 여러 종교와 일반 학문적 성과들과의 진정한 의미의 접촉점을 찾아나가기에도 어려움이 생깁니다. 이 논의는 기독교와 문화와의 상관성 내지 기독교와 다종교문화와의 상관성의 논의에서 결코 배제할 수 없는 주제일 것입니다.

정리하면 기독교와 이웃종교의 관계에서처럼 크게 세 가지 입장 중 하나일 것 같습니다. 첫째, 오직 기독교 효로서 하나님의 뜻만을 연구하는 것으로 이웃종교와의 그 어떤 만남도 허용할 수 없다는 것입니다. 이는 분명한 배타주의방식입니다. 둘째, 기독교 중심의 효로서 기독교를 최우선 순위에 두고 이웃종교와의 만남을 갖는 것입니다. 이 경우는 기독교의 효가 분명한 기준이고 문화로서 이웃종교를 이해하고 방법론적인 측면에서만 이해하는 방식입니다. 이는 포용주의 방식입니다. 셋째, 기독교 효를 열린 시각에서 판단 정지하고 이웃종교와 만남을 갖는 것입니다. 이는 다원주의 방식입니다.

첫째의 경우는 기독교 효를 분명하고 확고하게 개념 규정하는 장점에 비해 배타주의, 폐쇄주의로 기독교만의 효 연구로 제한될 우려가 있습니다. 둘째의 경우는 기독교 효의 포용성을 갖추고 열린 시각의 장점이 있으나 이웃종교와의 만남의 폭이 좁습니다. 셋째의 경우는 기독교 효 연구의 폭이 넓고 자유로운 장점이나 자칫 기독교 효의 정체성이 모호해지거나 기독교 내부의 호응을 얻지 못할 위험이 있습니다. 기독교 효 연구에서 대략 이 세 가지 입장에서 이웃종교의 효를 다룰 수밖에 없습니다. 이 세 가지 입장 중, 어느 것이 타당하다고 보는지, 아니면 이 외의 다른 방식이 가능할지는 심각하게 고민해 볼 일입니다.

⑤ "하나님께 효"를 이해하는 방식의 확대재상산 가능성은 무엇일까요?

성경적 인물의 사례를 보면, 가정에서 부부의 입장 차이나 자녀에 대한 편애 등을 통해 성경적 인물들의 실제적인 삶의 모습을 잘 드러내 줍니다. 이는 오늘날에도 쉽게 이해되는 부모와 자녀 간의 갈등, 부부간의 갈등과 입장차이, 형제간의 갈등을 연상시킵니다. 하나님 섬김과 구원사의 시각에서 효의 기준과 근거를 제시할 필요가 있습니다. 즉 효의 근간은 부모의 권위나 자녀의 소유물이 아니라 하나님의 뜻에 따른 구원사에서 이해해야 합니다. 그러므로 성경적 효는 그저 개인적인 부모와 자녀와의 관계나 사적인 가족 공동체의 영역을 넘어섭니다. 마가복음 3장 33~35절입니다.

> "예수께서 어머니와 형제들이 만나자고 요청했을 때 주위에 말씀을 듣고 있는 사람들을 가리키면서 '이들이 내 형제요 부모다'라고 선언한 것이 이와 맥을 같이 한다. '대답하시되 누가 내 어머니이며 동생들이냐 하시고 둘러앉은 자들을 보시며 이르시되 내 어머니와 내 동생들을 보라 누구든지 하나님의 뜻대로 행하는 자가 내 형제요 자매요 어머니이니라'"

이 선언에서 혈연가족의 일원으로서의 부자관계는 해체되고 있습니다. 하나님나라의 공동체가 모든 인류를 한 가족으로 품어 내고 있습니다. 교회가 바로 한 가족이라는 선언입니다. 이렇게 볼 때, 하나님께 효를 다한다는 것이 그저 종교적 행위로서 예배에 집중하거나 종교 기관을 절대화하는 것은 아니라고 봅니다. 하나님께 효를 다한다는 것은 편협한 개인의 신앙생활이나 교회생활을 넘어서서 이 땅에 하나님의 뜻이 이루어지도록 하는 사명자의 자세도 제시되어야 한다고 봅니다. 이렇게 보면 종교의 대사회적 기능으로서 오늘날 문제가 되는 고령화 사회에 따른 노인 문제 해결을 위한 사회적 효, 편협한 가족이기주의 극복을 위한 기독교인의 자세, 입양기피와 같은 것을 넘어서는 바람직한 가족윤리의 정립, 지나친 개인주의적 병폐를 극복하기 위한 공동체 윤리로서 효의 이해와 같은 것도 성경에서 가능하리라 봅니다.

하나의 예로 성경의 기록을 보면 사회적 약자에 대한 하나님의 관심으로 고아와 과부와 노인과 나그네 등에 대한 사랑의 실천을 찾아볼 수 있습니다. 이를 실천하는 것이 예배 이전에 실천되어야 합니다. 이러한 사회 정의 실현의 단초로서 하나님의 공의, 약한 자 편들기, 하나님의 아들과 딸의 사명과 같은 논의를 성서에서 찾아나갈 수 있을 것 같습니다. 이는 성경적 효의 영역이 개인의 영역이나 부모와 자식이라는 지엽적인 가족 공동체를 넘어서는 것임을 분명히 하는 것입니다. 유대교가 가문, 민족 공동체를 지나치게 강조하는 폐쇄적인 '민족 종교'임에 반해 기독교는 혈연과 지연을 넘어서는 '세계 종교 보편종교'입니다. 그러므로 효의 이해 또한 그 영역이 폭넓게 개인적, 가족적, 민족적 영역을 넘어서야 할 것입니다. 더 나아간다면 하나님의 자녀 됨의 사명자로서 하나님께 대한 효의 자세로 오늘날 중요하게 제기되는 북한 동포, 다문화, 외국인 노동자뿐만 아니라 생태계(자연)까지 확대되어야 할 것입니다. 이러한 시각은 오늘날의 사회문제를 풀어 가는 정신문화의 틀로서 기독교 효학이 이바지할 영역일 수도 있습니다.

6 하나님의 '아버지' 이미지의 논의입니다.

오늘날은 급변하는 시대와 불안한 사회구조와 여건에 정신적인 상처를 안고 살아가는 사람들이 많다 보니 '힐링'이라는 말이 유행일 정도입니다. 이런 시대에 예수가 하나님을 "아빠"라고 부른 친근감은 주목을 끕니다. 이처럼 친근한 아빠의 이미지로 하나님을 이해하면 하나님과의 관계, 하나님께 효를 다하려는 마음도 자연스러울 것입니다. 그러나 여성학이나 여성신학의 비판은 하나님을 "아버지(아빠)"라고 하는 가부장제적 개념이라고 문제 삼기도 합니다. 이는 무의식중에 하나님을 아버지로 표상하여 부성만을 강조하고 모성을 경시되어 남성우월주의를 조장한다는 것입니다. 또한 문제는 아버지에 대한 상처를 지닌 사람들에게 하나님 아버지라는 표상을 상처를 건드리는 것이라고 보기도 합니다. 그에 따라 일부 여성신학자는 "하나님 어머니"로 부르거나 그냥 "하나님"이라고 불러 아버지라는 표상을 제거하기도 합니다. 기독교 효학을 정립함에 있어 여성학이나 여성신학에서 제기하는 하나님을 아버지로 이해하는 개념에 대한 논의도 필요하리라고 봅니다. 실제로 일부이기는 하지만 여신도회나 여성신학자들은 주기도문에서 "아버지"라는 용어를 빼자는 논의도 있습니다.

천주교에서 하나님 아버지의 보완의 개념으로 성모聖母 마리아를 신격화하여 어머니라는 이미지를 보충하였습니다. 이를 통해 천주교 신자들은 따뜻한 이미지인 어머니에게 안기고 기대듯이 성모 마리아에게 기도합니다. 오늘날 세계평화통일가정연합(통일교)*에서는 창시자 부부(故

---

* 일반적으로는 '통일교統一敎' 또는 '통일교회'라고 합니다. 통일교 또는 통일교회라고도 합니다. 문선명(1920. 1. 6.~2012. 9. 3.)은 부산에서 선교활동을 하다가 서울에서 통일교를 창설하여 자신이 교주에, 유효원이 협회장에 취임하여 각종 단체의 설립과 출판물을 간행하는 등 교세확장에 힘썼습니다. 특히 해외선교에 역점을 두어 1958년에 일본, 1959년 미국에 선교사를 파견해 해외선교활동에 적극 나서 현재 137개국에서 선교활동을 하고 있습니다. 1957년에 문선명은 통일교 교리서인 『원리강론原理講論』을 저술했는데, 그 내용은 창조론·타락론·종말론·메시아론·부활론·예정론·기독론·재림론 등으로 구성되어 있습니다. 통일교의 신조는 다음과 같습니다. "유일신인 창조주를 인간의 아버지로 믿으며 구약성서·신약성서를 경전으로 받들고, 독생자 예수를 인간의 구세주인 동시에 복귀된 선善의 조상으로 믿는다. 또한 예수가 한국에 재림할 것을 믿으며 인류는

문선명, 한학자)를 참 부모님이라고 하고, 하나님의교회 세계복음선교협회(하나님의교회)*에서는 하나님 아버지에 보완으로 창시자인 안상홍을 하나님 아버지, 대표인 장길자를 하나님 어머니로 신격화하여 세를 확대해 나가고 있습니다.

오늘날은 현대사회를 일컬어 "감성의 시대", "여성의 시대"라고 할 정도로 기존의 이성적이고 권위적인 부성적인 이미지보다는 모성적인 이미지가 중요해지고 있습니다. 이렇게 볼 때 기독교 효학의 연구 영역으로 아버지, 어머니라는 가족 개념의 연구와 하나님의 부성과 모성에 대한 논의도 중요한 연구 주제일 것입니다.

재림하는 예수를 중심으로 하나의 대가족사회로 통일될 것을 믿는다. 끝으로 하나님의 구원섭리의 최종목표는 지상과 천상에서 악과 지옥을 없애고 선과 천국을 세우는 것이라고 믿는다." 1972년 이후 미국에 세계선교본부를 두고 종교적으로 '국제부흥단'이라는 선교지원조직을 통한 순회활동과 공산주의 비판, 경제·문화 활동 등 경제력을 토대로 두드러진 활동을 벌이고 있습니다. 현재 국내에 510개의 교회와 700여 명의 교직자, 약 44만 명의 신자가 있으며, 137개국에 약 300만 명의 신자가 있습니다. 교리와 사상 속에는 무속신앙·단군신앙·풍수지리사상·참위사상·유교사상·불교사상·도교사상 등 우리나라와 동양의 전통사상이 깊이 깔려 있는 것으로 평가되기도 합니다. 1997년에는 기존의 교단 명칭인 '세계기독교통일신령협회'를 '세계평화통일가정연합회'로 개칭하면서 통일교는 지상천국의 이상적 상태로서 참가정의 건설이라는 교리적 목표를 더욱 구체화하고 있습니다.

* 하나님의교회 세계복음선교협회World Mission Society Church of God 또는 하나님의교회는 안상홍(1918. 1. 13.~1985. 2. 25.)이 설립한 신흥 종교입니다. 안상홍이 1948년 새언약 진리의 회복을 외치기 시작하였으며, 1964 공식적으로 하나님의교회 세계복음선교협회를 설립하였습니다. 천주교와 개신교에서 지키고 있는 주일, 성탄절, 추수감사절, 십자가 등은 비성경적이기 때문에 기념하거나 행하지 않아야 하고 성경에 기록된 안식일, 유월절, 오순절, 초막절 등 새 언약의 절기를 행해야 한다고 전파하였습니다. 1955년 『일곱 우뢰의 개봉』을 발간한 바 있고, 이외에도 여러 서적을 추가로 발간해 신도들에게 성경을 가르쳤습니다. 엘로힘 하나님을 신앙하고 주간 절기로 안식일, 연간 절기로 우월절·무교절·부활절·오순절·나팔절·속죄일·초막절을 지키며, 우상 숭배를 금하는 것을 주요 교리로 합니다. 본부는 경기도 성남시 분당구에 소재한 새 예루살렘 성전입니다. 현재 175개 국가 2,500여 개 교회 설립·등록으로 200만 명으로 추정되는 규모입니다. 현재 장길자를 중심으로 사단법인 새생명복지회와 사단법인 국제위러브유운동본부로 사회운동과 복지와 인성교육에 중점을 두고 있습니다.

성경은 부모-자녀 관계라는 유비類比를 통해 신과 인간 사이의 관계를 설명해 주고 있습니다. 하나님은 아기를 품에 안아 먹이고 기르는 어머니의 모습으로 등장합니다. 신명기 1장 31절입니다.

광야에서도 너희가 보지 않았느냐? 너희 하나님 여호와께서 아버지가 아들을 안는 것같이 너희를 안아 너희가 이곳에 닿을 때까지 그 여정을 함께하시지 않았느냐?'

이사야 66장 11~13절입니다.

너희는 젖을 빠는 것처럼 그 위로하는 품에서 만족할 것이고 젖을 깊이 빠는 것처럼 그 넉넉함에 기뻐할 것이다. 여호와께서 이렇게 말씀하셨다. "보라. 내가 예루살렘에 평화를 강물처럼 흐르게 하고 여러 나라의 재물을 범람하는 시내처럼 넘치게 하겠다. 너희는 그 성읍의 젖을 빨고 그 품에 안기며 그 무릎에서 응석을 부릴 것이다. 어머니가 자기 아이를 위로하듯이 내가 너희를 위로하겠다. 그러면 너희가 예루살렘에서 위로를 받을 것이다."

호세아 11장 3절입니다.

내가 그의 팔을 붙잡고 에브라임에게 걸음마를 가르쳤다. 그러나 내가 그들을 치료해 주었음을 그들은 알지 못했다.

이런 구절들을 읽으면 무엇이 떠오를까요? 고대사회의 천둥과 번개를 내리는 무서운 신의 이미지일까요? 그렇지 않습니다. 마치 어린 자녀를 양육하는 자애로운 어머니의 따뜻한 품과 사랑의 이미지가 느껴질 것입니다. 위의 구절들은 '하나님 어머니의 모습'을 나타내는 '여성됨 womanhood'의 모습과 하나님이 어떻게 어머니 역할로서 존재하시는지를 짐작해 보게 합니다. 성경에 나타나는 하나님의 어머님 됨의 의미에서 권위주의적이고 독재자, 엄격한 하나님 아버지의 모습이 아닌 어머니적인 부모로 묘사된 말씀 구절들을 볼 수가 있었습니다.* 하나님은 자식을 애처롭게 여기는 아버지로 나옵니다. 시편 103편 13절입니다.

아버지가 자식을 불쌍히 여기듯 여호와께서도 주를 경외하는 사람들을 불쌍히 여기신다.

아들을 안고 다니기도 합니다. 신명기 1장 31절입니다.

광야에서도 너희가 보지 않았느냐? 너희 하나님 여호와께서 아버지가 아들을 안는 것같이 너희를 안아 너희가 이곳에 닿을 때까지 그 여정을 함께하시지 않았느냐?

그 아들을 아끼기도 합니다. 말라기 3장 17절입니다.

만군의 여호와께서 말씀하셨다. "그들은 내 소유다. 내가 행동할 그날에 그들은 특별한 내 소유가 될 것이다. 사람이 자기를 섬기는 아들을 아끼는 것처럼 내가 그들을 아낄 것이다.

---

* 하나님의 어머니 마음에 대해서는 다음의 책을 참고해 볼 수 있습니다. 다이앤 리틀톤, 『하나님의 어머니 마음』, 정동섭 옮김, 서울: 카리스, 2012.

그리고 아버지 없는 고아들의 아버지로도 나옵니다. 시편 68편 5절입니다.

그 거룩한 곳에 계시는 하나님은 고아들에게는 아버지며 과부들에게는 변호인이 되신다.

예수가 세례를 받을 때 하늘로부터 들려온 음성은 자상한 아버지의 모습입니다.

그리고 하늘에서 소리가 들려왔습니다. "너는 내가 사랑하는 아들이다. 내가 너를 무척 기뻐한다."

예수가 가르쳐 준 주기도문의 시작은 하나님을 아버지로 지칭합니다.

그러므로 이렇게 기도하라. '하늘에 계신 우리 아버지, 주의 이름을 거룩하게 하시며

아버지라는 호칭은 당시 언어로 '아빠'라는 뜻입니다. "하늘에 계신 우리 아빠시여!" 다정다감한 아빠의 모습입니다. 자녀로서 아빠에게 무엇인가 부탁하고 요청할 수 있는 것은 자녀 됨의 특권입니다.

예수는 자신을 암탉에 비유하였습니다. 마태복음 23장 37절입니다.

예루살렘아, 예루살렘아! 예언자들을 죽이고 네게 보낸 사람들에게 돌을 던진 예루살렘아, 암탉이 병아리를 날개 아래 품듯이 내가 네 자녀를

모으려고 한 적이 몇 번이더냐? 그러나 너희가 원하지 않았다.

예수가 들려준 누가복음 25장에 나오는 탕자의 비유 이야기는 자애로운 아버지의 모습이 잘 드러납니다. 이처럼 하나님이 그 안에 남성성과 여성성을 갖고 있다는 것은 그의 형상(모습)을 따라 지음 받은 인간을 이해하는 데도 의미가 깊습니다. 남자와 여자 안에서도 남성적인 것과 여성적인 것을 균형 있게 공유하도록 창조했다는 것입니다. 즉 "하나님 앞에서 우리 모두는 여성적"이라고 했던 C. S. 루이스의 말처럼 인간 안에는 하나님의 남성적인 주도적 사랑에 반응하는 여성성을 포함하고 있으며, 마찬가지로 남성적 권위를 품고 있습니다. 그래서 우리 안에 남성성과 여성성에 대한 이해를 가지고 있을 때 남자와 여자로서, 아버지와 어머니로서 균형 있는 역할을 할 수 있습니다.

남성성이 주도성과 권위의 모델이라고 한다면 여성성은 반응하고 수용하는 것인데, 이 두 가지 모두 우리 안에 공존합니다. 우리 안의 남성적인 것과 여성적인 것을 통해 우리는 사랑을 주고받습니다. 이는 남자에게서 어떤 여자들보다 뛰어난 직관력을 가진 섬세한 여성성을 발견할 수 있으며, 여자에게서 많은 남자들의 지도력을 능가하는 리더십을 볼 수 있다는 의미입니다. 즉 구약성경의 영웅 중 한 명인 다윗이 골리앗을 쓰러뜨릴 때의 용맹함과 악기를 연주하던 여성적 정감을 통해 하나님이 각자 속에 남성적인 면과 여성적인 면이 상호보완하도록 창조했음을 새롭게 발견할 수 있습니다. 남성 안의 여성성과 여성 안의 남성성에 대해서는 이미 심리학의 거장 융Carl Gustav Jung에 의해 일반화된 개념이기도 합니다.[*]

* 이부영, 『아니마 아니무스』, 서울: 한길사, 2001 참조.

아니마와 아니무스는 나의 내적 인격 속에 존재하는 자신의 이성理性입니다. 남자에게 존재하는 여성성이 '아니마'이며, 여자에게 존재하는 남성성이 '아니무스'입니다. 그러나 우리 사회는 이런 내적 인격, 자신의 이성적인 특성을 계발하고 발견할 수 있도록 내버려 두지 않습니다. 우리는 먼저 사회에 적응해야 되고, 따라서 남자는 남자답게 여자는 여자답게, 자신의 직업에 따라 자신의 외적 인격을 적응적으로 만들어 나갈 필요가 있습니다. 즉 우리가 사회에서 적응하고 살아나가기 위해서는 우리의 외적 인격, 페르소나*를 만들어 나가야 합니다.

융에 의하면, 외적 인격만큼 중요한 것은 우리 속에 있는 내적 인격입니다. 나의 내적 인격까지 끄집어내어 나 자신이 되어 가는 과정, 그것이 참된 자기실현**입니다. 마음속에 있는 자기는 전체이자 그 중심입니다. 우리는 남자이면서도 여자를 포함하고, 여자이면서도 남자를 포함합니다. 밝으면서도 어둡고, 성숙하면서도 순진합니다. 즉 자기는 대극大極의 합일合一이자 하나의 세계이며, 이러한 자기를 실현하는 것이 인간의 궁극적인 목표입니다.

그러나 남성에게 여성적인 것, 여성에게 남성적인 것은 본래 뒷면에 있는 것인데 자기의 성과 다른 성의 것을 앞면에 내세워 살리게 되면 자기 고유의 성이 소홀해집니다. 그러므로 융은 강조합니다. "남성은 남

---

* 페르소나(페르소나에 또는 페르소나스라고도 합니다)는 사회 역할이나 배우에 의해 연기되는 등장인물을 말합니다. 이 단어는 원래 연극 탈을 뜻하는 라틴어에서 유래됐습니다. 라틴어 단어는 그리스어 $\pi\rho\delta\sigma\omega\pi o\nu$(prosōpon)에서 온, 같은 의미의 에트루리아어 단어 "phersu"에서 유래했습니다. 로마 후기에 다른 사람이 같은 역할을 맡을 수 있다는 것이 명백해지고, 권리와 권한 및 의무 등의 법적 특성이 역할을 이었을 때, 이 의미는 연극 공연이나 법원의 "등장인물"을 나타내는 것으로 바뀌었습니다. 동일한 개인은 배우처럼 때로는 같은 법정 출두에서 각각 자신의 법적 특성으로, 서로 다른 역할을 연기할 수 있습니다.
** 자아ego가 아닌 자기das Selbst를 말합니다.

성으로, 여성은 여성으로 살아야 할 것이다."*

그러나 우리는 남자답게 살아야 하기 때문에, 여자답게 살아야 하기 때문에, 즉 우리에게 주어진 페르소나에 충실하기를 사회와 집단은 요구하기에 우리는 우리 자신 안에 있는 아니마와 아니무스를 잊고 삽니다. 그렇기에 그들은 우리에게 자율적으로 다가와 자신을 보아 달라고 외칩니다. 그렇게 되면 우리의 아니마와 아니무스는 우리의 무의식 속에 잠재하게 되는데, 무의식 속에 분화되지 않은 아니마 아니무스 원형은 타인에게 투사가 되어 우리는 사랑에 빠지게 됩니다. 왜냐하면 자신의 마음속에 가지고 있는 그 아니마와 아니무의 모습을 우리가 사랑에 빠진 그 이성을 통해 보고 있기 때문입니다.

자기실현을 위해서는 그 어둠에 싸여 있는 약한 아니마를 인식하고 통합해야 하지만 대개는 그런 노력 없이 안의 '여자'가 밖으로, 우선 배우자에게 투사됩니다. 그럼으로써 남자는 아내의 지배 아래 놓이게 됩니다. 권력욕, 지배욕은 반드시 적극적인 지배와 간섭의 형태로 나타나지 않고 때로는 매우 수동적인 양식으로도 나타납니다. 아내의 병약한 체질과 고통, 히스테리성 기질이 대외적으로 강한 남성의 발목을 잡고 옴짝달싹 못하게 하는 경우는 드물지 않게 볼 수 있는 현상입니다. 남성은 '약한 아내'를 더 걱정하느라 사생활에 나타난 자기의 약함을 보지 않아도 되며 아내는 자신의 쓸모없음에는 상관하지 않고 최소한 영웅과 결혼했다는 착각을 갖습니다. 이를 융은 이렇게 말합니다. "이 착각놀이를 사람들은 흔히 '인생의 의미'라고 부른다"**

이렇게 살펴본 인간의 남성과 여성성의 통전적인 이해는 신의 부성과 모성의 통전적 이해를 가능하게 하고, 부모공경에서도 유용한 논거로

* 이부영, 위의 책, 58쪽.
** 이부영, 위의 책, 49쪽.

작용할 것입니다. 또한 양성적인 이해는 우리 사회뿐만 아니라 현대의 많은 부모들이 양육의 가치를 소홀히 하는 것에 대한 비판과 논리적 대응논리를 제시하기도 합니다. 양육적 사랑은 반드시 필요한 것이지만, 많은 부모들이 자녀의 물질적 필요나 교육적 필요에 집중하면서 양육적 사랑을 소홀히 합니다. 우리 삶에서 양육이 결정적 역할을 하는데, 어릴 때 누렸던 양육의 안정감과 안녕감 그리고 확실한 정체감이 없다면 우리는 어머니와의 결속이 결여된 것처럼 인생을 살아가게 될 수 있습니다. 이를 잘 설명해 주는 것이 애착이론attachment theory으로 이를 살펴보는 것도 의미 있는 일입니다.

애착이론은 장기적 인간관계의 근본 원인을 설명하는 이론입니다. 이 이론의 핵심 주장은 영아嬰兒가 정상적인 감정, 사회적 발달을 하기 위해서는 하나 이상의 주보호자primary caregiver와 관계를 형성해야 한다는 것입니다. 애착이론은 심리학, 진화학, 동물학을 아우르는 다양한 학문 연구 성과를 바탕으로 합니다. 제2차 세계 대전 직후 생겨난 부랑아와 고아들이 많은 사회적 관계에 어려움을 겪자 UN에서는 심리분석가이자 심리치료사인 존 보울비에게 이 문제에 관한 문서를 작성하도록 했습니다. 이 경험을 바탕으로 보울비는 애착 이론의 토대가 되는 이론을 만들었고, 이 이론은 매리 애인스워스나 제임스 로버트슨 등의 자료와 연구에 의해 발전되었습니다.

아기들은 자신에게 민감하고 반응을 지속적으로 잘 해주는 성인과 6달과 2년 사이의 몇 달의 기간 동안 애착관계를 형성합니다. 기어 다니거나 걸어다니기 시작할 무렵부터 아기는 친숙한 애착대상을 하나의 안전기지로 이용하기 시작하는데, 이 안전 기지를 토대로 주변을 탐험했다가 돌아오는 과정을 반복합니다. 부모의 반응이 이 시기 애착의 형태를 결정하는 데 영향을 미치고, 이 애착 형태는 아기의 지각, 감정 및 향후 관계에 대한 생각과 기대에도 영향을 미치게 됩니다. 애착이론에서 애착 대상과 멀어지는 데 따른 분리불안은 애착관계가 형성된 아기의 적응을 위한 정상인 반응으로 여겨집니다. 진화학자들은 이런 행동이 아이의 생존 확률을 높이기 위해 진화과정에서 생겨난 것으로 추측합니다.

애착관계와 관련된 아이는 보통 애착대상을 근처에 두려는 모습을 보입니다. 생애 초기에 애착 형성에 관한 이론을 만들기 위해 존 보울비는 진화생물학, 심리분석학의 한 갈래인 대상 관계이론, 제어시스템이론, 동물학, 인지심리학 등의 다양한 분야의 지식을 융합하였습니다. 1958년에 짧은 논문을 발표한 뒤, 1969년과 1982년에 걸쳐 보울비는 3권의 애착과 상실이라는 책에 자신의 애착이론 연구를 펴냈습니다.

발달심리학자인 매리 애인스워스는 1960년대와 1970년대에 걸쳐 애착이론의 기본 개념을 강화하며 "안전기지"라는 개념을 소개하며 아기에게 나타나는 여러 가지 애착 패턴에 대한 이론을 만들었습니다. 애인스워스가 분류한 세 가지 애착 패턴에는 안정 애착secure attachment, 불안정-회피insecure-avoidant 애착, 불안정-양가(또는 불안정-저항insecure- ambivalent) 애착이 있습니다. 네 번째 패턴인 혼돈(또는 비조직화disorganized) 애착은 나중에 발견되었습니다.

1980년대에 이 이론은 어른간의 애착 관계로까지 확장되었습니다. 이런 연구들에서 부모와 자식 간의 관계 뿐 아니라 친구 관계, 애정 관계, 성적 매력 등 다른 사회관계들 역시 애착 행동의 요소들로 설명할 수도 있는 것으로 나타났습니다. 이 이론의 성립 초기에 심리학자들은 보울비를 비판하며 그가 심리분석학의 핵심에서 벗어났다며 배척했습니다. 하지만 그 뒤로 애착이론은 초기의 사회적 발달을 이해하는 우세한 접근 방식이 되었고, 아이들의 관계 형성에 대한 경험적 연구가 활발히 일어나도록 만들었습니다. 이후에 '기질', 사회적 관계의 복잡성, 애착 패턴

분류의 한계와 관련해 애착 이론에 대한 비판이 일기도 했습니다.

애착이론의 세부적인 부분은 경험적 연구를 통해 많은 수정이 이뤄졌으나, 그 핵심에 대해서는 학계의 인정을 받고 있습니다. 애착이론은 새로운 심리 치료를 만들어냈고, 기존에 존재하던 심리 치료 방식에도 영향을 주었으며, 애착이론의 개념들은 사회 정책과 보육 정책에 많은 영향을 주었습니다.

●

개별 종교들의
이해

교육부에서 2009 개정 교육과정에 따라 특정 종교를 넘어서서 모든 고등학교에서 두루 사용이 가능한 고등학교 과정 교양선택 교과목인 종교 교과서 『종교학』*을 출간하고자 집필진을 선정하였습니다. 이 귀한 자리에 말석으로 참여하게 되어 제 7단원 "개별 종교들의 이해"를 집필하였습니다. 출간 이후 이에 대한 교사용 지침서나 쉽게 풀어 주는 안내책이 더 출간되면 좋겠다는 생각을 하였는데 교육부에서는 이에 대한 계획이 없어 이루어지지 않았습니다. 이에 당시 지면관계상 누락된 내용을 보충하고, 초고初稿를 중심으로 조금 더 쉽게 서술하면서 내용을 보완하는 방향으로 다시 써 보았습니다.

——————————————— 현대사회를 가리켜 '지구촌사회'라고 말합니다. 이는 이전 시대에 비해 교통과 통신과 발달로 다양한 삶의 양태들을 접하는 기회가 많아졌기 때문입니다. 이에 따라 나와 다

---

* 김윤성 외 4인, 『고등학교 종교학』, 교육부 주관·경북교육청 발행, 2015 참조.

른 사회문화적 환경에서 나와 다른 인생관과 가치관을 지닌 사람들과 만나고 교류할 기회도 많아졌습니다. 이런 과정에서 우리와 다른 것을 틀린 것 또는 나쁜 것으로 오인하는 경향도 나타납니다. 이는 한 번 생각해 볼 문제입니다. 우리와 다르다고 해서 그것을 틀리다거나 나쁘다고 판단할 수 있을까요? 오히려 다르다는 것은 우리가 스스로를 되돌아보면서 발전할 수 있는 새로운 자극이 되기도 합니다. 우리와 어떻게 다른 것인지에 관심을 갖게 되면 우리의 다양한 측면을 볼 수 있는 안목도 갖게 됩니다. 그렇기에 오늘날의 현대인에게는 겸손과 관용의 자세로 예의를 갖추고 대하는 성숙한 자세가 요구됩니다.

이 글은 개별 종교들의 구체적인 모습들을 살펴보고 지구촌 사회에 따른 다문화, 다종교 사회에서 지녀야 할 바람직한 종교관을 찾아가도록 하는 실마리를 제공해 보려고 합니다. 이를 위해 이 글에서는 종교학의 이론보다는 실제 사례 차원의 이해로 주요 종교의 경전과 교리의 이해, 종교생활의 이해, 사회문화적 역할, 바람직한 종교관을 이해하는 데 도움을 주고자 합니다.

1. 경전과 교리의 이해

종교의 창시자들은 대개 기존의 사회제도와 종교의 모순점을 극복하는 방안을 제시하면서 등장합니다. 이런 점에서 개별 종교를 이해하려면 그 종교가 출현하게 된 배경과 그 당시의 종교적 특성을 이해해야 할 필요가 있습니다. 왜냐하면 개별 종교들은 진공 상태에서 출현한 것이 아니라 오랜 세월 이어 오고 생활화된 거대한 종교 문화적 전통 속에서 이를 개선해 나가는 몸부림 속에서 등장하는 양상을 띠기 때문입니다.

예수는 유대교 전통 속에서 출생하여 성장하였습니다. 그러므로 예수와 기독교를 이해하려면 먼저 유대교를 이해해야만 합니다. 지면 관계상 간략하게나마 유대교를 서술하면 다음과 같습니다.

유대교(히브리어: יהדות, 영어: Judaism) 또는 유다교는 유대인들의 "종교와 철학이며 삶의 방식"입니다. 『타나크』(히브리어 성경)에서 시작되었고 탈무드와 같은 이후의 성경의 텍스트로 탐구되어 온, 유대교는 유대인들에 의하여 하나님이 이스라엘의 자손들과 함께 개발하여 온 언약적 관계의 표현으로 볼 수 있습니다.

전통적인 랍비 유대교에 의하면, 하나님은 시내 산에서 모세에게 그의 율법과 계명을 성문과 구술의 두 가지의 토라Torah 형식으로 시현示顯하셨습니다. 이것은 역사적으로 카라이트Karaites 학파에 의하여 도전을 받았는데, 이 학파는 중세 시대에 번창하였고 오늘날 수천 명의 신도들을 거느리고 있으며 또 다만 성문의 토라만이 밝혀졌다고 주장하는 하나의 운동입니다. 오늘날 인본주의적 유대교와 같은 자유주의 운동은 무신론적일 수도 있습니다. 유대교는 3,000년 이상 계속되는 역사를 갖습니다. 유대교는 가장 오래된 유일신 종교 중의 하나이며, 오늘날까지 존속하는 가장 오래된 종교입니다. 히브리서/이스라엘 사람들은 에스더기the Book of Esther와 같은 타나크의 후기 책 속에서 유대인으로 이미 지칭되었으며, 유대인Jews이라는 용어는 "이스라엘의 자손"이라는 호칭을 대체하고 있습니다.

유대교의 텍스트, 전통과 가치들은 기독교, 이슬람과 바하이교를 포함하는 후기 아브라함의 종교들 속에서 중요한 역할을 합니다. 유대교의 많은 측면들이 또한 세속적인 서양 윤리와 민법에 직접적으로 또는 간접적으로 영향을 미쳐 왔습니다. 유대인들은 유대인으로 태어난 사람들과 유대교로의 개종자들을 포함하는 민족성의 종교 집단입니다.

역사적으로 특별 법정이 유대인의 율법을 시행하였으며, 오늘날까지 이 법정들이 존재하지만 유대교의 실천은 대부분 자발적입니다. 신학적이고 법률과 관련된 문제에 관한 권한은 임의의 한 사람 혹은 조직에 주어져 있지 않고, 성경과 많은 랍비와 이들 텍스트를 해석하는 학자들에게 귀속됩니다.

할라카(히브리어: הכלה, 영어: Halakha)는 유대교의 종교적 율법의 총체를 가리키는 낱말입니다. 할라카에는 모세 율법, 즉 히브리어 성경인 『타나크』에 들어 있는 율법들인 613계명과 후대의 탈무드 율법과 랍비 율법 그리고 유대교의 관습Jewish customs과 전통Jewish traditions이 포함됩니다.

모세 율법Mosaic law은 하나님이 모세와 맺은 계약에 따라 모세를 통해 고대 이스라엘 민족에게 주었던 율법으로 「토라」 속에 따로 기록해 둔 것을 말합니다.

탈무드 율법Talmudic law은 탈무드 시대(1~500 C.E.)의 현자들 또는 랍비들인 탄나임과 아모라임의 가르침에 근거하여 『탈무드』로부터 유도된 율법입니다. 『탈무드』는 기원후 220년경에 형성된 미슈나와 기원후 500년경에 형성된 게마라로 구성되어 있습니다.

랍비 율법Rabbinic law은 랍비 계명이라고도 합니다. 후대에 제정된 것으로 총 7가지가 있습니다. 모세 율법 613가지와 합하여 이루어진 총 620가지의 율법은 유대교의 율법(계명, 미쯔바)을 완성시킨다고 말합니다. 탈무드에 따르면 모든 도덕률은 하나님의 법칙 또는 하나님의 계명이거나 이들로부터 유도된 것입니다.

유대교 관습Jewish customs은 민하그(히브리어: גהנמ, 영어: Minhag, 복수형: 민하김, Minhagim)라고 합니다.

토라(히브리어: הרות, 영어: Torah)는 문자 그대로의 뜻은 "가르침" 또는 "법칙·율법"입니다. 토라는 히브리어 성경 또는 구약성경의 첫 다섯 편으로, 창세기·출애굽기·레위기·민수기·신명기를 말합니다. 모세오경Five Books of Moses 또는 펜타튜크(그리스어: Πεντάτευχος, 영어: Pentateuch)라고도 합니다.

유대교의 전통에 따르면 「토라」는 모세가 하나님으로부터 직접 받았거나 또는 영감을 받아 기록한 것이라고 합니다. 「토라」는 유대교에서 가장 중요한 경전입니다. 모세가 하나님으로부터 받았다고 하는 십계명과 모세가 기록하였다고 하는 토라는 유대교의 종교적 토대를 이룹니다. 또한 모세는 유대교에서 가장 중요한 예언자입니다. 「모세오경」은 단순히 「토라」라고도 불리며 또는 「글로 쓰인 토라」라고도 불립니다. 유대교 전통에 따르면, 「글로 쓰인 토라」에 담지 못한 내용이 구전 율법 즉 구전 토라의 형태로 전승되어 내려왔습니다.

타나크(히브리어: ד"נת, 영어: Tanakh)는 유대교의 성경인 히브리어 성경을 가리킵니다. 유대교 성경은 전통적으로 다음 세 부류로 이루어진 것으로 여겨지고 있습니다. 타나크라는 낱말은 이 세 부류의 히브리어 첫 글자를 사용해 합성하여 만들어진 이름입니다. 이 세 가지는 다음과 같습니다. 율법서(토라, 히브리어: הרות, 영어: Torah (Laws, Teachings)), 예언서(네비임, 히브리어: םיאיבנ, 영어: Nevi'im (Prophets)), 성문서(케투빔, 히브리어: םיבותכ, 영어: Ketuvim (Writings))입니다. 타나크는 총 24권으로 구성되어 있습니다.

율법서(토라, 히브리어: הרות, 영어: Torah (Laws, Teachings))에는 창세기(Genesis, תישארב 브레쉬트), 출애굽기—탈출기(Exodus, תומש 쉬모트), 레위기(Leviticus, ארקיו 바이크라), 민수기(Numbers, רבדמב 브밋바르), 신명기(Deuteronomy, םירבד 드바림)가 있습니다.

예언서(네비임, 히브리어: םיאיבנ, 영어: Nevi'im (Prophets))에는 전기

예언서First Prophets와 후기 예언서Latter Prophets가 있습니다. 전기 예언서에는 여호수아(Joshua, עשוהי 예호쉬아), 사사기·판관기(Judges, סיטפוש 숍팀), 사무엘기(상권 & 하권 - Samuel I &II, לאומש 쉬무엘), 열왕기(상권 & 하권 - Kings I, Kings II, םיכלמ 믈라킴)가 있습니다. 후기 예언서에는 이사야서(Isaiah, היעשי 이샤야후), 예레미야서(Jeremiah, הימרי 이르미야후), 에스겔·에제키엘서(Ezekiel, לאקזחי 이흐지키엘), 소예언서(Twelve Minor Prophets, רשע ירת 토리 아샤르)가 있는데 유대교의 성경에서는 한 권으로 취급하나, 기독교에서는 각각의 낱권으로 분류합니다. 호세아서(Hosea, עשוה 호쉐아), 요엘서(Joel, לאוי 요엘), 아모스서(Amos, סומע 아모스), 오바드야·오바디아서(Obadiah, הידבוע 오바디야), 요나서(Jonah, הנוי 요나), 미가·미카서(Micah, הכימ 미카), 나훔서(Nahum, סוחנ 나훔), 하박국·하바꾹서(Habakkuk, קוקבח 하바쿡), 스바냐·스바니야서(Zephaniah, הינפצ 츠파니야), 학개·하깨서(Haggai, יגח 하까이), 스가랴·즈가리아서(Zechariah, הירכז 즈카르야), 말라기·말라키서(Malachi, יכאלמ 말라키)가 있습니다.

성문서(케투빔, 히브리어: םיבותכ, 영어: Ketuvim (Writings))에는 시서Poetic Books와 지혜서Five Scrolls와 기타·역사서Other & Historical Books가 있습니다. 시서에는 시편(Psalms, םילהת 티힐림), 잠언(Proverbs, ילשמ 미쉴레이), 욥기(Job, בויא 이요브)가 있습니다. 지혜서에는 아가(Song of Songs, םירישה ריש 쉬르 하쉬림), 룻기(Ruth, תור 루트), 예레미야 애가·애가(Lamentations, הכיא 에이카), 전도서·코헬렛(Ecclesiastes, תלהק 코헬레트), 에스더·에스테르기(Esther, רתסא 에스테르)가 있습니다. 기타·역사서에는 다니엘(Daniel, לאינד 다니엘), 에스라·에즈라기(Ezra)·느헤미야기(Nehemiah, הימחנו ארזע 에즈라 브네켐야)가 있습니다. 기독교에서는 둘을 별도의 낱권으로 분류하여 역대기(상, 하, Chronicles I

&II, ירבד םימיה 디브리 하야밈)라고도 합니다.

『탈무드』(히브리어: דומלת, 영어: Talmud)는 유대교의 율법, 윤리, 철학, 관습 및 역사 등에 대한 랍비의 토론을 담은 유대교의 성전으로 주류 유대교의 중심을 이루는 문헌을 말합니다. 탈무드는 기원후 220년경에 형성된 『미슈나』와 기원후 500년경에 형성된 『게마라』로 구성되어 있습니다. 『미슈나』는 유대교의 구전 율법 즉 구전 토라를 최초로 집성하여 기록한 것입니다. 『게마라』는 미슈나에 대한 토론과 탄나임 즉 미슈나 시대(1-220 C.E.)의 현자들 또는 랍비들의 관련 저작을 포함하고 있습니다. 이 때문에 『게마라』에서 다루는 주제는 「토라」에 한정되지 않고 『타나크』 전체를 포괄하는 경우가 흔합니다. 또한 『게마라』에서는 『미슈나』에 포함되지 않은 탄나임의 견해를 수록하여 『미슈나』의 해당 구절들과 비교하는 경우가 다수 있는데, 이러한 『미슈나』 밖의 탄나임의 견해를 바라이타라고 합니다.

『미슈나』(히브리어: הנשמ, 영어: Mishnah)는 유대교의 구전 율법, 즉 구전 토라를 기록한 것입니다. 기원후 220년경 예후다 하나시(히브리어: אישנה הדוהי)에 의해 편찬되었습니다. 총 6부로 구성되어 있습니다. 미슈나 시대(1-220 C.E.)의 현자들 또는 랍비들을 탄나임이라 합니다.

『게마라』(히브리어: ארמג, 영어: Gemara)의 문자 그대로의 뜻은 "완성"과 "공부"입니다. 기원후 220년경의 『미슈나』의 성립 후, 이후의 3세기 동안 팔레스타인과 바빌로니아의 랍비들은 『미슈나』를 연구하고 토론하였습니다. 『게마라』는 이러한 연구와 토론의 성과물들을 집성한 문헌입니다. 게마라 시대의 랍비들을 아모라임이라 합니다. 또한 아모라임은, 『탈무드』가 문헌으로 존재하기 훨씬 전부터, 『미슈나』에 나오는 각각의 율법에 대해 정확한 성경적 근거를 확인하고 『미슈나』의 여러 율법들 간의 논리적 연관 관계를 탐구하였는데 이러한 활동을 '탈무드

talmud'라고 하였습니다.

이러한 유대교에서 살펴볼 또 하나의 중요한 특징은 편협한 선민의식입니다. 이는 예수 사후에도 이어져 온 것으로 이를 흔히 시온주의라고 부릅니다. 시온주의를 살펴보면 다음과 같습니다. 유대인들은 고대에 유대인들의 고향이었던 팔레스타인에 유대 국가를 세우고 유지하는 것을 목표로 했고 이러한 생각의 틀을 시온주의라고 말합니다. 시온주의의 움직임은 19세기 후반 동부·중부 유럽에서 일어나기 시작했으나, 여러 측면에서 볼 때 그것은 팔레스타인에 있는 고대 예루살렘의 한 언덕, 즉 시온이라는 역사적 지역에 대해 유대민족과 유대교가 옛날부터 지니고 있던 민족주의적 집착의 연장이었다고 볼 수 있습니다. 16~17세기에 유대인들에게 팔레스타인으로 되돌아가라고 설득하는 여러 '메시아'가 나타났으나 18세기말에 하스칼라(계몽) 운동이 일어나 유대인들을 서구의 세속문화에 동화시키려 했으며, 19세기초에는 천년왕국설을 믿는 기독교인들이 유대인들의 팔레스타인 복귀에 가장 적극적인 관심을 보였습니다. 하스칼라 운동에도 동유럽에 살고 있던 유대인들은 서구문화에 동화되지 않았으며, 차르의 유대인 대학살에 대응하고 유대인 농민과 수공업자들의 팔레스타인 정착을 추진하기 위해 호베베이 시온('시온을 사랑하는 사람들')을 결성했습니다.

시온주의에 정치적 전기를 만든 사람은 오스트리아 언론인 테오도르 헤르츨이었습니다. 그는 유대인들이 서구문화에 동화하는 것이 가장 바람직하다고 생각했지만 반反유대주의가 워낙 강했기 때문에 실현될 수 없다고 보았습니다. 그는 만일 유대인들이 외부압력 때문에 하나의 국가를 세워야 할 경우, 한 지역에 모여야만 정상적으로 살아갈 수 있을 것이라고 주장했습니다. 1897년 헤르츨은 스위스 바젤에서 제1차 시온주의자 대회를 소집했습니다. 이 대회는 "시온주의는 팔레스타인에 국제법으로 보장되는 유대인의 조국을 건설하고자 한다"라고 선언하고 시온주의 운동의 바젤 강령을 세웠습니다. 운동 본부는 빈에 세워졌으며, 이곳에서 헤르츨은 공식 주간지『벨트Die Welt』를 발간했습니다. 시온주의자 대회는 1901년까지는 매년, 그 뒤로는 2년마다 1번씩 열렸습니다. 헤르츨은 오스만 정부에 팔레스타인 자치권을 요구했으나 거절당했고 대신 영국의 도움을 받게 되었습니다. 1903년 영국 정부는 우간다에 있는 3,750㎢의 비거주지역을 정착지로 제의했지만 시온주의자들은 팔레스타인을 고집했습니다.

1904년 헤르츨이 죽자 운동의 지도부는 빈에서 쾰른으로, 그 후 베를린으로 옮겨 갔습니다. 제1차 세계대전 이전의 시온주의 운동은 소수의 유대인들을 대표하는 데 불과했습니다. 여기에 참여한 유대인들은 대부분 러시아 출신이었지만, 운동을 이끈 지도부는 오스트리아와 독일 출신이었습니다. 이들은 구두연설과 소책자를 통해 선전을 확대했고, 여러 나라 말로 신문을 발간했으며, '유대인 르네상스'라고 부르는 문학과 예술의 발전을 촉진했습니다. 현대 히브리어도 주로 이 기간 중에 크게 발전했습니다. 1905년 러시아 혁명이 실패하고 뒤이어 대학살과 탄압의 물결이 일어나자, 더 많은 러시아 출신의 유대인 젊은이들이 선구적인 정착민으로서 팔레스타인으로 이주했습니다. 1914년경 팔레스타인에 정착한 유대인은 약 9만 명에 이르렀고, 이중 1만 3,000명은 43개의 유대인 농업정착지에서 살았습니다. 이들은 대부분 프랑스 출신 유대인 박애주의자인 에드몽 드 로트실 남작에게서 도움을 받고 있었습니다.

제1차 세계대전이 일어나자 정치적 시온주의가 다시 고개를 들기 시작했으며, 시온주의 운동의 지도권은 영국에 살고 있던 러시아 출신 유대인들에게로 넘어갔습니다. 이들 가운데 바이츠만과 나훔 소콜로프는 팔레스타인에 유대민족의 나라를 세우는 데 지원하겠다고 약속한 밸푸어 선언(1917년 11월 2일)을 영국으로부터 얻어내는 데 크게 이바지했습니다. 이 선언은 영국이 제의한 국제연맹의 팔레스타인 위임통치안에 포함되었습니다(1922년). 그 후 몇 년 동안 시온주의자들은 팔레스타인에 도시와 농업 정착지를 세우고, 자치 기구를 만들었으며, 유대식 생활방식과 히브리어 교육을 강화했습니다. 1925년 3월의 공식 집계에 따르면, 당시 팔레스타인에 살고 있던 유대인은 10만 8,000명 정도였으며, 1933년 무렵 이 숫자는 대략 23만 8,000명(전체 주민의 20%)으로 늘어났습니다. 유럽에서 히틀러주의가 기세를 떨치기 전에는 유대인의 이민이 비교적 천천히 이루어졌지만, 아랍계 주민들은 팔레스타인이 결국 유대인들의 나라가 될 것에 두려움을 느끼고 시온주의와 이를 지지하는 영국의 정책에 거세게 저항했습니다. 특히 1929년, 1936~1939년에 여러 차례 일어난 아랍인 봉기 때문에 영국은 아랍인들과 시온주의자들의 요구를 절충하는 안을 짜내야만 했습니다.

그 후 히틀러주의와 대대적인 유럽 유대인 말살정책으로 인해 수많은 유대인들은 팔레스타인을 도피처로 삼게 되었으며, 그 외 지역의 많은 유대인들, 특히 미국에 살고 있던 유대인들도 시온주의를 받아들이기 시작했습니다. 아랍인들과 시온주의자들 사이에 긴장이 고조됨에 따라 영국은 팔레스타인 문제를 영·미 회의와 국제연합(UN)에 차례로 제출했습니다. 1947년 11월 29일에 열린 UN 회의에서 영국은 팔레스타인을 아랍인들과 유대인들의 나라로 나누고 예루살렘을 국제화할 것을 제안했습니다. 1948년 5월 14일 이스라엘이 건국되었으며, 1948~1949년 아랍-이스라엘 전쟁이 일어났습니다. 이 전쟁을 치르면서 이스라엘은 UN에서 결정했던 것보다 더 많은 지역을 차지했고 이때 80만 명의 아랍인들이 내쫓겨 갈 곳을 찾지 못하게 되었는데, 오늘날 이들은 팔레스타인인으로 불리고 있습니다. 이렇게 해서 시온주의 운동은 제1차 시온주의자 대회로부터 50년 만에, 그리고 밸포어 선언으로부터 30년 만에 팔레스타인에 유대민족의 나라를 세우려는 목적을 이루었지만, 이스라엘은 안팎에서 테러 행위에 관여하고 있는 적대적인 아랍 국가와 팔레스타인 '해방'기구에 둘러싸인 무장병영이 되고 말았습니다. 그 뒤 20년 동안 여러 국가에 흩어져 있던 시온주의 조직들은 이스라엘에 대한 재정지원을 늘리고 유대인들이 이주하도록 권장하는 일을 계속했습니다. 그러나 대부분의 유대인들은, 이스라엘 밖에 있는 유대인은 '포로지'에서 사는 것이며, 이스라엘에서만 유대인이 온전히 살 수 있다는 이스라엘 내의 정통파 유대인들의 견해를 받아들이고 있지 않습니다.

이러한 종교관은 오랜 세월 수많은 외세의 침입과 국가의 재난 속에서 민족적 단합을 이어 주는 중심 가치였습니다. 그러나 그것으로 인해 다른 민족의 종교문화에 대해서는 철저히 배타적이고 폐쇄적이었습니다. 그야말로 이들의 종교관은 지나칠 정도로 혈연적 민족주의에 가깝습니다. 이는 자신들만이 하나님의 선택받은 민족으로 자신들만이 구원에 이른다는 생각이었습니다.

이러한 분위기 속에서 예수는 유대교가 지닌 편협한 선민주의를 비판하면서 이를 보편적, 세계적인 차원으로 개선해야 함을 주장하면서 기독교를 창시하였습니다. 예수는 유대교의 핵심인 율법을 없애려 온 것이 아니라 완성하려고 왔다고 말하였습니다. 예수는 유대교를 전면 부정하는 것이 아니라 유대교 본래의 정신이 왜곡되고 변질된 것을 보고 이를 완성시키는 차원에서 새로운 시대 새로운 종교문화를 만들어 낸 것입니다.

불교의 창시자 석가모니(본명은 고타마 싯타르타)는 브라만교의 제도와 종교문화를 비판하면서 등장하였습니다. 그는 누구나 출생부터 죽음에 이르기까지 정해진 신분적 질서와 인간의 숙명적인 삶의 굴레인 생로

병사生老病死를 숙명으로 받아들이지 않고 이를 비판하면서 참된 인간상을 찾아 나가는 구도자의 자세를 일깨워 주면서 만인 평등, 대자대비의 큰 길을 제시하였습니다. 그러므로 석가모니나 불교를 이해하려면 브라만교와 당시의 인도문화를 이해해야 합니다.

브라만교Brahmanism(바라문교·婆羅門敎) 또는 베다 시대 종교Historical Vedic religion는 베다 시대(1500~500 B.C.) 동안 인도에서 전개된 종교로서 브라만(바라문婆羅門)이라고 불리는 사제 계급을 중심으로 전개된 종교를 말합니다. 브라만교는『리그베다』·『야주르베다』·『사마베다』·『아타르바베다』의 4종의 베다의 종교적 가르침을 토대로 하여 우주의 근본적 최고 원리로서의 브라만(범梵)에 대한 신앙을 중심 신앙으로 하여 전개된 종교로, 훗날 힌두교로 발전되었습니다. 그러나 브라만교가 그 포괄 범위를 명확히 그을 수 있는 종교 체계는 아니어서, 흔히 브라만교라고 칭할 때는 명확히 규정할 수 있는 특정한 범위를 가진 한 종교 체계를 가리킨다기보다는, 인도의 전통적인 민족 생활과 사회 구조에 기반하는 전통적 철학·사상·신학·제사 의례 등의 종교 현상 전반을 총칭하는 경우가 많습니다.

이슬람교의 창시자 무하마드는 당시 중동 지역의 다신론적인 종교적 배경에서 등장하였습니다. 그는 당시의 종교들이 지배계급 중심으로 신들이 서열화 되고 이에 따라 종교인들이 계급화된 것을 비판하면서 유대교와 기독교의 유일신 전통을 수용하여 누구나 쉽게 이해하기 쉬운 유일신관을 중심으로 이슬람교를 창시하였습니다. 흔히 이슬람교의 창시자로 무하마드를 '마호메트'로 이해하는 경우가 많은데 이는 바람직하지 않습니다. 이슬람교 신자들은 '무하마드'로 발음하기에 이들의 발음대로 표기하는 게 적합합니다. 또한 잘못 이해하는 것으로 이슬람교의 또 다른 이해로 '마호메트교'로 이해하는 것도 기독교계의 방식으로 부적절합니다. 왜냐하면 기독교에서는 예수가 창시자로 유일신이 되지만 이슬람교에서는 무하마드는 알라신을 따르는 위대한 최고의 예언자로 추앙받으나 신이 아닙니다. 신은 오직 알라일 뿐입니다.

공자는 춘추 시대의 혼란을 초래한 사회적 관습과 제도의 모순점을 지적하면서 오래전의 이상적인 체제인 요·순시대의 제도의 회복을 주장하면서 사회윤리의 이념을 제창하였습니다. 요순 시대는 공자가 꿈꾼 이상향이었습니다.

요堯는 중국의 신화 속 군주입니다. 중국의 삼황오제三皇五帝 신화 가운데 다섯 황제의 한 사람입니다. 다음 대의 군주인 순舜과 함께 성군聖君의 대명사로 일컬어집니다. 현재까지 요의 역사적 실존성은 정확히 밝혀진 바가 없고, 다만 우왕과의 관계에서 하夏 나라 이전에도 국가 비슷한 실체가 형성되어 있음을 보여 주는 자료로 사용되고 있습니다. 요는 제곡 고신의 아들로 이름은 방훈放勳이고 당요唐堯 또는 제요도당帝堯陶唐으로도 부릅니다. 이는 요가 당唐 지방을 다스렸기 때문에 붙은 칭호입니다. 요는 도당씨陶唐氏라고도 부르는데, 요가 처음에 도陶라는 지역에 살다가 당唐이라는 지역으로 옮겨 살았기 때문이라고 합니다.

『사기史記』와 여러 역사서의 기록에 따르면, 요는 20살에 왕위에 올라 덕으로 나라를 다스렸습니다. 요의 치세에는 가족들이 화합하고 백관의 직분이 공명정대하여 모든 제후국들이 화목하였다고 합니다. 요는 희씨羲氏와 화씨和氏 일족에게 계절의 구분에 따라 농사의 적기를 가르쳐 주도록 하였으며, 1년을 366일로 정하고 백관들을 정비하였습니다. 또한 자신이 독단적인 정치를 할 것을 염려하여 궁전 입구에 감간고敢諫鼓(감히 간언드리는 북)를 달아 경계하도록 하였습니다. 요의 말년에는 황하가 범람하여 큰 홍수가 났으며, 요는 이를 다스리기 위하여 곤鯀을 시켜 9년 동안 치수공사를 하게 했지만, 실패하였습니다.

요가 왕위에 오른 지 70년 가까이 지난 후 요는 후계자를 찾아 신하들에게 추천할 것을 명하였습니다. 신하들은 전욱 고양의 후손이자, 효성이 지극한 순舜을 추천하였습니다. 요는 순에게 두 딸을 시집보내고 여러 가지 일을 맡겨 순의 사람됨과 능력을 시험하였으며, 3년 후 순을 등용하여 천하의 일을 맡겼습니다. 20년이 지나자 요는 순을 섭정으로 삼고 은거하여 8년 후에 세상을 떠났습니다.

순은 요와 함께 상고시대의 대표적인 성군聖君으로 손꼽히고 있습니다. 그래서 중국 문화권에서는 훌륭한 군주를 가리켜 요순과 같다고 찬양하는 관용 표현이 널리 사용되었습니다. 하나라의 우왕, 은나라의 탕왕을 합쳐 요순우탕堯舜禹湯이라 부르기도 합니다. 또한 뛰어난 군주의 치세를 일컬어 요순시대堯舜時代라고 부르기도 합니다. 요순시대는 태평성대와 같은 의미의 관용 표현이기도 합니다. 요순 시절의 태평성대는 중국 역사상 주로 "되돌아갈 수 없는 좋은 옛 시절"을 나타내는 표현으로 자주 사용되었으며, 각종 시, 노래, 민요, 상소문 등에서 용례를 찾아볼 수 있습니다.

한편으로, 역성易姓혁명을 꾀하던 자들이 요순임금의 예를 들며 자신이야말로 백성의 신망을 받는 지도자라는 점을 강조하는 데 이용되기도 하였습니다.

이렇게 볼 때 공자가 창시한 유교는 서구의 종교 개념으로 이해하기에는 모호한 면이 있습니다. 이는 유교가 유일신 종교와는 다른 양상을 지니고 있으며 현실정치와 사회윤리적 사상으로 볼 수 있기에 그렇습니다. 그러나 유교는 하늘을 숭상하고 제사를 지내는 모습에서 종교적인 특징도 보입니다.

이처럼 개별 종교들의 창시자들은 오랜 종교적 전통을 깊이 이해하고, 이를 통해 자신이 직면한 현실 속에서 종교적 이상과 인간 삶의 길을 일깨워 주었습니다. 이들은 오랜 세월 종교권력자들에 의해 변질된 종교적 인습에 대해 단호히 거부하면서 종교 본연의 참된 이상과 바른 삶의 길을 말만이 아닌 실제적인 행동으로 보여 주기 위해 제자들과 함께 생활공동체를 형성하여 자신의 말을 자신의 삶으로 증언해 나가는 양상을 띠었습니다. 이들은 이 과정에서 개인적으로 누릴 수 있는 권력과 명예와 경제적 이익을 취하지 않음은 물론 그 어떤 고난과 고통에도 굴복하지 않았습니다.

1) 경전의 형성과 의미와 교리

종교는 경전의 내용을 토대로 현실을 인식하고 미래를 계획합니다. 또한 종교공동체의 정체성과 교리의 틀도 경전을 토대로 만들어집니다. 그러므로 경전의 특성을 살펴보면 개별 종교의 현실인식, 미래의 지향점, 정체성, 교리 등을 이해할 수 있습니다.

경전은 개별 종교의 중요한 가르침을 분명하게 드러내는 핵심요약 지침서입니다. 경전은 개별 종교의 창시자가 지은 글이나 말과 행동을 기록한 책으로 개별 종교를 구성하는 그 어떤 요소보다도 중요한 가치를 지닙니다. 경전은 개별 종교를 구성하는 하나의 중심축으로서 창시자가 누구인가, 종교 공동체의 정체성은 어떠한가, 교리적 틀은 어떠한가를 규정짓기도 합니다. 이러한 경전의 특성을 이해하면 개별 종교의 기본적인 내용과 그에 따른 개별 종교인들의 생활방식과 이상을 이해할 수 있습니다.

경전의 집필은 창시자가 직접 집필한 경전과 창시자가 사망한 이후에 그를 기억하며 그의 추종자들에 의해 정리되거나 기록된 경우로 다양합니다. 하나의 예로 기독교의 예수와 불교의 석가모니는 자신의 이상과 깨달은 것을 직접적으로 사람들과 만나면서 전하는 데 집중하다 보니 차분하게 정리하여 글을 쓸 필요성을 느끼지 않았고 그럴 만한 시간적 공간적 여유도 없었습니다. 이에 반해 무하마드는 알라신의 말을 듣고 이를 책으로 남겨 분명한 기준점을 제시하였고, 공자는 기존의 종교사회 문화적 전통에서 중요하게 다룰 책들을 선정하였고, 그의 제자들에 의해 다양한 책들이 기록되기도 하였습니다.

경전은 일반적으로 어느 한 사람이 저술한 것이 아니라 오랜 세월 동안 여러 사람에 의한 공동 저작인 경우가 많습니다. 그러므로 오랜 세월 수많은 사람들에 의해 다양한 시각에서 저술된 책들 중에서 경전을 선정한다는 것은 결코 쉬운 일이 아닙니다. 그러다 보니 경전을 정하는 데도 오랜 세월이 걸리고, 한 번 정해지고 나면 다시 수정하거나 보완하는 것이 어렵습니다. 그래서 경전을 정할 때는 최대한 종교적인 권위자들이 모여서 오랜 시간 동안 신중한 논의를 거쳐 정합니다. 기독교와 이슬람교와 같은 유일신 종교들은 비교적 경전의 숫자가 제한되어 있고 그 권위가 절대적인 반면 동양전통의 종교들과 우리 민족종교들의 경우는 경전의 이해와 범위가 다양합니다.

경전의 내용에 따라 교리가 체계를 갖춰집니다. 교리는 경전과 마찬가지로 창시자가 사망한 이후에 제자들에 의해 정리되고 체계화됩니다. 교리의 내용은 주로 창시자의 가르침과 그에 대한 해석의 기준적인 틀입니다. 이 내용은 신자들의 신앙에 중요한 요소로서 무조건적인 믿음이 전제됩니다. 그러나 시간이 흐름에 따라 교리가 수립될 당시와 시간적·공간적 차이가 발생하고 적용하기에 모호한 다양한 상황이 생기면서 이에 대한 비판적인 논의들이 등장합니다. 이러한 논의들을 통해 새롭게 교리가 정교화 되기도 하지만 때에 따라서는 종교내의 분열이 생기기도 합니다. 종교내의 분열은 경전의 내용 중 특정 부분을 강조하거나 동일한 구절을 다르게 해석하면서 나타나는 경우가 많습니다.

개별 종교들은 사람들이 교리를 믿고 따를 것을 서약하는 종교적 절차와 의식을 갖고 있습니다. 이러한 절차와 예식을 통하여 신자가 되는 자격이 주어집니다. 이처럼 교리를 믿고 따른다는 것은 종교인이 되는 기준이 되는 것으로 매우 중요합니다.

종교 교리의 내용은 구조상 크게 현실 인식, 미래의 지향점, 그리고 현실에서 미래로 가기 위한 생각과 실천으로 구분할 수 있습니다. 어떤 종교든지 현실에 관해 나름대로 비판하는 모습을 가지고 있고, 그 모습은 미래의 지향점을 기준으로 다양하게 나타납니다. 그리고 현실에서 미래의 지향점으로 가기 위해 종교 공동체의 구성원 또는 공동체 차원의 생각과 실천이 담겨 있습니다.

교리에 표현된 현실 인식은 개별 종교가 서로 다른 시기나 상황이나 맥락에서 출현했기 때문에 대체로 다릅니다. 불교에서는 변하지 않는 고정된 실체가 없고 모든 만물이 서로 연결되어 있지만, 사람들이 이것을 깨닫지 못하고 있다고 봅니다. 그 결과 어떤 실체에 집착하여 탐하고 화내고 어리석은 행동을 하면서 고통스러워한다고 말합니다. 연기의 세계와 무아의 세계를 모른다는 것입니다. 이것은 사람들이 고통스러워하면서도 그 원인을 모르면서 살아가고 있다는 비판입니다.

유교의 경우 사회를 구성하는 인간에게 필요한 것이 인仁이라고 보고, 그 덕목으로 도道·덕德·직直·충忠·신信·의義 등을 말합니다. 이를 위해 개인이나 사회에서 수기이안백성修己而安百姓, 수신제가치국평천하修身齊家治國平天下, 수기치인修己治人이라는 표현처럼 수신修身이 중시됩니다.

기독교의 경우 인간이 태어날 때부터 최초의 조상으로부터 이어진 원죄原罪*를 갖고 있다고 봅니다. 그리고 인간에게는 원죄뿐만 아니라 이

---

* 원죄는 최초 조상의 죄가 후손에게 유전된다는 교리입니다. 마르틴 루터는 하나님을 거역한 인간의 탐욕으로 이해했습니다.

세상을 살아가면서 스스로 짓는 자범죄*도 있다고 합니다. 따라서 인간이 살아가고 있는 이 세상은 신이 태초의 인간에게 제공한 낙원이 아닙니다. 기독교는 인간이 근본적으로 죄인이고, 살아가면서 스스로의 죄를 뉘우쳐야 한다는 의식을 갖고 있는 것입니다.

이슬람교에서는 아담이 사탄의 유혹에 넘어가 금단의 열매인 선악과를 먹은 후에 곧 회개하여 알라의 용서를 받았고, 죄가 상속되지 않기 때문에 모든 인간의 상태가 선천적으로 선하다고 봅니다. 원죄설과 죄의 유전설은 인정하지 않습니다. 인간의 죄는 출생 이후에 외적인 환경요인과 자유의지에 의해 후천적으로 생겨나는 결과라고 봅니다. 유일신에 대한 믿음을 거부하는 것도 자유의지로 봅니다. 이슬람교에서 이 세상은 인간의 자유의지와 선택에 따라 선과 악이 공존하는 곳입니다.

개별 종교에서 말하는 미래의 지향점은 종교별 상황에 따라 다르게 나타납니다. 기독교의 경우, 지향하는 미래의 세계는 지옥과 대비되는 천국입니다. 천국에 관한 이해는 교파에 따라 약간씩 다릅니다. 그렇지만 예수를 믿고 그 가르침을 실천하여 신에게 의로움을 인정을 받은 사람들이 가는 완전한 행복이 있는 공간이나 상태라는 이해가 널리 퍼져 있습니다.

유교가 추구하는 미래의 지향점은 공자가 지향했던 하夏·은殷·주周 시대와 유사합니다. 유교는 다른 종교에 비해 초인간적 존재나 내세의 삶을 직접적으로 표현하지 않습니다. 공자도 내세의 영원한 삶에 관해 유보적 태도를 보였고, "아침에 도를 깨달으면 저녁에 죽어도 좋다"라고 할 정도로 현실 중심의 인간다움을 강조하였습니다. 제사도 자신의 근본인 부모를 생각하고 자신의 존재 의미를 자각하는 효의 표현입니다.

* 자범죄는 개신교의 용어입니다. 가톨릭에서는 아담으로부터 내려온 죄를 원죄 Original Sin, 인간이면 누구나 범하는 죄를 본죄Actual Sin라고 합니다.

유교, 특히 공자가 지향했던 하·은·주 시대는 단순히 과거로 돌아가자는 의미가 아닙니다. 하·은·주 시대는 현실을 개혁하여 도달하려는 이상적 목표를 상징합니다. 공자가 요堯·순舜·우禹·탕湯·문文·무武·주공周公 등을 고성왕古聖王으로 칭송하고, 나중에 도학파道學派가 이 인물들을 도통으로 숭상한 것도 이들이 인간성을 주체적으로 각성하여 천사상과 천명사상을 실현했다고 보았기 때문입니다.

불교가 지향하는 미래는 천상의 세계가 아닙니다. 물론 지옥, 아귀, 축생, 아수라, 인간의 세계도 아닙니다. 불교에서 이들은 모두 인과응보에 따라 윤회하는 불완전한 세계입니다. 불교에서 궁극적으로 지향하는 세계는 깨달음이고, 이를 통해 번뇌나 윤회에서 벗어나는 해탈, 번뇌나 윤회의 사슬이 끊어지는 열반이 가능해집니다.

이슬람교에서 지향하는 미래의 세계는 잔나janna입니다. 잔나는 이 세상에서 알라를 신앙하고 의무를 지킨 무슬림이 사후에 간다는 낙원입니다. 그곳에서는 모든 것이 풍족하고, 알라를 볼 수 있는 최고의 기쁨을 누릴 수 있다고 합니다. 다만, 잔나는 관점에 따라 문자 그대로 해석되거나 비유로 해석되기도 합니다.

개별 종교는 미래의 지향점으로 가기 위해 다양한 생각과 실천을 보여줍니다. 유교의 경우, 수기修己를 통해 인간에게 내재되어 있다는 인仁을 포함한 여러 덕목을 현실 속에서 보존·함양하고, 이를 통해 현실을 개혁해서 더 나은 미래를 만들어야 한다고 봅니다.

불교의 경우, 깨달음을 얻기 위해 육바라밀과 함께 여덟 가지 바른 수행법인 팔정도八正道가 필요합니다. 팔정도는 불·법·승의 삼보三寶, 연기緣起와 윤회輪回, 불이不二와 공空* 사상 등의 내용과 연결되어 있습

---

* 불이와 공은 나와 너, 붓다와 대중, 속세와 불법의 세계가 둘이 아니며, 따라서 나의 경험과 생각으로 나와 다른 것을 만들어내고 차별하는 분별심分別心을 버리

니다.

기독교의 경우, 신자는 삼위일체, 원죄설, 성육신 또는 강생구속, 십자가의 구원, 부활, 종말론 등을 믿습니다. 특히 하나님의 아들인 예수가 인간을 구원하기 위해 인간의 몸으로 태어났고, 인간의 죄를 대신하여 십자가에서 죽었지만 3일 만에 다시 살아났으며, 하늘나라로 올라가 인류 최후의 날에 인간의 선악에 대한 심판을 한다는 믿음, 그리고 그에 따른 실천이 강조됩니다.

이슬람교의 경우, 잔나를 준비하는 무슬림은 쿠란에서 말하는 신앙과 행위의 내용을 지켜야 합니다. 수니파의 경우는 알라, 천사, 쿠란, 예언자, 최후 심판일, 정명定命에 대한 여섯 가지 믿음과 신앙고백, 예배, 희사喜捨, 단식, 성지순례의 다섯 기둥이 중시됩니다. 다만, 시아파의 경우에는 '종교의 뿌리'로 알려진 다섯 가지 믿음과 '종교의 가지'로 알려진 열 가지 의례가 중시되기도 합니다.

지금까지 현실 인식, 미래의 지향점, 현실에서 미래로 가기 위한 생각과 실천이라는 틀로 다양한 교리에 대한 이해를 시도하였습니다. 이처럼 개별 종교의 교리는 다양하고, 그것을 이해하는 방식도 다양합니다.

2) 개별 종교들의 핵심 이해

유교는 공자를 비롯한 특정한 사상가들이 제사의 대상이 되기는 하지만 절대자인 신이나 교주敎主는 아닙니다. 이런 이유로 유교의 경전은 기독교의 성경, 이슬람교의 쿠란과 같은 유일신 종교처럼 특정한 책으로 규정되거나 제한되지 않습니다. 공자는 이미 중국에 있었던 자료를 연구하고 편집하면서 자신의 사상을 정리하여 저술하였습니다. 공자 이후의

고, 모든 것이 하나임을 깨달아야 한다는 뜻의 표현입니다.

사상가들도 이전 시대의 경전을 중요하게 여기면서 자신이 직면한 시대정신에 따라 하늘의 뜻이 인간에게 어떻게 적용되어야 하는지를 밝히는 경전을 저술해 나갔습니다. 이러다 보니 유교의 경전은 그 수를 헤아리기 어려울 정도로 방대합니다. 이에 따라 이를 정리할 필요성이 제기되어 송 나라 때에 와서 13종의 경서經書로 정리하고 확정했습니다. 이 책들은 다음과 같다. 『시경』, 『서경』, 『논어』, 『맹지』, 『역경』, 『주례』, 『의례』, 『예기』, 『중용』, 『대학』, 『춘추좌씨전』, 『춘추공양전』, 『춘추곡량전』, 『이아』, 『효경』입니다.

불교경전은 석가모니의 죽음 이후 오랜 후에 입에서 입으로 전해 오던 자료가 팔리어로 편집되기 시작하면서 형성되기 시작하였습니다. 이때의 경전들이 비르만의 산스크리트어가 아닌 팔리어로 기록된 것은 힌두교에 대한 분명한 거부의 태도입니다.

불교는 크게 소승불교와 대승불교로 나누는데 이에 따라 경전의 양상도 다르고 강조하는 교리도 다릅니다. 먼저 소승불교는 삼장三藏이라고 알려진 경전을 그 중심으로 합니다. 여기서 삼장이란 경經, 율律, 논論입니다. 우리가 잘 아는 『서유기』에서 묘사된 현장(불경을 구하러 인도로 여행을 떠나는 현장은 중국 당나라 초기의 고승이자 대번역가)은 삼장법사로 이 세 가지를 통달한 스님이라는 뜻으로 쓴 것입니다.

경장經藏은 부처의 가르침을 아난존자가 암기해 낸 것으로 부처가 직접 한 말입니다. 다음으로 출가자의 계율과 승가의 규율 등이 담긴 것으로 우바리존자가 구술한 율장律藏, 마지막으로 경장에 대한 연구를 체계적으로 정리한 논장論藏이 있습니다. 이 삼장 중에서 제일 중요하게 여겨지는 것은 부처의 말이 담긴 경장입니다. 불교의 삼장의 분량은 성경의 11배 정도가 될 정도로 방대합니다.

대승불교의 경전은 소승 불교의 파리 경전에 비해 그 범위와 분량이 엄청납니다. 이들 경전은 방대한 분량으로 이를 다 펼쳐 보기도 어렵습니다. 현재는 일본의 산수대장경이 가장 체계적으로 정리되었다고 하여 불교 연구에서 대장경의 표준이 되고 있습니다. 우리나라 경남 합천 해인사의 팔만대장경은 2004년 전산화가 완료되어 보다 체계적인 경전 연구를 가능하게 되었습니다. 이처럼 불경의 방대함으로 일반신자들은 불경을 쉽게 접하기 어렵습니다. 이에 따라 불교에서는 경전을 설법하는 스님의 역할이 매우 중요합니다.

불교의 교리는 매우 깊고 다양하기 때문에 간략히 정리하기가 어렵습니다. 다만 여기서는 가장 기초가 되는 부분만을 살펴보도록 하겠습니다. 사성제四聖諦는 부처가 가장 처음 한 설법이자 전 생애를 관통하는 설법으로 고苦, 집集, 멸滅, 도道의 네 부분으로 구성되어 있습니다. 인생은 고통의 연속이라는 고苦, 고통이 어디서 오는지를 밝히는 집集, 고통이 사라진 세계는 무엇인지 밝히는 멸滅, 고통을 사라지게 하기 위한 수행법을 밝힌 도道의 네 가지에 대하여 이야기합니다.

팔정도八正道는 사성제의 도道에 해당하는 8가지 다른 수행법으로 정견正見(바르게 보기), 정사유正思惟(바르게 생각하기), 정어正語(바르게 말하기), 정업正業(바르게 행동하기), 정명正命(바르게 살아가기), 정정진正精進(바르게 정진하기), 정념正念(바르게 기억하고 바르게 생각하기), 정정正定(바르게 삼매(수행)하기)을 말합니다.

불이不二와 공空은 부처와 대중이 두 가지가 아니며, 속세와 불법세상이 둘이 아님을 강조하는 말합니다. 나의 경험과 생각으로 나와 다른 것들을 분리하고 차별하는 분별심分別心을 버리고, 모든 것이 결국 하나임을 깨달아야 성불成佛할 수 있다는 것으로, 대승불교의 특징적인 사상입니다.

연기緣起는 이 세상에 존재하는 모든 사물과 사건에는 과거와 현재,

원인과 결과가 존재한다는 말입니다. 지금의 내가 있고, 나에게 여러 가지 일이 일어나는 것은 홀로 존재하는 것이 아니라 과거나 전생의 원인이 있기 때문에 결과로 일어나는 현상이라는 생각입니다. 윤회사상과 깊은 연관이 있습니다.

윤회輪回는 이 세상의 모든 생명체에게는 전생前生, 현생現生, 내생來生이 존재하며, 전생의 업보에 따라 현재나 미래의 삶이 결정된다는 것입니다. 이러한 것을 윤회輪回라고 하는데, 윤회에는 여섯 가지 길이 있어 전생의 업보에 따라 지옥도, 아귀도, 축생도, 아수라도, 인간도, 천인도로 환생하게 됩니다. 불교신앙의 궁극적인 목표는 바로 이러한 윤회에서 벗어나 부처가 되는 성불成佛에 있습니다.

삼보三寶는 불교에서는 가장 큰 3가지 신앙의 대상이 있는데, 이를 삼보三寶라고 합니다. 그래서 아침·저녁으로 예불드릴 때, 스님과 신도들은 꼭 삼보에 귀의歸依함을 맹세합니다. 삼보란 부처의 진신眞身(참된 몸)인 불보佛寶, 부처의 말인 법보法寶, 부처의 말을 따르는 승려인 승보僧寶를 말합니다.

기독교는 대략 2,000여 년 전, 팔레스타인 지역인 지금의 이스라엘에 살았던 예수가 창시한 종교입니다. 예수라는 이름은 구약성경의 여호수아, 호세아 등의 위인의 이름을 존경하여 붙인 흔한 이름 중 하나입니다. 그는 로마제국 통치의 식민지 치하의 가난한 목수의 아들로 태어나 불안정한 사회구조와 불평등, 그리고 가난과 노동의 현장을 온몸으로 경험하면서 자랐습니다.

그가 출생할 때, 이스라엘은 로마제국의 지배하에 있었는데 이 로마제국이 식민통치를 원활하게 하기 위해 실시한 호구조사명령에 따라 그의 부모는 그를 출산할 즈음에 고향 베들레헴에 가야만 했고 갑작스런 여행으로 부득이 머물 곳이 없어 출산 후 그는 짐승들의 먹이통에 누워야만 했습니다. 구약성경에서부터 예언되어 온 하나님의 아들인 메시야의 출생에 환영하며 기뻐한 이들은 수도인 예루살렘 사람들이나 유대교 신자들이 아니었습니다. 그의 출생에 이방인인 동방박사들과 가난한 목동들이 와서 경배하였습니다. 이 사건은 기독교의 중심 메시지를 암시하고 있습니다.

예수는 유대인만을 하나님이 사랑하고 구원한다는 선택된 민족이라는 유대교의 편협한 민족적 신앙을 넘어서서 이방인 모두에게 하나님의 사랑이 함께함을 전했습니다. 또한 그는 유대교가 기득권 종교로서 체제 순응적인 양상을 띠는 것과 달리 사회적 약자와 함께하는 하나님의 사랑을 전했습니다.

이런 점에서 일반적으로 알려진 예수의 그림은 오해를 불러일으킬 수 있습니다. 오늘날 많이 알려진 예수의 그림은 기독교가 국교가 된 이후 당시의 유명한 화가들에 의해 성당에 그려진 모습으로 이는 성경에 기록된 예수의 모습과는 너무나 다릅니다. 예수는 가난한 목수의 아들로 태어나 목수의 일에 종사하다가 30세 이후 가난하고 병든 사람들과 함께하면서 여러 곳을 다니면서 활동하였습니다. 그러므로 그의 모습은 육체적 노동으로 손과 발에 굳은살이 박힌 전형적인 노동자의 모습이었을 것입니다. 성경에 나오는 그의 말대로 그는 머리 둘 곳도 없이 떠돌아다니는 처지로 변변한 숙소나 먹을거리도 제대로 갖추지 못하였습니다. 그런데 오늘날 일반적으로 알려진 예수상은 정갈한 의상에 잘생긴 미남형으로 붉은 망토까지 두르고 있습니다. 사실 예수가 높은 지위를 상징하는 붉은 망토를 입은 것은 그가 로마 총독 빌라도에게 재판을 받고 십자가형에 처해질 때 그를 희롱하면서 입혔다가 다시 뺏긴 경우 한 번 뿐입니다.

기독교의 '기독基督'은 그리스어 "크리스토스Χριστός"의 중국어 음역音譯으로 우리말화한 것입니다. 원래 중국어 발음으로는 지두基督이지만 우리나라에서 구개음화하기 전의 발음이 '기도' 또는 '기독'입니다. 그리스도는 구약성경의 언어인 히브리어에서 하나님이 자신을 대신해서 세상을 구제할 위대한 사람을 임명할 때, 그 머리에 기름을 붓는 예식으로 쓰인 용어였습니다. 이 용어가 바로 '메시야'입니다. 이러한 구약성경 전통에 나오는 메시야를 신약성경의 언어인 고대 그리스어인 코이네 그리스어(헬라어)로 번역한 것이 "크리스토스Χριστός"입니다. 그러므로 기독은 이를 한국어 식으로 음차音借한 것입니다.

기독교Christianity라는 개념 이해를 우리나라와 중국에서는 개신교와 같은 뜻으로 사용하는 경우가 많지만, 정확한 이해는 천주교, 정교회, 개신교 등과 아프리카 교회를 포함해 예수를 유일신으로 믿고 따르는 모든 신앙공동체를 말합니다.

기독교의 경전은 한 권으로 집약되어 있습니다. 이것이 성경聖經입니다. 성경은 구약성경과 신약성경으로 구분하는데 그 기준은 예수 출생 이전과 이후입니다. 이는 마치 서력기원西曆紀元, 서기西紀를 나누는 것과 비슷합니다. 서력기원은 예수 탄생을 기원紀元으로 한 서양 기독교 문화권에서 사용해 온 기년법의 책력으로, 현재 전 세계적으로 통용되고 있습니다. 서기는 일반적인 다른 역법·연호 체계와 마찬가지로 0년이 존재하지 않으며, 그레고리력의 1년을 기원, 곧 '시작하는 해'로 삼습니다. 영어 약어로 기원후는 A.D.(anno Domini, '주의 해에')로, 기원전은 B.C. (before Christ, '예수 이전에')를 주로 써 왔습니다. 이 말의 기원은 라틴어로, 과거 영어권 국가에서는 '(in) (the) year of our Lord (Jesus Christ) (우리 주 (예수 그리스도)의 해에)'와 같은 표현이 대신 쓰이기도 하였습니다.

성경은 영어로 통상 불리는 '바이블bible'이라는 말은 고대 서양에서 책을 만들던 파피루스의 무역 집산지였던 페니키아 사람들이 세운 도시 중 가장 오래된 곳 중의 하나인 비블로스Byblos 지역에서 비롯된 고대 그리스어인 토 비블리온τὸ βιβλίον—"책"—이라는 말에서 왔습니다. 동양에서는 역사적으로 그 진리로 검증된 책에 경經이라는 칭호를 붙인 까닭에 거룩한 책이라는 뜻으로 성경이라는 말이 생겼습니다.

기독교는 유대교의 경전 39권을 받아들여 '구약성경'이라고 하고, 예수의 가르침과 활동을 기록한 4개의 복음서와 바울과 예수의 제자들의 편지들 등을 모아 27권을 '신약성경'이라고 하였습니다. 이로써 총 66권을 '성경'이라고 하여 한권의 책으로 정하였습니다. 기독교가 성경을 구약과 신약으로 나눈 것은 철저한 유일신관으로 예수를 중심으로 한 것입니다. 구약은 예수 출현 이전의 약속(계약)으로, 신약은 예수가 출현한 새로운 약속(계약)이라는 개념으로 같은 성경이지만 구약보다는 신약이, 신약에서도 예수의 직접적인 말과 삶이 담긴 복음서가 중요하게 이해됩니다.

이러한 기독교의 성경이해는 좀 더 정확히 말하면 개신교Protestant의 이해로 천주교catholic와는 다릅니다. 천주교는 구약에서 7권을 '제2경전'에 포함하여 총 73권을 경전으로 이해합니다. 여기서 말하는 제 2경전이라는 말은 제1경전에 비해 뒤떨어지거나 개신교에서 말하는 '외경外經*'이라는 의미가 아니라 개신교와 가톨릭이 공동으로 성경을 번역했을 때 개신교의 경전이해를 배려하여 공동으로 경전으로 인정하는 66권을 제1경전이라고 하고 그에 덧붙인 것을 말합니다.

기독교의 기본 교리로는 삼위일체, 원죄설, 성육신, 십자가의 구원, 부활, 종말론 등이 있습니다. 삼위일체란 일반적인 논리로는 설명하기 어려운 논리 너머의 종교적인 개념으로 한 하나님 안에 세 위격이 있다

---

* 외경이란 신약이나 구약 시대의 문헌이지만 정경에 포함되지 못한 문헌을 말합니다. 구약이나 신약에도 외경이 있습니다.

는 말입니다. 구약성경에 나오는 창조와 공의인 하나님이 성부聖父, 신약성경에 나오는 구원과 사랑인 예수 그리스도가 성자聖子, 예수 승천 이후 마음을 감동케 하고 힘이 되어 주는 수호자인 성령聖靈이 다르게 표현되고 기능技能하는 것으로 보이나 본질이 하나이듯 결국은 하나입니다.

원죄原罪는 조상들의 죄가 무조건 후손에게 유전된다는 개념이 아닙니다. 또한 다른 사람의 죄를 모방한다는 것도 아닙니다. 원죄의 의미는 공평과 공의와 넓고 큰 사랑의 하나님의 나라에 반역하려는 인간적인 욕망에 사로잡힌 상태를 말합니다. 이 상태가 바로 악의 세계에 사로잡힌 죄의 세계입니다. 성육신은 이러한 죄의 세계에서 해방시켜 주기 위해 하나님이 자기를 죽기까지 낮추고 희생하는 사랑으로 이 땅에서 인간으로 온 것이 예수입니다. 십자가의 구원은 이 예수가 인간의 죄를 대신해서 십자가에 죽음으로 구원을 이루었고 이를 믿어야 합니다. 십자가에서 죽은 예수가 3일 만에 다시 살아나서(復活) 죽음의 세력을 물리쳤습니다. 종말론은 하늘나라로 올라간 예수가 그 날과 그 시는 아무도 모르나 세상의 심판자로서 다시 오기에 늘 깨어 준비해야 함을 강조합니다. 예수는 누구나 알아들을 수 있는 쉬운 말로 하나님의 사랑을 전했습니다. 그 이유는 못 배우고 가난한 사람들도 잘 이해할 수 있게 하기 위해서였습니다. 기독교는 핵심 가치로 사랑의 실천을 매우 강조합니다.

이슬람교의 경전은 '쿠란'입니다. 이는 무하마드가 알라신이 보내 준 천사 지브리일(가브리엘)을 통해 무려 23년 동안 전해들은 것을 모아 책으로 기록한 것입니다. 무하마드는 가브리엘이 전해 준 내용을 글로 쓴 것이 아니라 모두 외웠습니다. 무하마드는 제자들에게 쿠란을 가르쳤고 이들도 이를 외웠습니다. 그러다가 무하마드가 사망하고 20년 즈음 지나게 되자 무하마드와 그로부터 직접 들은 이들이 사망에 이르러 무하마드로부터 전해들은 것을 모아서 엮어 냈습니다. 이슬람교는 이때 만들어진 쿠란을 번역이나 해설 없이 오늘날까지 전해지고 암기하는 것을 중요하게 여깁니다. 무슬림들은 아주 어려서부터 쿠란을 아랍어 그대로 배우고 암기합니다. 이처럼 무려 600쪽이나 되는 쿠란을 아랍어 그대로 외우고 입으로 읊조리는 사람을 '하피즈'라고 부릅니다. 하피즈는 무슬림들에게 존경과 자랑의 대상이 됩니다.

쿠란의 구성은 총 114장 6,200여 개의 절로 구성되어 있습니다. 모든 장의 시작은 마치 기독교의 사도신경과 같이 매우 중요한 것으로 쿠란의 구절을 인용할 때 말이나 그 첫 시작으로 쓰입니다. 쿠란은 기독교의 구약성경과 비슷한 내용들이 많습니다. 구약성경에 나오는 인물들과 사건들이 아주 많이 등장합니다. 심지어 기독교를 창시한 예수도 알라신이거나 알라신의 아들은 아니지만 중요한 예언자로 등장합니다. 그러다 보니 이슬람교의 성지聖地는 유대교, 기독교와 겹치는 지역이 있습니다. 대표적으로 예루살렘은 아브라함이 아들을 제물로 바치려 했던 제단으로 유대교와 이슬람교의 공통 성지로 이곳은 다윗의 아들 솔로몬이 성전을 지어 언약궤(모세의 십계명 석판을 보관했던 도금형 나무상자)를 안치한 장소라고 전해집니다. 예수가 십자가를 짊어지고 걸어가 죽은 뒤 부활했다는 길 역시 이 곳입니다.

이 십자가의 길(비아 돌로로사Via Dolorosa)은 전 세계의 순례자를 끌어들입니다. 이곳은 이슬람교의 창시자 무하마드가 말을 타고 승천한 곳이기도 합니다. 이런 이유로 오늘날도 예루살렘은 3대 종교의 성지로서 긴장감이 감도는 지역으로 십자군전쟁의 원인이 되기도 하였습니다.

쿠란에서는 장자 상속을 중요하게 여깁니다. 이는 유대교와 기독교에서 믿음의 시조始祖라 불리는 아브라함의 계승자가 여자 노예인 하갈에게서 난 첫째 아들 이스마엘이 아닌 정식 아내인 사라에게서 난 둘째 아들 이삭인 것과 다릅니다. 쿠란은 이스마엘을 아브라함의 계승자로 봅니다. 쿠란에는 유대교와 기독교의 십계명의 제1계명처럼 유일신 알라에 대한 복종을 분명히 합니다.

이슬람교에서 가장 중요한 경전은 쿠란이고 이외에는 무하마드가 사망한 이후 그의 말과 주요 사건을 기록한 '하디스'가 있어서 쿠란의 이해에 도움이 됩니다. 그리고 쿠란과 하디스에 기초하여 만든 이슬람의 율법서로 '샤리아'가 있습니다. 이슬람교는 정치와 종교를 구분하지 않는 '정교일치政教一致'를 특색으로 합니다.

2. 개별 종교생활의 이해

이솝우화 중에 '여우와 학의 식사초대 이야기'가 있습니다. 이 우화는 여우가 학을 식사에 초대해 놓고 음식 그릇을 학이 마음껏 먹을 수 있도록 배려를 하지 않았다가 나중에 다시 학에게 그대로 당하는 내용을 아주 재미있게 묘사하고 있습니다. 어느 날 여우는 이웃에 사는 학을 저녁식사에 초대했습니다. 하지만 학은 맛있는 음식을 제대로 먹지 못했습니다. 왜냐하면 평평한 접시에 담긴 음식을 학의 뾰족한 부리로는 도저히 음식을 먹을 수 없었기 때문입니다. 며칠이 지난 후 이번에는 학이 여우를 저녁식사에 초대했습니다. 학은 여우에게 당했던 일을 생각하고 그것을 복수하기 위해 목이 긴 병에 음식을 내놓았습니다. 여우는 학과 반대로 부리가 없기 때문에 목이 긴 병에 있는 음식을 먹지 못했습니다. 그러나 학은 여유 있게 음식을 먹으면서 너무 맛있으니 어서 먹으라고 여우를 약을 올렸습니다. 여우는 학이 자신에게 복수를 하고 있다는 것을 깨닫고는 아무 말도 하지 못했습니다. 그러자 학이 말했습니다.

"친구야, 지난번에 네가 나에게 맛있는 저녁식사를 대접했을 때 제대로 고마움을 표시하지 못해서 오늘 그 답례를 한 거란다. 오늘 기분이 나빴다면 사과할게. 하지만 다 네가 뿌린 씨니까 네가 거둬들여야 하지 않겠니?"

여우는 진심으로 학을 친구로 대하고 싶어서 식사 초대를 했는지도 모릅니다. 그러나 여우는 결정적인 실수를 하고 말았습니다. 여우는 학이 자신과는 다른 신체구조에 따라 식생활문화가 다를 수 있음을 생각하지 않았던 것입니다. 만약 여우가 다름을 생각하지 않고 여러 동물들과 사귄다면 여우는 사귀려고 하면 할수록 친구가 아닌 싸움의 대상만 늘어나게 될 것입니다.

이처럼 자신과 다름을 생각하지 않은 여우의 이야기는 우리에게 중요한 것을 생각해 보게 합니다. 우리가 살아가면서 만나는 개별 종교인들의 생활방식은 우리와 많은 부분 다를 수 있습니다. 그런데 다름의 문제를 이상하다거나 잘못된 것으로 고쳐야한다고 생각하는 것은 다양한 가치관이 공존하는 오늘날의 사회에서는 바람직하지 않을 뿐만 아니라 함께 살아가는 사회에서 갖출 기본적인 예의에도 어긋납니다. 오늘 우리에게 꼭 필요한 덕목은 나와 다름을 인정하고 존중하고 배려하는 자세입니다. 이러한 자세를 갖춰 나가기 위해서는 다양한 개별 종교인들의 생활방식을 이해하고 인정하고 존중하기 위한 개별 종교문화를 아는 지식이 필요합니다. 다른 사람의 종교를 이해하는 것은 지구촌 사회에서 살아갈 우리 모두가 당연히 배우고 익혀야 할 기본적이고 필수적인 예절 교육입니다.

1) 개별 종교문화의 이해

우리는 결혼식이나 돌잔치나 장례식장에 갈 때, 종교적인 특성을 이해하지 못해 힘들어 하곤 합니다. 다양한 종교적인 배경을 지닌 예식들을 몰라서 당황하기도 하고 예의에 어긋난 말과 행동으로 인간관계가 어긋나기도 합니다.

처음 사람을 만나면 정중하게 종교가 무엇인지를 문의하는 게 좋습니다. 왜냐하면 다른 사람의 종교를 이해하고 사귐을 갖게 되면 오해나 내 방식의 이해로 인한 실례를 미리 방지할 수 있고, 더 나아가서 배려해 줄 수도 있기 때문입니다. 이를 통해 우리는 다른 사람을 존중하며 더불어 함께 살아가는 성숙한 사람이 될 수 있습니다.

사람을 만나는 약속을 할 때도 미리 알고 주의를 기울일 날들이 있습니다. 왜냐하면 개별 종교마다 중요하게 여기는 날이 다르고 공동으로 모이는 종교예식을 진행하는 날도 다르기 때문입니다. 이 날들을 배려하는 것이 좋습니다. 이슬람교는 쿠란에서 정한 금요일을 거룩한 날로 정하여 이 날 오후에 사원에서 예배합니다. 유대교나 제칠일 안식일 교회, 하나님의 교회 등은 안식일인 토요일에 예배합니다. 기독교와 천주교는 일요일에 예배하거나 미사가 거행됩니다.

개별 종교들이 정한 날들은 그 어떤 인간적인 욕구 충족을 위한 행위나 상업적인 행위가 금지됩니다. 그러므로 이들 종교가 그 사회의 주류인 나라를 여행할 때는 반드시 주의를 기울여야 합니다. 그렇지 않으면 생각지도 못한 어려움에 직면하여 큰 어려움에 처할 수도 있습니다. 기독교와 천주교에서는 일요일을 중요하게 여겨 이 날이 인간의 날이 아닌 하나님의 날로 구별하는 의미로 '주일主日'이라고 표현합니다. 이에 따라 일요일에 기독교와 천주교 신자들이 운영하는 기업이나 상점에는 '주일은 쉽니다'라고 쓰여 있는 표지판을 볼 수가 있습니다. 이슬람 국가들은 금요일에, 유대교 국가인 이스라엘은 토요일에 나라 전체가 휴일로 모든 업무가 정지되기도 합니다.

또한 개별 종교마다 중요하게 여기는 날들이 있습니다. 기독교와 천주교는 성탄절과 부활절*이 중요한 축제일로 이날에는 선물을 나누거나 축제가 벌어지기도 합니다. 그리고 사순절**과 고난주간***에는 결혼과 잔치(파티)와 같은 일을 금지합니다. 불교신자들은 부처가 태어난 석가탄신일을 기념하여 이 날 초를 넣은 연등을 들고 탑을 돌기도 합니다. 연등회는 중요무형문화재 제122호로, 한국을 대표하는 거리축제가 되기도 하였습니다. 불교의 4대 명절은 부처가 출생한 음력 4월 8일, 부처가 출가한 음력 2월 8일, 부처가 깨달은 날 음력 12월 8일, 부처가 열반에 이른 음력 2월 15일로 모두 음력으로 지키고 있습니다. 이슬람교에서는 이슬람력의 9번째 달인 라마단 기간이 중시됩니다. 무슬림은 라마단 기간에 동틀 무렵부터 땅거미가 질 때까지 음식, 술, 성관계를 금지하는 계율에 따라 경건하게 보내면서 가난한 사람들을 돕기도 합니다.

우리가 중요하게 여기는 인간관계 중에서 장례는 매우 중요합니다. 이러한 장례문화 또한 개별 종교마다 다릅니다. 이를 이해하면 각종 미디어에서 보도하는 종교별 용어의 의미를 알고, 장례식에서도 정중한 예를 갖춰 참석할 수가 있습니다. 이에 대한 개별 종교의 죽음의 의미와 장례문화를 살펴보면 다음과 같습니다.

기독교는 하나님의 품으로 돌아갔다는 뜻으로 '소천召天'이라는 말을 많이 씁니다. 천주교는 임종 때 성사聖事를 받아 큰 죄가 없는 상태에서 죽는 일을 복된 것으로 보고 이를 선종善終이라고 말합니다. 불교는 적막감에 들어갔다는 뜻으로 승려의 죽음 등을 입적入寂이라고 말합니다.

조문절차는 고인故人의 종교와 조문객의 신념에 따라 조금씩 다를 수도 있습니다. 먼저 기독교는 분향소에서 상주喪主와 가벼운 목례를 하고

* 부활절은 음력 춘분 뒤의 첫 만월 다음에 오는 일요일을 말합니다. 양력이 아닌 음력이다 보니 매년 날짜가 다릅니다.
** 사순절은 부활절 전의 주일을 뺀 40일의 기간을 말합니다.
*** 고난주간은 예수의 십자가 사건을 기리는 한 주간입니다.

준비된 국화꽃을 들고 고인의 영정 앞에 헌화獻花한 후 뒤로 한 걸음 물러서서 15도 각도로 고개 숙여 잠시 동안 묵념을 하고 난 후 상주와 맞절을 하고 위로의 말을 전합니다. 기독교는 오직 하나님에게만 절하는 의미로 망자亡者에게 절을 하지 않습니다. 또한 불을 붙여 향을 피우는 분향焚香도 하지 않습니다.

천주교는 분향소에서 상주와 가벼운 목례를 하고 준비된 국화꽃을 들고 고인의 영정 앞에 꽃을 올리고 뒤로 한 걸음 물러서서 15도 각도로 고개 숙여 잠시 동안 묵념을 한 후 준비된 긴 막대향을 집어서 불을 붙인 다음 향을 좌우로 흔들어 불꽃을 끕니다. 여기서 주의할 것은 입으로 불어서 끄지 않아야 합니다. 한쪽 무릎을 꿇고 향로에 향을 정중히 꽂고 일어나 한 걸음 뒤로 물러서 절을 합니다. 절을 올린 후에 상주와 맞절을 하고 위로의 말을 합니다. 향나무의 가루 향으로 만들어진 향은 오른손의 엄지와 검지로 향을 집어서 오른손을 왼손으로 받치고 향로(향불)에 공손히 넣어야 합니다. 천주교의 장례예식에서는 고인을 위한 위령기도慰靈祈禱인 연도煉禱* 소리를 들을 수 있습니다.

불교와 유교도 천주교와 비슷합니다. 분향소에서 상주와 가벼운 목례를 한 다음, 영정 앞에 무릎을 꿇고 앉아 준비된 긴 막대향을 집어서 불을 붙인 다음 향을 좌우로 흔들어 불꽃을 끄고, 입으로 불어서 끄지 않습니다. 향로에 향을 정중히 꽂고 일어나 한걸음 뒤로 물러나 절을 합니다. 절을 한 후에 상주와 맞절을 하고 위로의 말을 전합니다. 이렇게 보면 기독교만 다르고 천주교, 불교, 유교는 비슷한 조문절차를 취한다고 말할 수 있습니다.

다음으로 개별 종교의 고인에 대한 처리입니다. 불교에서는 사람이

---

* 연도는 사도신경에서 고백하는 '모든 성인의 통공通功' 교리에 근거하며, 장례식 때만이 아니라 이후의 순서에서도 진행됩니다.

죽으면 지수화풍地水火風으로 흩어진다고 믿기 때문에 전통적으로 화장火葬을 합니다. 이런 불교의 전통적인 화장 장례의식을 다비茶毘라고 합니다. 물론 종단에 따라 매장을 하기도 합니다. 유교에서는 부모가 주신 몸을 조금이라도 상하게 하면 안 된다는 이유로 시신을 그대로 땅에 묻는 매장埋葬을 합니다. 기독교와 천주교에서는 육체가 종말 때에 들려 올라간다는 믿음과 유교적 전통의 영향으로 매장을 많이 해 왔습니다. 이런 이유로 우리나라에서는 망자의 장기기증이나 시체의 의과대학의 해부 교육이 많지 않은 것이 현실입니다. 최근 이에 대한 개별 종교들은 사후의 장기기증과 시체해부가 가능하도록 교리를 재해석해 나가기도 합니다.

개별 종교의 인사말을 알고 인사하거나 인정해 줄 때 개별 종교인과의 사귐은 더욱 깊어질 것입니다. 힌두교의 인사말은 '나마스테'입니다. 이 말은 '내 안의 신이 당신 안의 신에게 인사합니다.'라는 뜻입니다. 유대교에서는 '샬롬'이라고 합니다. 이 말은 '하나님이 주는 평화의 복'을 말합니다. 이 말을 기독교와 천주교 신자들도 즐겨 사용합니다. 이슬람에서는 '앗쌀라 무알레쿰'이라고 합니다. 이 말은 '당신에게 평화가 깃들기를'이라는 뜻입니다. 불교는 두 손을 모으고 고개를 숙이면서 '성불成佛하세요' 하고 말합니다.

기독교와 천주교에서는 '할렐루야'라고 인사를 건네곤 합니다. 이 말은 '하나님을 찬양합니다'라는 뜻입니다. 그러면 답례로 '아멘'이라고 합니다. 이 말은 '하나님을 확실히 믿습니다.'라는 뜻입니다. 또한 가족이 아닌 사람들에게 '형제님', '자매님'이라는 용어를 즐겨 씁니다. 이는 같은 믿음 안에서 하나님의 아들과 딸로서 한 가족 공동체임을 강조하는 표현입니다.

의례 공간의 명칭도 서로 다릅니다. 우리나라의 경우 천주교에서는 성당, 개신교에서는 성전聖殿 또는 교회당, 불교에서는 사찰 또는 절, 원불교에서는 교당, 대순진리회에서는 회관이라고 합니다. 이런 건축물을 방문해 보면 건축 양식이 서로 다르다는 것을 확인할 수 있습니다.

불교의 전통 사찰은 공간 구성이 체계적입니다. 다소의 차이가 있지만, 사찰 입구에는 세속과 단절한다는 의미의 해탈교가 있습니다. 이 다리를 지나면 일주문이라는 문이 있는데 이 문을 기준으로 속세와 불국토로 구분됩니다. 이어 불국토를 수호하는 금강역사가 있는 금강문을 지나면, 동서남북의 사천왕을 봉안한 천왕문과 성속의 이분법을 넘어 해탈의 경지에 도달함을 상징하는 불이문不二門이 있습니다. 불이문을 지나면 깨달음의 상징인 붓다를 봉안한 금당*이 있습니다. 이처럼 사찰의 구조에는 세속에서 신앙의 중심 공간에 이르는 체계적인 의미가 담겨 있습니다.

기독교와 천주교의 차이는 중심적인 상징은 십자가의 모습에서 쉽게 구분할 수 있습니다. 천주교 성당聖堂이나 천주교 시설에 가 보면 십자가에 달린 예수의 모습이 있습니다. 이 모습은 가시면류관을 쓰고 손과 발에 못이 박힌 참혹한 모습입니다. 그러므로 이를 바라보는 신자들은 예수가 당한 십자가의 고통을 생각하면서 자신을 돌아봅니다. 이런 이유로 성당과 천주교 시설의 분위기는 매우 엄숙하고 경건합니다.

이에 반해 기독교의 교회당教會堂과 시설에서는 십자가에 예수 모습이 없거나 아예 십자가가 없는 경우도 많습니다. 기독교의 경우 십자가에서 예수가 없는 것은 예수가 십자가에서 죽은 후 3일 만에 다시 살아났기에 (부활하였기에) 십자가의 의미가 고통의 상징에서 기쁨과 해방과 자유

---

* 금당은 각 사찰의 교학적 배경에 따라 석가모니불을 봉안하면 대웅전, 비로자나불을 봉안하면 대적광전, 아미타불을 봉안하면 극락전, 약사여래를 봉안하면 유리광전이라고 부릅니다.

와 생명의 상징으로 변한 것으로 보기 때문입니다. 예수가 이미 다시 살아났기에 십자가의 의미는 그다지 중요하지 않습니다. 그러므로 아예 십자가가 없는 경우도 있고, 자칫 십자가 모형이 하나의 하나님의 모형으로 인식될까 봐 설치하지 않기도 합니다. 그러기에 교회당과 시설에서는 즐겁게 노래하고 춤추고 음식을 먹고 마시기도 합니다. 이런 이유로 기독교에서는 이른바 현대적인 감각의 기독교대중음악(CCM)과 기독교대중춤(CCD)이 활성화되어 있습니다. 이러한 기독교대중음악과 기독교대중춤은 전문적인 직업인으로까지 발전하기도 하였습니다.

또한 기독교와 천주교는 건축적인 차원의 의미도 다릅니다. 기독교는 장소와 건물에 주의를 기울이지는 않습니다. 물론 성전聖殿이라는 개념으로 교회당敎會堂을 규정하기도 하지만 기독교에서 말하는 교회당은 말 그대로 교인들이 모이는 집일 뿐입니다. 그저 신자들의 모임을 위해 필요한 조건일 뿐입니다. 그러니 얼마든지 옮기고 개축하는 것이 가능합니다. 그러다 보니 필요에 따라서는 건물의 한 층을 세 들어 있거나 지하에 있는 경우도 있습니다. 중요한 것은 장소가 아니라 신자들입니다. 오늘날의 교회당은 예배당의 기능보다도 종합기독교문화공간으로 교육과 공연과 친교 등이 가능한 다목적시설로 건축하는 추세도 보이고 있습니다. 이에 반해 천주교는 그들의 모임 장소를 '성당聖堂'이라고 합니다. 이는 말 그대로 거룩한 집입니다. 여기서는 성사聖事가 거행되는 곳으로서 엄숙한 분위기를 강조합니다. 그러기에 천주교는 성당을 아무 곳에나 짓지 않고 엄숙함이 유지되도록 장소와 건축에 주의를 기울입니다. 이러한 성당에서 거행되는 예식들은 성사聖事라고 하여 기독교보다 더 엄숙하게 진행합니다. 이 중 하나가 '견진성사'라는 것으로 이 때 영세명(세례명)이 주어집니다. 영세는 천주교 신자가 되기 위해 치르는 의식입니다. 이 의식에서 영세명을 받습니다. 영세명은 주로 성경에 나오는 인물에서 이름을 따옵니다. 영세를 받고 영세명을 가진 사람은 미사 중에 영성체를 할 수 있습니다. 영성체는 신부가 주는 작은 빵 조각과 포도주를 받는 것인데 빵은 예수의 몸을 뜻하고 포도주는 예수의 피를 의미합니다. 그러므로 영성체를 한다는 것은 예수를 내 몸 안에 모신다는 의미입니다.

기독교와 다른 천주교의 특징으로 묵주기도가 있습니다. '로사리오 기도'라고도 하는데, 이는 라틴어 'Rosarium(장미꽃다발)'에서 유래한 것입니다. 천주교 신자들은 집에서도 해 뜰 무렵, 정오, 해 질 무렵 이렇게 하루에 3번씩 묵주를 들고 기도합니다. 묵주는 구슬이 많이 달린 팔찌 모양으로 이를 '로사리오'라고도 합니다. 성당에 들어갈 때, 여자들은 작은 수건을 머리에 씁니다. 이외에도 천주교 성당은 기독교 교회에서는 볼 수 없는 각종 형상과 그림 등의 장식들이 많습니다. 천주교는 이를 거룩한 것으로 여기는 반면 기독교는 우상偶像으로 여기기도 합니다.

기독교는 신을 '하나님'이라고 표현합니다. 엄밀히 말하면 '하나'라는 숫자에 존칭인 '님'을 붙인 것으로 문법적으로 보면 잘못된 말입니다. 그럼에도 기독교가 이렇게 표현하는 이유는 유일한 신이라는 의미를 강조하려는 것입니다. 이에 반해 천주교에서 천주天主라는 말은 '하늘의 주인'이라는 말이고, 신을 '하느님'으로 표현합니다. 이는 하늘을 숭배하던 우리 민족의 종교심을 이어받은 신의 이름으로 천주교가 우리문화에 대한 토착화 의식이 강함을 드러냅니다.

우리가 다른 사람의 종교 문화를 이해하고 사귐을 갖는다면 오해의 소지를 줄일 수 있고, 실례를 방지할 수 있습니다. 나아가 상대를 배려할 수 있게 됩니다. 이런 태도는 다른 사람을 존중하며 함께 살아가는 성숙한 삶의 시작일 것입니다.

2) 이슬람교의 생활문화 이해

우리나라 사람들은 흔히 '이슬람'이라고 하면 안 좋은 모습들을 떠올리곤 합니다. 실제로 인터넷 검색어에서도 전쟁, 테러와 같은 단어들이 나옵니다. 이에 따라 많은 사람들이 이슬람에 대해 부정적인 이미지를 갖고 있습니다. 많은 사람들이 이슬람교에 대해서 잘 알지도 못하면서 몇 가지 정보로 이슬람교를 규정하기도 합니다. 이처럼 이슬람 문화를 테러와 잔인하고 미개한 문화로 아는 경우가 많습니다.

그 이유는 직접적인 문화교류의 부재와 십자군 전쟁 이후 종교적 편견에 빠진 일부 서구인들의 이슬람 문화에 대한 잘못된 시각을 그대로 받아들였기 때문입니다. 이러한 모습은 결코 바람직하지 않습니다. 왜냐하면 오늘을 사는 우리에게 이슬람교는 그저 아주 먼 거리의 남의 나라 이야기가 아니라 바로 우리의 이야기이기 때문입니다.

최근 우리나라에서는 오랫동안 세계종교임에도 낯설게 느껴지던 이슬람교가 급속하게 유입되고 있습니다. 이는 동남아지역의 외국인 노동자들이 유입되면서 이들에 의해 이슬람교가 전해진 요인이 큽니다. 이들 중 상당수가 우리나라 여성과 결혼하고 자녀를 낳고 양육하면서 무슬림(이슬람 신자)이 자연스럽게 형성되고 있습니다.

전 세계 거의 모든 문화가 생성과 소멸의 과정을 반복해 왔지만, 이슬람 문화는 15세기 동안 그 정통성을 유지하면서 민족과 언어를 초월한 공동체 문화의 역할을 담당하고 있습니다. 이슬람은 쿠란이 제시하는 성법聖法과 무하마드의 언행록인 하디드가 법의 토대가 된 정치적 실체입니다. 이슬람 문화에 대한 올바른 이해는 16억에 달하는 무슬림들과 오늘날 급증하는 우리나라의 외국인노동자와 그들의 자녀들과 함께하는 바람직한 다문화 감수성을 길러줄 것입니다.

기독교나 천주교 신자와 식사를 할 때는 그들이 식사기도를 하거나 기도후 성호聖號(sign of the cross)를 긋는 시간을 기다려 주는 것이 좋습니다. 인도에서 온 힌두교 신자를 만나면 이들이 신성하게 여기는 소고기가 들어간 햄버거를 피해야 합니다. 그렇다면 이슬람 신자를 만나면 어떻게 해야 할까요? 무슬림들은 돼지고기와 개고기를 불결한 동물로 여겨 먹지 않습니다. 또한 무슬림을 집에 초대할 때는 반드시 개를 묶어 두는 게 좋습니다. 왜냐하면 이슬람에서는 개가 불결한 동물로 여기기에 애완동물로 개를 기르는 경우는 드뭅니다. 돼지고기는 쿠란에서 유일하게 신의 저주를 받고 있는 동물로 거론되기도 합니다. 쿠란에 따라 뼈와 발굽이 음식으로 허용되지 않아 우리나라 사람들이 즐겨먹는 순대, 족발, 선짓국, 곱창전골, 갈비탕 같은 음식이 없습니다. 우리나라에서 개는 몸보신 동물로 여기거나 애완동물로 사랑받고 있습니다. 그러나 이슬람은 쿠란에 기록된 것을 따라 야수野獸로 보고는 가정에서 꺼리는 동물로 사막과 들판에서 살아가게 합니다. 이슬람에서 돼지꿈, 돼지저금통은 행운의 상징이 아니라 그 반대로 불행을 상징합니다. 이는 알라신이 저주한 동물이기 때문입니다. 그러므로 이슬람에서는 돼지 모양이 들어간 것은 기능이나 종류에 관계없이 환영받지 못합니다. 이슬람 여성들에게 향수를 선물하면 안 됩니다. 왜냐하면 이슬람 여성들은 계율에 따라 향수를 금기시합니다. 또한 무슬림들이 고개를 숙여 인사하지 않는다고 서운하게 여기지 말아야 합니다. 이들은 다른 사람에게 고개 숙여 인사하지 않습니다. 왜냐하면 이슬람에서는 오직 알라에게만 고개를 숙여야 하는 것이기 때문입니다. 선물을 주고받을 때는 반드시 오른손으로 해야 합니다. 왜냐하면 왼손은 주로 화장실에서 용변을 본 후 닦거나 코를 풀 때만 쓰는 손이기 때문입니다. 오른손 엄지를 치켜세우거나 엄지와 검지로 동그랗게 OK사인을 만들거나 오른손 주먹으로 왼손 바닥을 치는 행동도 안 됩니다. 이는 상대방을 무시하거나 경멸하는 의미를 담고 있기 때문입니다. 손가락이나 도구로 사람을 가리켜서도 안 됩니다. 이는 동물을 가리킬 때나 하는 행동이기 때문입니다.

종교적 금기는 종교가 직면한 지역과 사회 환경의 영향과 밀접한 관계를 지닙니다. 무슬림들은 돼지를 아주 불결하게 여겨 돼지고기가 들어간 것을 먹지 않는 이유가 쿠란에 따른 것이지만 이들의 문화적 특성에 따른 것이기도 합니다. 이슬람교가 발생한 사막 지역에서는 무더운 날씨로 인해 음식이 빨리 상하고, 이러한 상한 음식을 먹고 사망하는 경우가 많았습니다. 이 중에서도 돼지고기는 빠른 시간에 상하는 대표적인 음식이었기에 종교적인 권위를 통해 금기로 여기게 하여 사람들의 생명을 구하게 되었습니다.

이슬람교문화에서 일부다처제一夫多妻制度가 나온 배경도 형사취수兄死取嫂라는 유목문화에서 나온 것입니다. 이들은 드넓은 지역에서 유목생활을 하면서 수많은 전쟁을 할 수밖에 없었습니다. 그러다 보니 전쟁터에 나가 죽는 남자가 많이 생기게 되었고, 남편을 잃은 여자들과 아이들도 많아졌습니다. 이렇게 생겨난 많은 과부와 고아들을 구제하기 위한 당시로서는 일종의 사회적 장치로서 남자가 아내를 여럿 두는 것이 제도화된 것으로 남자들의 특권이 아닌 사회적 약자를 책임져야 할 사회적 의무였습니다. 많은 사람들이 이슬람 국가에서 일부다처제가 보편적으로 시행되는 것으로 오해하고 있습니다. 그러나 오늘날은 극소수의 부유층만이 아내를 여럿 두고 있고 이것도 최대 4명까지로 제한하는 경우가 많습니다. 대부분의 남자들은 경제적인 이유로 일부다처를 하고 싶어도 할 수가 없습니다.

무슬림의 독특한 문화로 논란의 소지가 되곤 하는 게 무슬림 여자들의 복장문화입니다. 몸과 얼굴을 천으로 가리고 다닙니다. 이러한 히잡 착용에 대해 여러 나라에서 논란이 되곤 합니다. 1998년 독일 바덴—뷔

르템베르크 주 문화부는 공립학교 교사 페레슈타 루딘Fereshta Ludin에 대해, 수업 중 히잡 벗기를 거부했다는 이유로 직위 해제했습니다. 이에 면직당한 루딘은 주 정부를 고소했습니다. 종교와 직업 선택의 자유라는 개인의 기본권을 국가가 침해했다는 이유에서였습니다. 주 정부는 아이들을 가르치는 교사가 수업 중에 히잡을 착용하는 것은 국가의 중립성 의무와 정교政教 분리라는 독일 민주주의 기본 원칙에 위배된다는 논리로 맞섰습니다. 이 재판의 결과로 독일에서 교사의 히잡 착용 허용 여부는 주마다 다르게 규정되었습니다. 독일은 아직 이 문제를 정면으로 다룰 준비가 되어 있지 않습니다. 시간이 흐르고 다문화 출신 독일인의 수가 더 늘면 언젠가는 히잡에 대한 독일 사회의 불편한 반응이 완화, 개선될지도 모르겠습니다.

프랑스에서는 히잡을 쓰고 학교에 나오지 못하도록 법으로 금지했습니다. 그런데도 이를 어긴 여학생들이 퇴학을 당하자 그 사건은 전 유럽으로 퍼져 심각한 사회문제가 되었습니다. 무슬림들은 종교의 자유를 침해하지 말라고 목소리를 높였습니다.

사우디에서는 여자 유도 선수가 히잡을 착용하고 경기에 나설 수 있게 되었습니다. 로이터통신은 국제올림픽위원회(IOC)와 국제유도연맹(IJF)이 런던올림픽 여자 유도 78kg급에 참가하는 사우디의 워잔 샤흐르카니(16)의 히잡 착용을 허용했다고 2012년 7월 31일(한국시간) 보도했습니다. 사우디올림픽위원회는 "IOC와 IJF가 히잡을 착용하고 경기하는 데 동의했다"며 "샤흐르카니는 특수하게 디자인된 히잡을 사용할 예정"이라고 말했습니다. 특수 히잡의 디자인에 대해서는 밝히지 않았습니다. IJF는 이슬람의 여성들이 머리와 목 등을 가리기 위해서 쓰는 히잡을 착용하면 조르기 기술 등에서 안전문제가 발생할 수 있다며 히잡 착용을 반대하여, 그간 사우디올림픽위원회와 마찰을 빚었습니다. 보수 성향의 이슬람 국가인 사우디·카타르와·브루나이 등은 그동안 여자선수의 올림픽 출전을 금지해 왔습니다. 하지만 런던올림픽을 앞두고 자크 로게 (70) IOC 위원장의 설득과 여성인권단체 등의 압력에 못 이겨 올림픽 역사상 처음으로 여자선수 출전을 결정했습니다.*

아직까지 우리나라에서는 이런 문제가 사회문제로 드러나지는 않았습니다. 그러나 이제 점차 늘어 가는 무슬림들의 자녀들이 학교에 진학하면서 이런 종교문화적 갈등이 드러날 가능성이 있습니다. 특히 우리나라의 사립학교 중 상당수는 특정종교가 설립운영 중인 곳들이 많습니다. 이에 따라 학교당국의 종교문화와 이슬람종교문화의 갈등이 심각한 학교의 문제로, 아니 사회문제로 대두될 수도 있습니다.

이슬람 국가들이 매우 무더운 나라임을 감안할 때 여자들에게 너무나 잔인해 보입니다. 이를 일반적으로 '히잡'이라고 하는데 사실은 크게 세 가지 종류로 나눌 수 있고 실제로 우리에게 나쁜 이미지로 각인된 것은 히잡이 아니라 '부르카'입니다.

히잡은 얼굴을 내놓고 머리에서 가슴 부위까지 늘어뜨리는 형태로 흰색이나 검정색이 주종을 이루었으나 갈수록 색과 무늬가 화려해지고 있습니다. 원래는 머리카락을 모두 감추고 신체 굴곡이 드러나지 않게 느슨하게 써야 하지만 요즘에는 앞머리를 살짝 늘어뜨리거나 화려한 색상의 스카프를 목 부위에 바짝 조여 매 멋을 내는 여성들도 늘고 있습니다. 오히려 히잡 속에 세련된 패션(미니스커트, 찢어진 청바지)을 추구하는 경우도 있습니다.

차도르는 넓은 검은 천을 머리부터 발끝까지 둘러쓰는 것으로 이란에서 주로 착용합니다. 안에서 손으로 여미는 부위에 따라 얼굴을 내놓

* "런던2012, 사우디 女 유도선수, 히잡 착용하고 뛴다" 〈뉴시스〉 (2012년 7월 31일 자).

을 수도 있고 드러낼 수도 있습니다. 이란은 1979년 혁명 후 차도르 착용을 의무화했지만 요즘에는 검은 외투로 대신할 수 있게 해서 히잡에 짧은 외투를 걸치고 배낭을 둘러멘 파격적 차림새도 심심찮게 볼 수 있습니다.

부르카는 눈 부분을 망사로 처리하고 머리부터 발끝까지 덮어쓰도록 한 가장 보수적인 복장으로 아프간과 아랍 일부 지역에서 씁니다. 아프가니스탄의 탈레반이 이를 강요한 탓에 무슬림 히잡에 대한 편견과 오해를 낳게 한 주범이 되었습니다.

여자들이 히잡을 쓰는 것은 이슬람교가 여성을 억압하기 위한 것이 아니라 중동 지방에 내려온 하나의 문화적 관습이었습니다. 중동지방의 여자들은 오랫동안 자신의 정숙함을 표시하는 상징으로 히잡 착용을 당연시해 왔습니다. 쿠란에는 여성을 존중하는 의미로 어머니를 아버지보다 존엄하게 여기는 구절이 나옵니다. 나라를 위해 전쟁에 나가는 것보다도 사회적 약자로 살아가야 할 어머니를 봉양하는 게 더 중요하다고 제시된 구절도 있습니다.

또한 일반적으로 잘못 알고 있는 것으로 무슬림에서는 여성들에게만 신체 노출을 제한하고 있다고 생각합니다. 그러나 무슬림은 남녀 모두에게 과다한 신체노출을 금지하고 있습니다. 사실 쿠란에는 그저 '유혹'을 일으킬 만한 부분을 가리라고 되어 있고, 남성에게도 과다한 신체노출을 금하고 있습니다. 이렇듯 성적인 유혹을 일으킬 수 있는 노출을 금함으로써 그로 인해 야기될 수 있는 간음을 막고자 하는 것이 그 본질적인 의미입니다. 이러한 히잡의 이해는 다문화사회현실에서도 꼭 필요한 다문화 감수성의 중요한 요인입니다. 이슬람교의 신자들의 생활은 그들이 지키는 5가지 계명을 통해 알 수 있습니다.

첫째, 알라 이외에는 신이 없고 무하마드는 알라의 마지막 예언자입니다. 이슬람교는 철저한 유일신 종교입니다. 무하마드는 신이 아니라 신의 뜻을 전한 매우 중요한 예언자임을 분명히 합니다.

둘째, 반드시 하루에 5번씩 거룩한 땅인 메카를 향해 큰절을 올리며 기도하는 예식을 수행해야 합니다. 이를 위해 무슬림들은 건축할 때, 모든 방의 천장에 메카가 있는 방향을 가리키는 화살표가 표시되어 있습니다. 큰절을 올리며 기도하는 시간은 해의 길이에 따라 다르지만 새벽, 정오, 오후, 저녁, 밤으로 아침 일찍부터 잠들기 전까지 규칙적으로 습관화하여 생활 속에서 알라에게 경배하며 기도하는 시간을 갖게 합니다. 이러한 습관을 지키는지 아닌지는 무슬림인지, 아닌지를 쉽게 규정짓게 합니다. 만일 우리 이웃이나 친구가 하루에 5번 이렇게 철저하게 종교적 예식을 지킨다면 그는 분명 무슬림입니다. 이들이 얼마나 철저하게 이를 지키기 위해서 집 안에서나 외출할 때, 항상 기도용 작은 카펫 같은 '사쟈다'를 가지고 다닙니다.

셋째, 무슬림은 1년 동안 자기 수입의 25%를 가난한 사람을 위해 기부해야 합니다. 이는 마치 기독교의 십일조 헌금(10%)이나 불교의 보시와 같은 것이지만 분명한 차이점은 25%를 다른 종교들처럼 종교시설 운영비 등으로 쓰기 위한 것이 아니라 전액을 가난한 사람들과 나누라는 것입니다. 여기엔 가난한 사람들이 생기지 않도록 나쁜 짓을 하지 않아야 하고, 더 나아가서 사회의 부조리를 만들지 않도록 하는 것까지 포함됩니다.

넷째, 일생에 적어도 한 번은 메카의 성지를 순례해야 합니다. 이를 '하지'라고 합니다. 무슬림들은 여행을 할 만큼 건강하고 돈이 있어야 하기에 절제된 생활과 검소한 생활로 건강을 유지하고 저축을 합니다.

다섯째, 1년에 한 번씩 한 달 동안 금식을 하는 라마단을 지켜야 합니다. 이 기간에는 해가 떠 있는 동안에는 음식을 먹을 수 없고 오락을 해서도 안 됩니다. 무슬림들은 이 기간을 통해 절제와 금욕과 가난한 사람들의 고통을 이해하게 됩니다. 한 달간의 라마단이 끝나는 다음날은 함께 모여 하루 종일 먹고 마시는 축제가 벌어집니다. 이때는 부자들이 자발적으로 가난한 사람들에게 음식을 나누어 주기도 하고, 선물도 나누어 주기도 합니다.

무슬림들은 매일 5번씩 혼자 예배를 진행하고 매주 금요일 오후에는 성원聖院에서 함께 모여 공동 예배를 진행합니다. 이들은 예배 전에 반드시 깨끗한 몸으로 알라를 만나야 하기에 깨끗이 하고 성원에 들어갑니다. 이를 '우두'라고 하는데 성원에는 우두실이 있어 여기서 손과 발과 얼굴을 씻습니다.

예배 시간에는 이맘이 아랍어로 쿠란을 읽으며 알라의 말씀을 전합니다. 이맘은 예배를 이끄는 사람으로 나이가 많거나 학식이 뛰어난 사람으로 목사와 스님과 같이 종교적인 일에만 전념하는 사람이 아닙니다. 이맘이 전한 알라의 말씀이 끝나면 이마를 땅에 대고 절을 합니다. 이런 의식이 진행되는 동안 엄숙하고 경건합니다. 이를 위해 그 어떤 노래나 악기도 허용되지 않습니다. 또한 예배를 방해할 만한 그 어떤 종교적인 그림이나 공예품이나 상징물도 없습니다. 이는 이슬람에서는 알라신을 어떤 상징이나 형상으로 만들지 않기 때문에 조각이나 그림 등으로 신의 형상물을 만드는 것을 엄격하게 금지하고 있습니다. 이는 정교회의 엄숙한 미사와 천주교의 경건한 미사를 연상케 합니다.

이슬람교는 정신을 혼란케 한다는 생각에서 술을 금지합니다. 또한 정절을 강조하여, 법적으로 승인된 남녀관계가 아닌 부적절한 관계(간통)를 금지합니다. 또한 높은 이자를 받고 돈을 빌려주는 것과 거짓말을 엄격하게 금지합니다. 이처럼 이슬람교의 생활문화를 살펴보면 철저하게 금욕적인 삶으로 우리가 알고 있는 폭력, 테러의 이미지와는 거리가 멉니다. 이런 모습은 어느 종교에나 있는 극단적인 근본주의자들의 소행으로 대부분의 이슬람 신자들과는 거리가 멉니다. 이슬람은 아랍어로 '평화의 복종'이라는 뜻으로 알라의 뜻에 복종하여 마음의 평화를 얻는다는 말입니다. 우리가 알고 있는 일부 이슬람 신자들이 정치적인 목적으로 테러를 일으키는 것으로 이슬람교 자체가 테러의 종교이거나 모든 이슬람 신자들이 테러리스트인 것은 아닙니다.

　이슬람교를 제대로 이해하고 무슬림들과 좋은 관계를 이루기 위해서는 용어부터 그들과 소통이 가능한 것으로 하는 것이 좋습니다. 우리나라는 이슬람교가 서양문화의 유입에 의해 전해지다 보니 그 문화권의 방식에 따라 이해합니다. 예수를 영어식 표기인 '지저스Jesus'라고 하지 않고 유대인들의 언어인 히브리어대로 '예수'라고 하듯이 영어식 표기로 '마호메트'라고 하지 말고 무슬림들의 발음 그대로 '무하마드'라고 하는 것이 적합한 표현입니다. '코란'이라는 표현도 영어식 표기로 무슬림들의 발음 그대로 '쿠란'이라고 하는 것이 좋습니다.

3. 개별 종교의 사회문화적 역할

　문화는 지식·신앙·예술·도덕·법률·관습 등 인간이 사회의 구성원으로서 획득한 능력 또는 습관의 총체를 말합니다. 이러한 문화의 특성은 개별 종교문화에서도 드러납니다. 또한 개별 종교문화적 특성은 사회 속에서 종교의 형식을 취하기도 합니다.

　학교에서 수여하는 상장에는 통상적으로 들어가는 문구가 있습니다.
　"품행이 방정하고 타의 본이 되는……"
　일상생활에서는 이런 말들을 합니다.

"사람이 참 인자하다." "예의를 갖춰라." "분수를 알아야지" "경우가 없어"

이러한 말들은 말과 행동을 삼가하며 살아야 함을 강조하는 유교에서 강조하는 인간상이 잘 드러난 것입니다.

결혼식 주례사에서 흔히 듣는 말로 "인연因緣"과 "선남선녀善男善女"라는 말이 있습니다. 인연이라는 말은 어떠한 일의 결과를 만드는 직접적인 원인인 '인因'과 간접적인 원인인 '연緣'을 아울러 이르는 용어이고, 선남선녀라는 말은 불교적인 규율에 자신의 삶을 맞추는 남자와 여자를 지칭하는 용어로 둘 다 불교적인 세계관을 담고 있는 용어입니다.

우리나라의 수많은 문화유산들은 개별 종교문화적 산물이고, 현재 초·중·고·대학들과 병원들과 사회단체들과 사회복지 기관들이 개별 종교에서 설립하여 운영하는 곳들이 많습니다. 이러한 기관들은 개별 종교인들만을 대상으로 하는 것이 아니라 한국인 전체를 대상으로 하기에 우리나라 사람들 전체가 직·간접적으로 영향을 받고 있습니다.

이처럼 우리의 일상생활에서는 종교인이든 아니든 상관없이 개별 종교문화가 우리의 삶에 직·간접적으로 영향을 미치고 있습니다. 그러므로 개별 종교들의 사회문화적 영향을 이해하는 것은 우리문화를 구성하는 중심요소를 이해하는 중요한 자료가 됩니다.

1) 유교의 사회문화적 기여

우리나라는 기원전 283년경 중국 연燕으로부터 한자漢字가 들어오면서부터 그 속에 스며든 유교를 접하게 되었습니다. 이에 따라 한자 하나하나를 익히면서 자연스럽게 유교적 이념과 윤리를 습득하게 되었습니다. 이렇게 접하게 된 유교는 단순한 종교적 행위나 윤리도덕을 넘어서 오랜 세월 한국 역사와 함께하면서 한국의 전통문화로서 자리매김하였습니다.

이러한 모습은 현재 우리나라에서 사용하는 돈에 새겨진 인물들만 봐도 쉽게 짐작할 수 있습니다. 우연의 일치일까요? 놀랍게도 돈에 새겨진 인물 모두가 조선시대 유교적인 인간상을 대표하는 인물들입니다. 100원 동전에는 나라에 충성한 충무공 이순신, 1,000원권과 5,000원권 지폐에 나오는 퇴계 이황과 율곡 이이는 대표적인 유학자들이고 50,000원권 지폐에 나오는 신사임당은 유교적 여성상인 현모양처賢母良妻를 대표하는 이이의 어머니입니다.

유교의 영향은 지명地名에서도 쉽게 찾아볼 수 있습니다. 조선 태조 이성계는 새롭게 도읍을 정하면서 한양에 4개의 대문을 만들었습니다. 이 4대문은 유교의 오상五常인 인의예지신仁義禮智信에 의해, 동대문으로는 흥인지문興仁之門, 서대문으로 돈의문敦義門, 남대문으로 숭례문崇禮門, 북대문으로는 숙정문肅靖門을 두었습니다. 원래 북쪽에 해당하는 것은 '지知'인데 '편안하다, 고요하다'는 뜻의 '정靖' 자를 사용하여 변화를 시도한 것으로 숙청문肅淸門이라고도 불렸습니다. 그리고 중앙에 해당하는 곳에 보신각普信閣을 두어 조선의 도읍이 유교적 이념에 기초함을 분명히 하였습니다. 이외에도 우리나라의 곳곳에서 유교적인 세계관을 담고 있는 지명들이 많습니다. 서울을 비롯해서 여러 지역에 혼재한 효자동은 효를 강조하기 위한 것입니다.

유교는 우리나라 사람들의 실제 생활에 많은 영향을 미쳤습니다. 우리나라 사람들의 가족 관념이나 대인관계의 예절이나 직업관, 국가관 등은 유교적 의식이 그 기초를 이루고 있습니다. 우리말에서 높임말이 발달한 것도 다른 사람을 공경하고 자신을 낮추는 겸양의 유교적 덕목과 깊은 관련이 있습니다. 우리말에는 존대어와 반말이 분명합니다. 이는 대인관계를 상하의 서열관계로 보는 유교문화의 특징을 잘 반영하는 현상입니다. 또한 우리는 가족의 유지와 존속을 중요하게 여깁니다. 가족은 그 어떤 사회구성체보다 중요합니다. 이에 따라 우리나라의 가족주의는 설날이나 추석과 같은 명절에 고향을 향한 민족의 대이동이 이루어지기도 합니다. 차례와 제사는 유교에서 비롯된 종교적 행위로서 조상의 영혼을 위해 정성을 모아 행합니다. 이처럼 유교는 우리나라 사람들에게 생활의 규범을 제공하는 기본 틀입니다.

서구사회 문화는 일상생활에서 남자는 당연히 '레이디 퍼스트Ladies first'라고 하여 여자를 배려해야 하는 것이 기본예절입니다. 그러나 우리는 유교의 영향으로 여자를 배려하는 것이 아니라 노인이 먼저입니다. 이는 삼강오륜에 나오는 장유유서長幼有序에서 잘 드러납니다. 이 말은 나이가 많은 사람과 적은 사람에게는 순서가 있다는 말로 연장자를 우선시합니다. 이는 일상생활의 모든 영역에서 적용됩니다. 식사할 때도 어른이 먼저 수저를 든 이후에 식사를 해야 하는 등 어른을 공경하는 것처럼 연장자를 우선으로 합니다.

유교는 사회공동체의 결합을 강화하고 있습니다. 오늘날의 개인주의적 단절을 넘어서 사회 공동체의식을 배양하는 데 중요한 기능을 합니다. 또한 친족적인 결합의식이 사회적으로 확장되었을 때 직장이나 지역사회도 더욱 강하게 결합될 수 있습니다.

유교는 나라에 충성하고 부모에 효도하고 형제간에 우애 있고 웃어른을 공경하고 주어진 일에 성실히 임하는 바른 인간상을 제시합니다. 이러한 유교적 인간상은 돈이나 권력보다는 명예를 중시하는 사상적 토대를 형성해 주었고 법보다는 도덕이 우선시됨을 일깨워 주었습니다. 또한 제사의식을 중시하여 조상을 생각하면서 그 뜻을 후손들에게 전달하고 기리는 것으로 자손들에게 일체감을 심어 주는 데 일정한 역할을 하였습니다. 유교는 청렴淸廉, 충절忠節과 같은 덕목을 강조함으로써 검소하고 정직한 삶의 자세를 일깨워 주었습니다. 교육열의 대명사인 맹자의 어머니의 이야기가 있습니다. 이는 맹모삼천지교孟母三遷之敎, 맹모단기孟母斷機라는 사자성어로도 유명합니다.

오늘날 경제발전의 내면에는 유교가 끼친 공로가 매우 큽니다. 이른바 아시아의 네 마리 용 대만, 홍콩, 싱가포르 그리고 우리나라의 공통된 정신적 배경으로 유교가 새롭게 사회과학적 관심사로 떠오르곤 합니다. 동아시아의 경제발전은 서구적 합리성과 개인주의를 따랐기 때문이 아니라, 오히려 이들에게 공통적으로 확산되어 있는 유교적 이념과 가치관에서 유래한 것입니다. 서구사회는 이들의 비약적인 경제성장을 이룩한 아시아의 신흥공업국의 경제개념을 '아시아적 발전모델'이라는 말로 설명하였습니다. 이는 유교문화권에 내재한 강한 리더십, 검약과 절제의식, 높은 교육열, 가족적 인간관계, 협동과 근면 등의 문화적 요인이 지역 경제발전의 주요한 원인이 되었음을 분명히 한 것으로 볼 수 있습니다.

유교에서는 수기修己를 하기 위해서 성誠, 곧 성실함이 강조되었습니다. 이렇게 유교가 강조하는 덕목인 성실함은 베버가 말한 기독교 정신에 깃든 근면함과 같은 개념으로 볼 수 있습니다. 유교전통사회의 독서인에 대한 존중과 교육에 대한 열기는 산업사회가 요구하는 고급기술의 습득과 계발에 효과적으로 적응할 수 있었습니다.

유교가 문화사적으로 영향을 끼친 것 가운데 주목을 끄는 것은 조상에 대한 신앙입니다. 조상에 대한 신앙은 제사문화로 잘 드러납니다. 삼국시대에 자신의 조상을 제사 지내는 의례로 발전하기 시작했습니다. 중국 유교의 영향을 많이 받은 결과로 제사문화가 보편화된 시기는 조선시대로 성리학의 도입과 더불어 조상에 대한 제사가 사회적 관습으로 정착되어 갔습니다.

조선시대의 제사문화는 조선 후기까지 유교문화 속에서 사회 전반에 걸쳐서 생활의 중요한 한 부분이 되었습니다. 제사상에 올리는 음식은 산 사람을 대접할 때의 음식과 유사한데 이러한 예속은 대개 한, 당대 이후 중국 서민사회의 조상제사 풍습에서 비롯된 것으로 보입니다. 이것이 주자의 "가례"에 수용되어 오늘날의 표준예법처럼 되었습니다.

제사는 고인故人이 세상을 떠난 전날 밤에, 그리고 추석과 설날에 드리는 예식입니다. 이러한 제사 행위는 이것과 연관된 사람들로 하여금 죽음을 실존적으로 체험하게 함으로써 인간 공동체를 가장 밑바닥에서 묶어 줍니다. 우리 조상들은 이런 정기적인 제사 행위를 통해 모든 인간이 죽어야 한다는 사실을 확인했을 것입니다. 이 날은 풍성하게 음식을 준비하여 가족이 함께 모여 먹고 마시면서 이야기꽃을 피웠고, 이웃과 음식을 나누어 먹었습니다. 제사는 가족과 이웃 공동체가 일치되는 작은 축제이며, 잊었던 죽음을 상기시키는 현장 교육이기도 하였습니다.

제사는 죽은 사람과 산 사람이 분리되지 않는 사회질서를 형성하였습니다. 이를 통해 우리는 조상이 보호하고 도와준다는 신앙으로 고단한 현실을 극복하는 힘을 심리적인 힘을 얻습니다. 또한 조상의 뜻을 받들어 부끄럽지 않은 후손이 되고자 다짐하는 기준이 되기도 합니다. 제사를 통해 가족 공동체를 존중하고, 친족이 함께 모이게 됩니다. 이러한 가족과 친족 공동체성은 서구문화권과 다른 우리 문화의 한 특징입니다.

유교는 부모에 대한 효를 강조합니다. 유교에서 말하는 부모는 하늘과 같은 위치에서 생명의 근원으로 이해됩니다. 그러므로 부모는 매우 중요한 위치를 지닙니다. 부모는 생명을 부여하고 자식과 일체가 되고 후손을 번성하도록 돕는 생명의 뿌리로서 존중되고 높임을 받습니다. 이러한 부모에 대한 효를 강조하기 위해 매년 5월 8일을 어버이 날로 정하여 그 의미를 되새깁니다. 부모에 대한 효는 가정에서 그치지 않고 어르신을 공경하는 것으로 이어집니다. 이것이 경로효친입니다.

효는 모든 덕의 근본입니다. 조선 시대 학동들이 『천자문千字文』을 익히고 난 후 배우는 초급 교재였던 박세무가 지은 『동몽선습童蒙先習』에는 이런 구절이 있습니다.

"공자가 말하기를, '오형五刑'에 속하는 죄가 삼천 가지지만, 그중에서 불효보다 큰 죄는 없다."

유교 경정중 하나인 『효경』에서는 부모가 물려준 자신의 몸을 잘 돌보는 것이 효의 시작이고, 세상에 이름을 알려 부모를 높이는 것이 효의 완성이라고 합니다. 이러한 효의 강조는 사회경제적인 조건에 따른 윤리이기도 하였습니다. 효는 농사가 경제적인 기초를 이루던 시대에 노동력을 상실한 노인의 부양을 젊은 후손들이 책임지는 것에서 시작된 사회보장 형태라고 볼 수 있습니다.

이러한 구조 안에서 가정의 화목, 가족 구성원의 공동체 의식이 중요하였습니다. 이렇게 화목하고 공동체의식을 이루는 가정은 농업 생산력을 증대하고 안정을 도모할 수 있었습니다. 또한 효는 단순히 부모 자식의 관계를 돈독하게 하는 것뿐만 아니라 사회적으로 젊은이와 어르신, 임금과 신하, 나라와 백성의 관계로 확대되었습니다. 그러므로 효는 경로사상, 상명하복의 질서, 충성의 근거가 된 것입니다.

2) 불교의 사회문화적 기여

불교는 우리나라의 오랜 역사와 함께 다양한 모습으로 함께해 왔습니다. 불교는 우리문화의 뿌리가 되고 정신문화의 근간을 이루어 왔습니다. 우리문화사에 불교가 끼친 영향은 엄청납니다. 현재 우리나라 유형문화재의 70~80%가 불교문화재일 정도입니다. 전국 방방곡곡 명산대천마다 어김없이 불교 문화재가 남아 있습니다. 사찰과 불상, 탑과 그림,

그리고 대장경을 비롯한 많은 문화유산이 있습니다. 석가탑과 다보탑, 흔히 에밀레종이라고 불리는 봉덕사종, 금동미륵보살반가사유상과 불국사의 아미타불상과 같은 조각상, 신라 때의 채색벽화인 부석사의 벽화, 무위사의 벽화와 주로 불상의 뒤편에 봉안되는 탱화가 있습니다. 그밖에 주로 거북 모양의 밑받침 위에 사각형의 돌을 세운 비석, 경전의 세계를 그림으로 묘사하는 변상도變相圖인 판화, 절의 역사나 시를 적은 현판, 여러 연꽃무늬를 새기거나 인물상이나 용을 새긴 와당(기와) 등이 불교미술의 한 부분입니다. 우리나라 불교 문화재 중에서 대표적인 것으로는 1995년 12월 6일 유네스코에서 세계문화유산으로 지정된 불국사, 석굴암, 팔만대장경 등이 있습니다.

문학에서도 불교의 영향은 지대합니다. 예를 들어, 향가鄕歌를 보면 작자는 대체로 승려나 불교신자이고, 내용은 불교 사상과 연관됩니다. 시대별 대표작을 살펴보면 신라시대의 「도솔가兜率家」, 「도천수관음가禱千手觀音歌」, 「원앙생가」, 고려시대의 「보현십원가普賢十願歌」, 조선시대의 「석보상절釋譜詳節」, 「월인천강지곡月印千江之曲」, 「월인석보月印釋譜」 등이 있습니다.

불교 미술은 종교적 감정을 불러일으키는 정도의 차원을 넘어 세계미술사에서 주목을 받고 있습니다. 불국사의 석가탑과 다보탑, 성덕대왕신종, 금동미륵보살반가사유상과 안동 봉정사 극락전 및 영주 부석사 무량수전 등이 불교미술의 한 부분입니다.

불교는 우리의 일상 언어, 지명, 산이나 봉우리 명칭에도 영향력을 미치고 있습니다. 예를 들어, 인연, 찰나, 면목, 업보, 이판사판, 이심전심以心傳心, 아비규환阿鼻叫喚, 야단법석野壇法席, 아수라장阿修羅場 등의 표현은 불교의 영향력을 잘 보여 주는 것들입니다. 또한 안양시安養市, 부석면浮石面, 문수면文殊面 등의 지명, 그리고 조계산, 금강산, 소백산의 비로봉

毘盧峯, 연화봉蓮花峰, 도솔봉, 보현봉, 문수봉, 원효봉, 관음봉, 미륵봉 등도 불교의 영향을 받았습니다.

불교는 우리나라의 문화를 세계적으로 홍보하는 역할을 수행하고 있기도 합니다. 예를 들어, 사찰 가운데 삼보사찰은 국내뿐만 아니라 국제적으로도 알려져 있습니다. 전남 순천 송광사는 16명의 국사國師를 배출한 승보사찰, 합천 해인사는 붓다의 말씀이 기록된 팔만대장경이 있어 법보사찰에 해당합니다. 양산 통도사는 석가모니의 사리를 모신 금강계단을 보유하고 있어 불보사찰로 알려져 있습니다. 사리는 시체를 화장하고 난 다음 전주같이 반짝이는 알갱이입니다. 통도사 대웅전에는 부처의 사리가 있어 불상이 없습니다.

불교 신자들은 '삼보귀의三寶歸依'를 고백하고 예불의 시작으로 합니다.

"거룩한 부처님께 귀의합니다. 거룩한 가르침에 귀의합니다. 거룩한 스님들께 귀의합니다."

여기서 '귀의합니다'는 '따르겠습니다'라는 말과 같습니다. 이 세 가지 귀의의 대상인 불법승佛法僧을 이른바 불교의 세 가지 보배三寶라고 합니다. 이러한 불교의 삼보사찰이 우리나라에 있습니다.

불교의 인과응보사상과 윤회는 자신의 이익만을 추구하면서 살거나 개인의 기복주의적인 신앙의 단계를 높이 끌어올리는 역할을 하였습니다.

흔히 듣는 "콩 심은 데 콩 나고, 팥 심은 데 팥 난다." "뿌린 대로 거둔다."라는 속담에도 이런 뜻이 담겨 있습니다. 현세에서 착하고 바르게 살면 내세에 극락세계로 가거나 좋은 생명으로 다시 살지만 그렇지 않으면 지옥 불에 떨어지거나 나쁜 생명으로 다시 태어난다는 인과응보사상과 윤회는 사후세계에 대한 희망과 두려움으로 바르게 살도록 독려하고 감시하는 윤리관을 형성시켰습니다.

템플 스테이Temple stay는 전통 사찰에 머물면서 예불, 참선 수행, 발우 공양, 다도 등 사찰문화 프로그램을 통해 승려들의 기본적인 일상을 체험할 뿐만 아니라 다양한 수행 프로그램으로 1,700여 년 우리나라 고유의 정신문화와 역사가 고스란히 전해지고 있는 사찰에서 불교의 생명존 중사상과 자연친화적인 우리나라의 생활문화 체험을 제공하여 우리나라의 정신문화를 전하고 있습니다.

불교는 깊은 산속의 은둔적이고 개인적인 깨달음 중심에서 현대인의 생활문화로 불교의 대중화를 추진하고 있습니다. 도심에 즐비한 포교당, 불교의례의 한글화, 사찰의 관광지화, 기독교의 찬송가와 같은 찬불가, 동국대학교를 비롯한 각종 종립학교 설립, 사회복지시설 등을 운영하고 있습니다.

1970년대부터 불교는 현대화와 대중화에 노력하였습니다. 불교 교리의 현대적 조명을 위한 대규모 학술회의, 서양음악의 영향을 따른 찬불가, 우리말 불교성전의 간행, 군대와 경찰에 승려를 파송하였습니다. 1980년대 이후 해외 포교가 활성화되었습니다. 1990년대에 불교 라디오 방송국과 케이블 텔레비전 방송국도 설립, 2000년에는 세계 최초로 5만 3,000자에 이르는 한자를 모두 입력해 팔만대장경의 전산화를 마쳤습니다.

3) 도교의 사회문화적 기여

우리가 지닌 정서 속에는 흰 수염을 길게 늘이고 천년만년 장수하는 신선, 하늘의 궁전에서 살며 늙지 않는 선녀들의 모습이 있습니다. 불로장생과 무병장수를 꿈꾸는 것은 우리 생활 속에 뿌리박힌 도교의 영향입니다. 이러한 상상력은 21세기 첨단과학 시대를 사는 우리에게 낯설지 않습니다. 왜냐하면 이런 상상력은 오늘날도 어린이를 위한 동화와 애니

메이션은 물론이고 TV나 영화 등의 영상매체에서 쉽게 접할 수 있기 때문입니다.

도교는 음양, 태극, 선녀, 조왕신, 옥황상제, 염라대왕, 삼신 할매, 산신령, 서낭당, 단전호흡, 불로초, 도인, 도사, 기氣 치료와 수련 등으로 민간신앙의 형태로 다양하게 나타납니다. 또한『금오신화』,『홍길동전』,『전우치전』,『박씨전』등의 문학작품에서 도술 이야기와 도교적 인생관·세계관이 나옵니다. 이들 작품 속 도교는 오늘날에 와서는 첨단 영상 기법으로 시청각적인 효과를 더하여 재탄생되기도 합니다. 신라가 삼국을 통일하고 국가적 기틀을 마련하는 데 결정적 역할을 한 화랑도의 용어와 화랑들의 수련도 도교의 영향입니다. 또한 근현대에 태동한 신종교들의 경전과 교리에도 영향을 미쳤습니다.

전국 각지의 지명에도 도교의 흔적을 찾아볼 수 있다. 서울 구로동은 9명의 장수한 노인들(九老)이 살았다는 말에서 나온 지명이고, 소격동은 조선시대 도관인 소격전昭格殿이 있던 자리이고, 삼청동은 옥황상제를 비롯한 천신 3신을 지칭하는 말린 삼청三淸에서 나온 말입니다. 해마다 연초가 되면 많은 사람들이 보는 토정비결도 도교의 영향입니다. 이는 조선시대 이지함이 지은『토정비결』에서 유래한 것입니다. 이 외에도 조선시대에는 정렴의『북창비결』, 남사고의『남사고 비결』과 같은 책들이 나왔습니다. 또한 새로운 미래를 여는 예언서로 유명한 작자미상의『정감록』도 나왔습니다. 도교는 불로장생을 목적으로 수련을 통한 건강관리법을 개발하고, 여기서 더 나아가 의학을 수립하였습니다. 이러한 도교적인 의학사상은 조선시대 대표적인 의서인 허준의『동의보감』에도 수용되었습니다.

오늘날 도교 문화는 현실문화에 대한 저항과 거부, 하나의 비판과 대안 문화적 요소로도 드러나기도 합니다. 이러한 흐름에 따라 1960년대 무협소설, 1970년대 무협영화, 1980년대 단丹에 관련된 소설과 수련법과 기공氣功 수련, 1990년대 노장사상 서적, 200년대 이후에는 자연환경에 대한 철학적 논의와 서구식 사고방식에 대한 비판으로서 노장철학이 새롭게 부각되기도 합니다. 이에 따라 대부분의 대학 철학과와 종교학과에서는 동양철학의 한 분류에서 벗어난 독립된 전공으로 도교를 연구하고 있습니다.

도교는 인간의 경쟁, 수직적 질서, 강자본위, 빈부격차, 인간위주의 세계관에 대해 철저한 물음을 던집니다. 이 모든 것이 결국 인간의 욕망, 쾌락, 거짓과 인위에 따른 것으로 보고 물질세계에서 벗어나 참다운 도의 세계의 눈으로 세상을 바라볼 것을 말합니다. 이러한 도의 세계에서는 욕심으로 가득한 마음을 비우고 어떠한 인간적 의도가 들어가지 않은 자연의 상태(無爲自然)입니다.

4) 기독교와 천주교의 사회문화적 역할

기독교와 천주교의 영향을 알 수 있는 것으로 자녀의 이름을 지을 때 성경 속에 나오는 이름이나 기독교와 천주교의 세계관에 따른 이름을 그대로 사용하였습니다. 우리가 잘 아는 미국 16대 대통령인 에이브러햄 링컨의 이름인 에이브러햄(아브라함)은 창세기의 주요 인물의 이름입니다. 35대 대통령이 존 F. 케네디 대통령의 이름인 존은 예수의 제자인 요한의 영어식 이름입니다. 이외에도 영어 이름에 많이 나오는 폴Paul은 바울, 피터Peter는 베드로입니다. 이와 같은 이름 짓기 문화는 우리나라에서도 잘 드러납니다. 우리 주변 사람들의 이름에서 성경에 나오는 이름들이 본명인 경우가 많고, 기독교나 천주교적인 의미를 담아낸 이름들이 많습니다.

기독교와 천주교의 역사가 서양의 역사라고 할 만큼 이 두 종교는 서양 문화에서 중요한 영향을 미쳤습니다. 문학, 미술, 음악, 건축 등 많은 영역에서 서구사회를 구성하는 중요한 정신문화적 토대가 되었습니다. 이러한 종교의 문화적 역량은 우리나라의 근대화에도 큰 영향을 미쳤습니다.

기독교와 천주교는 우리나라에 유입되던 당시 조선 사회의 신분 제도를 붕괴시키는 데 이바지하였고, 만민평등사상과 인간의 존엄성을 강조하였고, 남녀평등에 따라 여성을 전근대적인 압박에서 해방시키는 데 앞장섰습니다. 또한 부모를 잃고 버림받은 고아들을 위한 시설과 입양을 통해 어린이도 고귀한 인격을 지닌 존재라는 것과 혈연을 넘어서는 복지사업의 필요를 일깨워 주기도 하였습니다. 한글로 성경을 번역하고 한글 보급 등으로 민족의 자존심과 긍지를 높여 주었습니다.

기독교와 천주교는 한국에 유입되는 시점부터 지금까지 의료사업과 교육 사업과 복지사업을 실행해 오고 있습니다. 이렇게 해서 우리나라의 서구식 병원과 근대적인 학교들과 복지시설들이 설립되어 오늘에 이릅니다. 이들 병원과 학교와 복지시설들은 신분과 성별을 구분하지 않고 우리나라의 근대화에 기여하였습니다. 이들 학교들은 이전의 유교적 교육과 달리 현실적이고 실용적인 교육으로 당시 취약한 의학과 과학 그리고 여성 교육에 역점을 두었습니다.

기독교는 학교와 교회당을 비롯한 여러 기관들을 통해 한글로 번역된 성경을 읽고 배움으로써 한글이 민족의 언어로 자리매김하도록 하였습니다. 이는 서재필이 창간한 『독립신문』을 비롯한 기독교 신문들과 잡지 등을 통해서도 한글이 일상적인 공용어가 되도록 하였고, 애국계몽과 정보들이 공유되도록 하는 언론의 역할을 하였습니다.

그러나 당시 우리나라 대다수의 사람들은 글을 읽고 쓸 줄 모르는 문맹이었습니다. 이런 현실을 극복하려는 선각자들은 학업을 미루고 농촌으로 들어가 한글보급과 농촌계몽운동을 펼쳤습니다. 이 운동에서도 기독교계통의 학생들이 많이 참여하였습니다. 이를 배경으로 하는 문학 작품이 심훈의 『상록수』입니다. 이 작품은 1935년 동아일보사의 '창간 15주년기념 장편소설 특별공모'에 당선되었고, 같은 해 9월 10일부터 1936년 2월 15일까지 『동아일보東亞日報』에 연재되었던 것을 단행본으로 낸 것입니다.

1930년대 우리 농촌은 일제의 극악한 식민지 수탈로 인하여 극도로 피폐해졌고, 이것이 심각한 국내문제로 대두되자 관에서 농촌 문제에 관심을 보이기 시작하였습니다. 이를 계기로 언론기관에서도 대대적인 농촌계몽운동을 전개하였는데, 『조선일보』의 '문맹퇴치 운동'과 『동아일보』의 '브나로드운동'이 바로 그것입니다. 이 운동들에서 취재되고, 또 이 운동들을 고무한 대표적인 작품이 이광수李光洙의 『흙』과 심훈의 『상록수』입니다.

이 책의 내용입니다. 고등농업학교 학생인 박동혁朴東赫과 여자신학교 학생 채영신蔡永信이 모 신문사가 주최한 학생농촌계몽운동에 참여하였다가 우수 대원으로 뽑혀 보고회에서 감상담을 발표한 것이 계기가 되어 알게 됩니다. 두 사람은 학업을 중단하고서 '고향을 지키러' 내려가기로 약속합니다. 박동혁은 고향인 한곡리로, 채영신은 기독교청년회연합회 특파로 경기도 청석골靑石洞로 각각 내려가 농촌사업의 기초작업에 들어갑니다.

두 사람은 각자의 형편과 사업의 진행 과정을 편지로 알리며 서로 의논합니다. 두 사람의 동지 의식은 사랑으로 발전하지만, 3년쯤 지나 후진에게 일을 맡길 수 있을 때에 혼인하기로 약속합니다. 그러던 중 두 사람은 역경에 휘말리게 됩니다. 채영신은 과로와 영양실조로 점차 몸이 쇠약해지다가 학원 낙성식장에서 하객으로 초대된 박동혁이 보는

앞에서 맹장염을 일으켜 쓰러지고 맙니다. 박동혁은 악덕지주 강기천姜
基千의 농간에 휘말리다가 투옥됩니다.

건강을 어느 정도 회복한 채영신은 서울 연합회의 주선으로 요코하마
橫濱로 정양 겸 유학을 떠나나 곧 돌아옵니다. 다시 일에 몰두한 그녀는
각기병과 맹장염 재발로 숨을 거둡니다. 출감한 박동혁은 채영신의 죽음
을 알고서 비탄에 잠기나, 곧 두 사람 몫을 해낼 것을 굳게 맹세합니다.

이 책은 세속적 성공을 포기한 농촌운동가의 희생적 봉사와 추악한
이기주의자들의 비인간성의 대비를 통해서 민족주의와 종교적 휴머니
즘 및 저항의식을 고취한 작품입니다. 이광수의 『흙』과 더불어 일제 당
시의 농촌사업과 민족주의를 고무한 공로로 우리나라 농촌소설의 쌍벽
으로 평가됩니다. 식민지 현실을 의식한 이 작품은 계몽운동자의 저항
의식을 형상화시킴으로써 이상으로서의 계몽을 앞세우는 낭만적 수사
의 한계를 벗어나, 구체적 상황에 입각한 농민문학의 기틀을 확립하는
데 공헌하였습니다. 이 작품에 나오는 여자 주인공 채영신은 1931년
경기도 화성군에 들어가 어린이들과 여성들을 대상으로 문맹퇴치 운동
과 농촌계몽운동을 펼친 감리교신학교 학생인 최용신을 모델로 한 것
입니다.

기독교는 안창호, 조만식과 같은 선각자들의 애국운동과 독립협회, 흥
사단, YMCA, YWCA 등의 단체를 통해 계몽운동에 적극적이었습니다.
이 시기에 기독교는 나라 잃은 울분을 술과 담배와 놀음으로 달래고 이
를 조장하는 일제에 저항하는 의미로 신자들에게 이러한 것들을 금지하
는 생활규율로 다른 나라의 기독교와는 달리 술과 담배와 놀음을 금지하
고 있습니다. 1919년 3·1운동의 독립선언서에 서명한 15명이 기독교도
일 정도로 독립운동에 적극적이었습니다. 이 일로 제암리교회 등의 많은
교회당이 일본군대에 의해 불태워지고 유관순을 비롯한 수많은 신자들

이 죽임을 당하였습니다.

광복 이후 기독교는 1950년 한국전쟁의 피해를 복구하는 데 크게 기여하였습니다. 기독교는 미국 등 기독교 국가들의 선교기관에 도움을 호소하여 건물 건축, 피난민 수송, 긴급 의료사업, 의복과 식량 배급 등을 해 나갔습니다.

천주교는 우리나라 근현대사에서 반봉건 개화운동, 1960년대 이후의 반독재 인권운동, 민주화 운동에 앞장섰습니다. 이에 따라 명동성당은 민주화 운동의 상징으로 성역聖域처럼 여겨지는 곳입니다. 신분 차별 없이 누구나 평등해야 하고 서로 사랑하라고 가르친 천주교는 새로운 사회질서를 이루고자 하는 양반들에게는 물론, 신분제도에 따라 심한 차별과 불평등에 시달리던 사람들에게도 새로운 희망을 안겨 주었습니다.

기독교와 천주교는 남녀 차별, 신분 차별과 같은 전통사회의 문제점을 개혁해 나가고, 사회의 부도덕성을 강력하게 비판하였습니다. 보수반동적인 사회질서를 비판하고 근대적 의식화 운동으로 전개하였습니다. 또한 소외되고 고통 받는 이웃에 대한 사랑으로 수많은 사회복지기관을 설립하여 운영하고 있습니다.

4. 바람직한 종교관 설계

우리나라의 경우 등록된 종교 단체만 해도 수백여 개에 이르고 종교 공동체임을 표방하고 활동하는 단체들은 수천여 개가 넘습니다. 수년 전 조사한 자료에 의하면 우리나라 사람들의 50.7%가 스스로를 종교인으로 밝혔습니다. 이러한 우리나라의 종교 인구로는 불교 신자가 23.2%로 제일 많고, 19.7%의 개신교, 6.6%의 가톨릭이 차례로 그 뒤를 잇습니다. 유교 신자 수가 1%에도 못 미치는 것으로 나타나는 것은 종교 조사 방법의 한계에 의한 것으로 정확치 않습니다.

종교에는 다른 사회 조직과 분명하게 구분되는 자신들만의 조직을 가지는 불교, 기독교, 가톨릭, 이슬람교와 같은 제도 종교가 있는 반면 이런 조직을 갖추지 못하였지만 사회생활과 문화 전반에 깊이 스며들어 막강한 영향력을 행사하고 있는 유교, 무속 등의 확산 종교가 있습니다. 이러한 확산 종교는 발휘하는 사회적 영향력에 비해 종교 소속감은 훨씬 낮게 나타납니다. 따라서 우리나라 사람들의 종교적 열정은 조사 수치로 나타난 50.7%보다 훨씬 높다고 보아야 합니다.

이외에도 우리나라에는 소수이지만 원불교나 증산교 같은 이른바 민족 종교, 그밖에 이름도 생소한 수많은 신흥 종교의 신자들이 있습니다. 최근에는 이슬람교 신자들도 수만 명에 이릅니다. 종교학계에서는 다양한 종교들이 혼재되어 공존하는 우리 사회를 가리켜, "종교 백화점"이라고 부르기도 합니다.

우리나라는 국가와 사회뿐만 아니라 직장, 학교, 친족 등의 소규모 단위 사회에서도 예외 없이 모두 다종교 현상이 나타납니다. 우리나라에서는 가장 기초적인 사회구성체인 가정에서도 다종교 상황에 직면해 있습니다. 부부사이는 물론 부모와 자식, 형제자매간에도 종교가 다른 경우가 많습니다. 그러다 보니 주말이면 서로의 종교생활에 따라 가족이 사찰이나 교회, 성당 등으로 흩어지기도 합니다.

우리나라는 유난히 사회적 물의를 일으키는 건전하지 못한 종교들이 많습니다. 이들로 인한 사회문제는 어제오늘의 일이 아닙니다. 그럼에도 대책이나 예방은 물론 감별을 위한 지침도 제대로 주어지지 않고 있습니다.

1) 다종교사회의 현실 이해

가정과 사회 안에 둘 이상의 종교가 각각 분명한 사회적 영향력을 발휘하며 존재하는 다종교 사회는 그렇지 않은 사회에 비해 많은 장점과 문제점을 동시에 지니고 있습니다. 먼저 장점으로 다양한 문화적 혜택과 선택의 기회제공입니다. 지금까지 축적해 온 인류의 문화유산 가운데 종교 문화가 차지하는 양은 압도적입니다. 종교 문화가 인류의 삶에 갖는 중요함 또한 결코 작지 않습니다.

종교는 인간의 출생과 삶과 죽음은 물론 그 이전과 이후까지 걸치는 인생관과 세계관을 제시합니다. 종교는 인간의 모든 가치관을 확립하는 데 결정적 역할을 합니다. 우리 사회가 단일 종교 사회라면 다양한 종교 문화를 접촉할 수 있는 기회는 원천적으로 배제될 수밖에 없습니다. 그런 점에서 우리 사회는 이러한 중요한 인류의 문화유산을 그만큼 폭넓게 누릴 수 있는 선택의 기회가 주어집니다. 우리나라 사람들은 동아시아 문화권 세계를 주도해 온 유교, 불교, 도교는 물론 서구 문명을 형성한 두 뿌리 중의 하나인 기독교, 천주교와 전통종교에 이르기까지 폭넓은 종교문화를 쉽게 만나고, 선택할 수 있습니다. 이제는 이슬람교까지도 어렵지 않게 접할 수 있습니다.

우리나라 사람들은 관혼상제冠婚喪祭를 비롯해서 인간관계를 포함하는 모든 사회생활을 유교적 가치관과 질서에 따르고 있습니다. 특히 조상 제사는 전적으로 유교의 것이지만 대다수의 우리나라 사람들이 이를 실천하고 있습니다. 자신의 정체성을 철저하게 고수하고자 하는 천주교와 기독교에서는 조상 제사를 종교적인 예식으로 절충해 나가면서 점차 수용해 가고 있는 추세입니다.

또한 종교가 있든 없든 대다수의 우리나라 사람들은 불교적인 세계관에 따라 인생을 무상하게 여기거나 윤회나 인과응보에 따른 인생관과 가치관을 지니고 있습니다. 뿐만 아니라 우리나라 사람들은 자신이 어떤 신앙을 갖고 있든 합리적 이성으로 풀기 어려운 문제들에 맞닥뜨리거나 일생의 중요 고비에 서면 대체로 점치는 집을 찾거나 굿거리를 마련합니다. 우리나라 사람들은 새로 들여온 점보제트기나 슈퍼컴퓨터 앞에서도 고사를 지내야 안심합니다. 대규모 관급 공사의 기공식에서 해당 부서의 수장首長이 돼지머리에 지폐를 얹거나 막걸리를 올리는 광경 역시 보기 드문 일이 아닙니다.

이런 점에서 대부분의 우리나라 사람들은 자신의 종교와 상관없이 무속적입니다. 요즘은 예수를 몸주귀신*으로 모시는 무당들도 등장했다

---

* 몸주귀신은 무당의 몸에 처음으로 내린 신을 말합니다. 무당은 그 신을 주신主神으로 모십니다. 몸주身主는 무당이 굿을 할 때나, 점을 칠 때 무당에게 내려 공수神託를 하거나 길흉화복을 예언합니다. 무당은 몸주신이 영력을 주는 것이라 믿어 자기 집에 신단神壇을 만들고 그를 모시게 되며, 몸주와 무당은 각별한 관계를 지니게 됩니다. 몸주는 시베리아 및 중앙아시아의 샤머니즘에서 말하는 샤먼(무당)의 보호 신과 비슷한 것입니다. 샤먼이 엑스타시ecstasy(忘我境)에서 저승에 날아갔다 돌아올 수 있는 힘을 보호 신으로부터 받는 것처럼, 무당도 신이 들어 초자연적 능력을 발휘하고자 할 때 몸주를 부릅니다. 몸주는 무당이 되어 병(巫病)을 앓을 때나 무당이 되는 마지막 의식인 내림굿(降神祭)에서 결정됩니다. 꿈이나 환상 속에 나타난 어떤 신령의 상像을 몸주로 모시는 수도 있고, 꿈의 예언이나 환상적인 목소리의 제시에 따라 무당이 될 사람이 무당이 쓰는 신성한 무구巫具인 거울·방울 등을 발견하였을 때 그 무구를 몸주신의 신체神體로 삼아 모시는 경우도 있습니다. 또한, 내림굿을 할 때 망아경忘我境에서 소리치면서 입에서 나온 이름이 그 사람의 몸주가 되기도 합니다. 때로는 자기도 모르게 손이 움직여 쓰게 되는 신필神筆이 몸주의 신체가 되는 수도 있습니다. 몸주는 허주虛主와 대조적인 귀신으로 몸주를 선택하기 위해서는 허주를 벗겨야 합니다. 무병에 걸렸을 때 그 사람은 온갖 잡귀에 사로잡혀 있으므로 그 잡귀를 내쫓고 새로운 신을 모셔야 하는데, 이 잡귀를 내쫓는 것을 허주풀이라 하고 허주를 풀어 버리면 새 신을 모실 마음의 준비가 된 것입니다. 몸주와 무당과의 관계는 일종의 신성한 배우자와 같습니다. 신이 몸에 들어왔을 때 그녀는 남편과 잠자리를 같이 하지 않습니다. 신을 맞이하고자 할 때도 몸을 깨끗이 해야 합니다. 우리나라 무속에서는 중국무속의 노래라고 볼 수 있는 <초사구가楚辭九歌>에서 보는 것과 같은 연인의 관계라기보다 가까이 하기 어렵고 거역할 수 없는 부친과 딸과의 관계처럼 몸주신의 위엄이 강합니다. 몸주와의 접촉은 무당에게 특히 강렬한 감정을 일으킨다는 것이 우리나라 무당이나 시베리아 샤먼에서 보고되고 있습니다. 심리학적으로 '몸주'란 무당 자신의 마음속의 원형적 콤플렉스(原型的 complex)의 상으로서, 때로는 분석심리학의 아니마상(anima像, 영혼상) 또는 아

고 합니다. 이처럼 우리나라 구성상의 성격과 우리나라 사람들의 심성이나 문화적 성격 때문에 종교 간의 갈등과 알력이 억제되고 있다고 할 수 있습니다.

이런 이유들 때문에 우리 사회가 지금까지 심각한 종교 분쟁을 겪어오지는 않았다 하더라도 종교 간의 긴장과 갈등이 우리 사회에서는 염려되지 않는다고 할 수는 없습니다. 우리나라에서 불교와 기독교 사이의 갈등과 알력은 무시해도 좋을 만큼 그리 간단한 것이 아닙니다. 우리 사회에서도 다종교 상황은 개인적인 차원에서는 심리적인 긴장과 갈등의 요인으로 작용하고 있으며, 가정을 비롯해서 학교나 직장 등 모든 단위 사회 속에서 알력과 반목의 요인으로 기능하고 있습니다.

우리나라의 종교인들은 누구나 이러한 갈등과 알력에서 비롯되는 불쾌와 불안을 느끼고 있습니다. 다종교 가정에서 장례 의식 문제로 가족 구성원들끼리 불안을 겪거나 다투는 것은 드문 일이 아닙니다. 이런 다툼은 심각한 가정불화로 비화되기도 합니다. 또한 경우에 따라서는 그러한 갈등과 알력을 분쟁 직전의 수준까지 경험하기도 합니다. 불교와 기독교 간의 알력 때문에 종종 저질러지는 방화 사건은 어쩌면 조상 대대로 물려받은 팔만대장경 같은 민족의 세계적인 문화유산마저 단숨에 잿더미로 변해 버릴지도 모른다는 위기감을 느끼게 합니다. 여러 가지 요인들 때문에 이러한 갈등과 알력이 집단적인 분쟁으로 표출되지 않았을 뿐, 암묵적인 차원에서는 분쟁의 잠재력으로 포진하고 있습니다. 이러한

니무스상(animus像, 원환상)을 상징하는 수가 있습니다. 이러한 강한 에너지를 가진 원형상이 무의식에서 의식을 뚫고 자아를 사로잡을 때 무당은 이를 "몸주가 내몸에 내렸다."고 설명하는 것입니다. 몸주가 권위 있는 사람들임에 비추어 무당의 열등감을 보상하는 것이며, 부성父性과의 성적결합性的結合의 원초적 욕구의 표현이 몸주에 대한 무당의 태도에서 나타난다고 보는 정신분석적 해석도 있습니다. 무엇보다도 몸주와 무당의 자아와의 결합은 무당 속에 잠재하며 체험되기를 희구하는 또 하나의 내면적 인격과 무당의 의식이 하나가 되고자 하는 의미의 상징적 표현이라고 볼 수 있습니다.

잠재력은 기회가 주어지기만 하면 언제든지 폭발할 수 있는 가능성을 품고 있습니다.

다종교 사회는 가정과 사회의 커다란 위험 요소가 될 수도 있습니다. 다종교 사회는 종교 간의 긴장과 갈등, 알력과 반목의 문제가 드러나게 됩니다. 종교는 본질적으로 제국주의적 속성을 지니고, 자신의 신념을 절대시하기에 필연적으로 대립할 수밖에 없습니다. 종교인은 누구나 자신의 종교심에 대해 절대적 확신과 함께 그것을 남에게 적극적으로 전파하려는 의지를 갖습니다. 종교의 제국주의적 속성이란 자신의 종교를 절대시하는 반면 남의 종교는 오류 혹은 열등한 것으로 여기게 되는 성격을 말합니다.

종교는 신앙을 결코 기호嗜好의 문제로 남겨 두지 않습니다. 음식의 경우라면 된장을 좋아할 수도 있고, 치즈를 좋아할 수도 있습니다. 또한 상대방의 기호품에 대한 우열을 논할 일도 없습니다. 그러나 종교는 취사선택의 기호의 문제가 아니라 목숨을 걸만큼 절실하고 절대적입니다.

적극적이고 성실한 종교인은 자신의 종교를 남에게 반드시 적극적으로 전달하고자 하는 태도, 즉 종교적 제국주의의 태도를 갖습니다. 문제는 모든 종교인의 이러한 태도는 같은 반면에, 전달하고자 하는 그 내용은 다릅니다. 서로 다른 내용을 서로에게 적극적으로 전파하려고 할 경우 긴장과 갈등이 드러날 수밖에 없습니다.

이러한 종교 간의 갈등과 알력이 가정이나 지역 공동체의 반목과 겹치게 될 때, 그것은 심각한 분쟁이나 분열로까지 치닫게 됩니다. 다종교 사회의 문제점은 특히 기독교, 이슬람교 등의 유일신 신앙을 강조하는 종교들에 의해서 심각하게 제기됩니다. 이러한 종교들은 자신의 것을 절대시하는 제국주의적 속성을 더 강하게 가집니다. 우리 사회는 미국의 근본주의 경향의 기독교가 유입되면서 이러한 긴장과 갈등을 심각하게 겪어 왔습니다.

　우리나라의 헌법은 종교의 자유를 보장하는 것을 분명히 합니다. 이 것은 우리나라를 비롯한 자유민주주의 국가에서는 종교의 자유가 국민의 기본권으로 보장되어 있습니다. 그러나 유념할 것은 개인적인 종교의 자유가 다른 사람의 종교의 자유를 침해해서는 안 됩니다. 다종교사회의 현실에서 개별 종교인들은 종교생활의 자유를 누림에 있어 자기 절제와 타인 배려를 통한 성숙한 자세로서 종교적 자유 권리를 행사해야 합니다. 그렇지 않으면 개별 종교마다 자기 종교의 확대가 어느 지점에서는 어떤 형태로든 마찰이 불가피하게 됩니다.

2) 다종교사회에 대한 성숙한 의식

　우리는 낯선 누군가를 만날 때, 특히 서로 다른 종교인들이 만날 때 어떤 태도를 보이고 있을까요? 이 태도를 배타주의, 포괄주의, 다원주의의 세 가지로 구분할 수 있습니다. 배타주의는 다른 종교를 거부하는 태도, 포괄주의는 다른 종교를 인정하면서도 잠재적으로 자신의 종교로 받아들이려는 태도, 다원주의는 다른 종교를 그 자체로 인정하려는 태도를 의미합니다. 그렇다면 우마르의 말이나 한국의 역사에서 서로 다른 종교인들이 협력했던 사례들은 우리에게 어떤 만남의 태도를 보여 주고 있는 것일까요?

　다문화사회나 다종교사회에서는 다양성과 이질성이 있기 때문에 이러한 만남의 태도에 주목합니다. 다종교사회의 경우, 종교로 인한 갈등을 피하거나 상호 협력을 위해서 사회적으로 종교 간 대화의 필요성이 요청됩니다. 그 과정에서 배타주의는 '자기 종교만 옳고 다른 종교는 무조건 틀리다'라는 식의 폭력으로 표현되면서 다종교사회에서 바람직하지 않다는 비판을 받습니다.

포괄주의도 '다른 종교를 그 자체로 인정하는 듯이 보이지만 결과적으로 자기 종교를 다른 종교보다 우위에 두고 다른 종교를 포섭하는 태도'로 표현되면서 비판의 대상이 됩니다. 이는 포괄주의가 배타주의와 연결된다는 지적입니다.

배타주의나 포괄주의에 비해 다원주의의 태도는 종교 간의 갈등을 피하거나 상호 협력하는 데에 유용하다는 차원에서 호응을 받는 경향이 있습니다. 그렇다고 다원주의의 태도가 무조건 긍정되는 것은 아닙니다. 왜냐하면 다원주의의 태도에는 종교가 지닌 다른 입장과 속성들을 고려하지 않는 측면이 있기 때문입니다.

이 세 가지 태도에 전제된 입장과 종교의 속성들이 다르다는 점을 감안하면, 어떤 태도가 보편적인 정답이라고 주장하는 것은 바람직하지 않습니다. 물론 판단은 개인의 몫입니다. 다만, 우리는 다종교사회에서 최소한의 종교 간 갈등을 예방하기 위해 서로의 입장을 바꾸어 생각해 보는 '역지사지'의 관점을 유지하고, 동시에 '다종교 감수성'*을 길러나가는 성숙한 민주시민의 자세가 필요합니다.

다종교사회에서 종교에 관한 태도를 성찰할 때에는 법적 논의를 참조할 필요가 있습니다. 왜냐하면 해당 사회에서 문제가 되는 여러 행동들이 법적 판단의 대상이 되기 때문입니다. 우리나라는 헌법을 통해 정교분리와 함께 종교의 자유를 보장하고 있습니다. 따라서 양심의 자유처럼 누구라도 종교의 자유를 권리로 누릴 수 있습니다. 법적으로 종교의 자유는 마음으로 누리는 종교의 자유와 말과 행동으로 표현된 종교의 자유로 구분됩니다. 후자는 상황에 따라 제한을 받을 수 있는 자유입니다. 예를 들어, 개별 종교의 전교활동(전도, 선교, 포교)과 종교 생활은 종교

---

* 다종교 감수성이란 자신의 행동이나 어떤 현상을 '다종교 상황'에 놓고 편견과 차별이 포함되어 있는지를 판단하는 능력을 말합니다.

의 자유를 외부로 표현한 것이고, 이런 표현은 실정법 내에서만 허용됩니다.

우리 사회에서 종교의 자유를 누린다는 것은 종교가 출현한 서로 다른 맥락과 그 종교의 속성들을 누리거나 거부할 수 있다는 것을 의미합니다. 그렇지만 다른 사람에게 있는 종교의 자유를 침해할 수는 없습니다. 종교의 자유는 우리와 다르기 때문에 틀린 종교라고 판단하면서 그것을 파괴할 수 있는 권리가 아닙니다.

다종교사회에서는 종교인이 아니더라도 종교에 관심을 갖고 이해하는 것이 매우 중요합니다. 특히 역사적으로 다양한 종교가 한국 사회 전반에 영향력을 행사해 왔고, 현재에도 내국인의 절반 이상이 다양한 종교인으로 살아가고 있다는 점을 생각할 때 종교에 관심을 갖지 않는 것은 우리나라의 역사와 사회와 문화에 관해 관심이 없다는 의미가 될 수 있습니다.

다종교사회의 현실에 요청되는 시대정신은 포용과 배려와 친절을 바탕으로 하는 성숙한 마음가짐입니다. 이를 위해 종교 간의 오해와 갈등이 불거지지 않도록 다른 종교에 대한 이해, 공존을 위한 대화와 협력을 위한 노력이 필요합니다. 배타주의를 넘어서 포용과 배려를 위한 종교관을 가지려면 무엇보다도 용어부터 정리하는 것이 좋습니다. 왜냐하면 언어는 생각과 느낌에 영향을 주기 때문입니다. 다른 종교와 좋은 관계를 맺으려면 나와 다르다는 의미의 타종교他宗敎라는 말보다는 나와 가까이 있기에 쉽게 만남이 가능하다는 의미로 이웃종교라는 말이 좋습니다.

이웃 종교와의 만남을 바르게 하기 위해서는 자기 종교의 교리를 내려놓는 자세가 필요합니다. 개별 종교의 중심축을 이루는 교리는 개별 종교의 신념 체계를 조직적으로 구축해 놓은 논리와 개념을 말합니다. 이 교리는 수많은 시간과 서로 다른 역사적 흐름 속에서 발전해 왔기 때문에 상생을 위한 논의를 위한 공통분모를 마련하기가 어렵습니다. 교리로 시작된 대화는 독단에 빠질 수 있습니다. 더욱이 자신의 종교가 가장 우월하다고 하는 편협한 사고와 독선으로 상대를 판단하기 때문에 일부의 종교 전통으로 아웃종교를 재단하여 인류의 경험을 총체적으로 수용하지 않으려고 합니다. 그러므로 자신의 교리를 수호하기 위해서 싸움을 하는 이른바 교리주의나 근본주의적인 자세는 철저하게 자각하고 경계해야 합니다.

또한 이웃 종교의 경험된 기억들과 이웃 종교문화를 존중해야 합니다. 이렇게 이웃종교의 역사적 기억과 체험들, 그리고 그들의 언어를 귀중하게 여길 수 있어야 자신의 종교에 대해서도 자긍심을 가질 수 있고 존중받을 수 있습니다. 종교는 인류 전체의 정신적 흐름을 공유해 왔기 때문에, 어느 특정한 종교만의 기억과 언어가 지배적인 것이 될 수 없습니다. 특히 종교의 정체성이 강하면 강할수록 그만큼 배타성이 강할 수밖에 없다는 것은 당연한 논리이지만, 그래서 더욱 자기주장의 논리를 절대화하지 말아야 합니다. 언제든지 타자에게 열어 놓고 배척하지 말며 배울 수 있는 용기가 필요합니다.

종교는 초월적 실재를 경험한 인간의 내면적인 신앙의 언어, 윤리, 공동체로 체계화된 형태라고 볼 수 있습니다. 이러한 종교를 구성하는 교리나 제도적 형식은 다르나 종교가 강조하는 바람직한 인간의 모습은 이기적인 욕망을 넘어서는 이타주의利他主義적 삶입니다. 이는 사랑, 자비, 인 등으로 다양하게 표현되지만 지향점과 본질적인 의미는 같습니다.

지역의 현안문제를 놓고 이웃 종교들이 모여서 그것을 해결하기 위해 종교적인 지혜를 모은다면 종교 간의 만남은 자연스럽게 이루어질 수 있습니다. 최근 여러 지역에서 성당과 교회, 사찰이 함께 힘을 합해 소외된 이웃돕기와 지역 환경운동과 같은 시민운동의 형태로 연합하는 사례도 많아지고 있습니다.

이처럼 이웃종교들이 대립과 갈등이 아닌 공존과 화합의 노력은 한국의 오랜 역사적 전통의 산물입니다. 삼국시대는 유교·불교·도교가 공존하였고, 고려시대도 유교와 불교가 병립하였고, 조선시대도 유교·불교·도교가 서로 만나고 뒤섞이면서 경계가 모호하게 되기도 하였습니다. 이처럼 우리나라에서는 개별 종교들이 병존하면서 우리 사회와 문화 발전에 기여해 왔습니다.

우리사회의 종교 간 대화는 역사적으로 종교를 통해 사회변혁의 요구를 실현하고자 하는 시대적 열망으로부터 출발했다는 특성을 지녔습니다. 동학혁명이 그러했고, 일제강점기에 독립만세를 외친 3·1운동이 그러했습니다. 이 모습은 모두 종교를 통해 사회변화를 요구하는 우리나라 사람들의 희망을 대변했습니다. 특히 3.1운동은 불교와 천도교 그리고 기독교 지도자들이 처음으로 손을 잡은 종교 간 대화의 형식을 취했다는 점에서 우리나라의 종교대화 협력운동의 원형을 이룹니다.

한편 1970년대 유신반대 이후의 민주화투쟁은 외부세력의 억압과 지배에 저항하던 민중이 사회적 변혁요구를 다시금 종교를 통해 투사하게 되었다는 점에서, 우리나라 사람들의 종교와 종교지도자들에 대한 신뢰를 확인하는 계기가 되었습니다. 이처럼 종교대화는 단순한 종교 간 대화가 아닌, 시대적 요구와의 상관성을 배경으로 하게 됩니다.

이웃 종교와 만남을 잘해 나가기 위해서는 몇 가지 갖추어야 할 기본적인 요건들이 있습니다. 첫째, 자기 신앙에 대한 철저한 확신을 가짐과 동시에 개방적인 자세를 지녀야 합니다. 둘째, 대화의 목적을 자신의 변혁과 쇄신, 즉 배움에 두고 나와 다른 상대의 믿음을 공감해야 합니다. 셋째, 만남의 목적이 교리를 전하려는 것이 아니라 교육·문화·복지·인권·정의·평화·환경·통일 등 사회적인 공동선임을 잊지 말아야 합니다. 넷째, 인간적인 신뢰와 유대감으로 친절하게 대하는 인격적인 자세로 임해야 합니다.

우리나라의 대표적인 휴일인 석가탄신일, 개천절, 성탄절은 모두 종교적인 의미가 담긴 날들입니다. 이 날들의 휴일은 개별 종교인들만 쉬는 것이 아니라 온 국민이 즐거운 휴일로 보냅니다. 이처럼 우리나라의 종교문화적 영향력은 특정 종교가 주도권을 행사하지 않으면서 공존하는 양상을 보이고 있습니다.

이슬람교의 창시자 무하마드의 사망 이후 그를 계승한 4명의 칼리프(후계자)가 있었는데 그중 2번째가 '우마르'입니다. 그가 예루살렘을 정복한 것은 무하마드가 생전에 이 도시에서 자신이 하늘로 잠시 올라가는 환상을 봤다고 전했기 때문입니다. 그가 예루살렘의 항복을 받으려고 그곳에 도착했을 때 기독교인들은 이슬람의 칼리프가 승리의 표식으로서 자신들이 가장 신성하게 여기는 교회당에서 이슬람식 종교 의식을 진행할 것으로 여겼습니다. 그런데 그는 그 교회당에 발을 들이지 않겠다고 말했습니다. 그의 말입니다.

"만일 내가 그렇게 하면 조만간 무슬림들은 그 일을 핑계 삼아 그 건물을 차지해 모스크(이슬람 사원)로 바꾸려 할 것입니다. 우리는 그렇게 하려고 이곳에 온 것이 아닙니다. 무슬림은 그런 짓을 하지 않습니다. 여러분은 지금까지처럼 살 것이고 여러분이 원하는 대로 여러분의 신을 숭배하십시오. 다만 이제부터 우리 무슬림들이 여러분과 함께 살 것이며 우리 방식대로 우리의 신을 숭배할 것이며 더 나은 모범을 보일 것입니다. 여러분이 보고 마음에 든다면 우리에게 합류하십시오. 마음에 들지 않는다면 그대로도 괜찮습니다. 알라가 우리에게 말씀하셨습니다. '종교를 강요해서는 안 된다.'"

우마르의 자세는 다종교사회에서 어떻게 살아가야 하는지를 일깨워 줍니다. 종교 간의 화해와 대화는 우리나라에서도 거부할 수 없는 시대적 흐름입니다. 오늘날과 같은 다종교사회에서 자기 종교만 옳고 다른 종교는 틀렸다고 확신하는 배타주의는 시대착오적인 발상으로 바람직하지 않을 뿐만 아니라 사회적인 물의를 빚는 부작용을 일으킬 수 있습니다. 이런 자세는 자기의 종교적 자유가 타인의 종교적 자유를 침해하는 일종의 폭력이요, 만행蠻行으로 드러납니다.

서로 다른 문화를 가진 사람이 모여 사는 다문화사회, 다른 종교가 모여 사는 다종교사회에서 요청되는 태도는 무엇인가요? 서로의 자유와 권리를 존중하려는 자세, 포용과 배려와 친절을 바탕으로 하는 마음가짐, 이웃 종교의 경험과 문화를 존중하는 자세, 지역의 현안문제를 해결하기 위해 이웃 종교들과 함께 지혜를 모으는 자세 등이 필요한 것은 아닐까요? 역지사지의 관점과 다종교 감수성을 가지고 다종교사회에서 필요한 종교에 대한 태도를 고민해 보았으면 합니다.

3) 건전한 종교관 설계

티베트는 인도와 중국 사이에 있는 나라였는데 1948년 중국의 침략으로 중국의 영토가 되었습니다. 이에 14대 달라이 라마인 텐진 갸초Tenzin Gyatso는 중국으로부터의 티베트 독립을 위해 1959년 측근과 함께 인도로 탈출, 망명정권을 수립하여 티베트 독립운동의 선봉에 있습니다. 그는 티베트인들에게는 관세음보살의 화신으로 절대적 믿음의 대상이자 정치적 결정권을 갖는 통치권자입니다. 그는 중국인들을 미워하지 말라고 가르칩니다. 불교의 자비로운 마음으로 평화적으로 독립을 이룰 것을 가르칩니다. 그래서 티베트 사람뿐만 아니라 평화를 사랑하는 많은 사람들로부터 존경을 받고 있습니다.

우리 사회에서 진짜와 가짜, 정본과 유사, 원본과 복사본 사이의 시비는 흔히 있어 온 일입니다. 종교 역사에서 이단이나 사이비는 쉽게 찾아볼 수 있습니다. 이단과 사이비는 사회와 건전한 종교에 병적인 존재입니다. 이러한 사회의 병적인 종교들은 어느 시대와 사회를 불문하고 항상 발생하는 것일까요? 유사종교나 이단 혹은 사이비 종교는 흔히 그 나라의 정치적인 혼란이나 사회적인 불안, 도덕적인 해이, 그리고 기성종교의 사회적인 기능 상실 등의 현상에서 일어납니다.

지배종교나 가치의 붕괴는 다른 면에서 사람들의 신앙의 자유에 대한 인식을 높여 줍니다. 정국이나 경제나 가치관의 혼란, 전쟁 등이 있을 때 사회는 불안에 휩싸이게 됩니다. 또한 지배종교의 붕괴는 그 사회의 가치관의 붕괴를 의미합니다. 그러므로 이단이나 사이비는 사회 불안이 클 때, 지배종교가 붕괴될 때, 사람들이 그 소원하는 바를 투사하여 이루는 종교입니다.

건전한 종교와 그렇지 않은 종교로 구분하는 기준점을 설정한다는 것은 쉬운 일이 아닙니다. 이는 개별 종교의 경전과 교리와 전통에 대한 기준과 평가를 하나의 잣대로 할 수 없듯이 어느 종교가 건전하고 바람직하다고 말하기는 어렵습니다. 그러나 더불어 함께 살아가는 사회 속에서 일반적으로 인정할 만한 건전성과 방향은 제시할 수 있습니다.

건전성을 해치는 종교들은 인간관계가 배타적이고 건전한 윤리관이 결여되어 있습니다. 또한 교주 중심적 맹목적 신앙으로 교주의 신격화가 드러납니다. 자신들만의 공동체에 절대적으로 결속되어 있습니다. 반사회적인 종말론을 갖고 있고, 심지어는 자신들만의 연호, 국가를 상징하는 반국가적 행위들까지 표출합니다. 반사회적이고 비상식적인 교리를 강조하여 실정법과 사회 질서를 붕괴시킵니다. 극단적인 구원 이해와 배타적인 선민의식(선택된 민족이라는 의식)으로 자신들의 종교만 구원받을 수 있다고 믿는 독선 때문에, 자신의 종교를 전하는 일에 맹목적인 열정을 갖게 됩니다.

이러한 문제들은 지나친 열광주의와 과도한 기복주의에 의한 경우들이 많습니다. '과유불급過猶不及(지나치면 모자람만 못하다)'이라는 말처럼 지나치게 종교에 빠져 들다 보면 눈과 귀가 닫히고 생각과 감정이 극단적인 방향으로 치닫게 됩니다. 이렇게 되면 합리적인 생각과 상식적인 생활에서 벗어나 개인은 물론 가정과 사회에 해를 입히는 경우가 많습니다.

이러한 지나친 열광주의는 개별 종교의 교리 중에서 종말론을 극단적으로 왜곡하여 추종하는 경우가 많습니다. 이들은 급박한 종말론을 내세워 종말에 대한 강박관념에 사로잡혀 자기집단에 들어와야만 새로운 세계에 이를 수 있다는 배타적이고 폐쇄적인 종교생활을 합니다. 이렇게 되면 교주를 절대화하여 맹목적으로 추종하게 되면서, 개인과 가정이 파괴되고 집단자살이나 무고한 사람들에게 위해를 가하는 일도 발생합니다. 이처럼 지나친 열광주의는 개인의 도덕적 파산과 정신적 파괴는 물론 가정과 사회를 병들게 하는 정신적 질병입니다.

다음으로 과도한 기복주의의 문제입니다. 이것은 인간적인 욕망을 극대화하고 종교적으로 합리화한 것으로 종교 본연의 자세에서 벗어난 것입니다. 이러한 과도한 기복주의는 종교적인 명분과 이념을 내세우지만 사실은 개인이나 종교단체의 자기중심적이고, 이기적인 욕망을 채우려는 것으로 이기심을 극복해 나가야 하는 신의 뜻에 정면으로 도전하는 것입니다. 이러한 과도한 기복주의는 개인과 종교단체의 이익을 위해 종교 교리를 임의로 해석하고 특정 개인이나 집단을 경전과 교리보다 우선시하는 양상을 띠기도 합니다.

건전한 종교생활에서 열정은 중요하고 권장할 만하고, 복을 바라는 마음이 나쁜 것은 아니지만 지나친 열광주의나 기복주의의 종교심은 종교적인 모양을 띠고 있지만 건전한 종교생활을 왜곡하고 병들게 하는 무서운 질병을 일으키는 암(癌)적인 요소들입니다. 이러한 병적인 종교심을 예방하기 위해서는 지속적인 겸손과 자기 성찰의 자세로 자신의 종교를 한 발짝 물러서서 바라보는 객관적인 시각을 지닐 필요가 있습니다. 또한 자신의 종교생활에 대한 끊임없는 자기성찰과 평정심 그리고 종교의 건강성에 대한 분별심이 있어야 합니다.

종교는 윤리적 실천을 통해서 자신의 본래성을 드러냅니다. 종교인 스스로 이웃 사랑, 불살생, 자비, 인 등을 실천하면서 자신의 종교적 윤리를 승화시키려고 노력하는 것입니다. 사람들은 그러한 종교의 윤리적 행위를 통해서 종교성의 참과 거짓을 구분합니다.

사실 기독교의 십일조와 불교의 보시도 전액은 아니지만 근본정신은 가난한 사람들을 위해서 사회적 약자들을 위해서 써야 합니다. 기독교의 초기 교회에서는 부자들이 자신의 집과 재산을 내놓아 가난한 사람과 하나가 되는 무소유의 삶을 실천하였습니다. 성자로 부리는 프란체스코도 자신의 전 재산을 가난한 사람들에게 나누어 주고 수도자의 길을 걸었습니다. 오늘날 종교인들의 자녀에게 유산 안 남기고 사회에 환원하기, 사회적 기부문화도 이러한 종교적 정신의 영향이기도 합니다.

지은이 **한승진**

1969년 서울 출생으로 다양한 분야의 공부를 계속하며 인문학적 교양을 쌓는 평생교육의 길을 걷고 있다. 성공회대 신학, 상명대 국어교육과, 한국방송대 국어국문학과·교육과·가정학과·청소년교육과를 졸업하고, 학점은행제로 사회복지학과 아동학과 청소년학으로 학사학위를 취득하였다. 한신대 신학대학원(신학석사), 고려대 교육대학원(교육학석사), 중부대 원격대학원(교육학석사), 중부대 인문산업대학원(교육학석사), 공주대 특수교육대학원(교육학석사), 공주대 대학원 윤리교육학과(교육학박사)를 졸업했다. 현재는 학점은행제 심리학 학사과정 중이다.

월간 『창조문예』 신인작품상 수필로 등단하였고, 한민족통일문예제전 제45회와 46회에서 연속 산문부문 전북도지사상(차관급)과 제8회 이준 열사 추모 글쓰기대회에서 산문부문 주한네덜란드대사상(장관급)을 수상하였다. 현재 익산 황등중학교에서 학교목사와 선생으로, 『투데이안』 객원논설위원과 『전북기독신문』 논설위원으로 활동하고 있다. 『투데이안』, 『크리스챤신문』, 『전라매일신문』, 『전북기독신문』, 『기독교교육』에 글을 연재하고 있고, 대전극동방송 익산본부 청소년바른지도법(청바지) 칼럼을 방송하고 있다.

공동 집필로는 고등학교 교과서 『종교학』이 있으며, 저서로는 『참교육 참사랑의 학교』, 『우리가 잊지 말아야 할 것들』, 『어울누리를 꿈꾸며』, 『사람이 먼저랍니다』, 『더불어 함께 사는 세상』 외 다수가 있다. 역서로는 『예수님이라면 어떻게 하실까』가 있다.

소통 길잡이 esea-@hanmail.net